D1717509

Jürgen Abel

Die flexible Produktion

Jürgen Abel

Die flexible Produktion

Praxisbuch für Entscheider

Bibliografische Information der Deutschen Nationalbibliothek
Die Deutsche Nationalbibliothek verzeichnet diese Publikation in der Deutschen Nationalbibliografie.
Detaillierte bibliografische Daten sind im Internet über http://dnb.d-nb.de abrufbar.

Für Fragen und Anregungen:
abel@mi-wirtschaftsbuch.de

1. Auflage 2011

© 2011 by mi-Wirtschaftsbuch, Münchner Verlagsgruppe GmbH, München,
Nymphenburger Straße 86
D-80636 München
Tel.: 089_651285_0
Fax: 089_652096

Redaktion: Leonie Zimmermann, Landsberg am Lech
Redaktionelle Mitarbeit: Christian Deutsch
Umschlaggestaltung: Jarzina Kommunikations-Design, Holzkirchen
Satz: HJR, Jürgen Echter, Landsberg am Lech
Druck: GGP Media GmbH, Pößneck
Printed in Germany

ISBN 978-3-86880-127-9

Weitere Infos zum Thema:

www.mi-wirtschaftsbuch.de

Gerne übersenden wir Ihnen unser aktuelles Verlagsprogramm.

Inhalt

Vorwort

Die Sorgen in den Chefetagen vieler Industrieunternehmen klingen ganz ähnlich: »Wir verlieren nach und nach Marktanteile, weil wir nicht so schnell liefern können wie unsere Wettbewerber.« – »Unsere Kunden fordern kürzere Lieferzeiten, aber das bekommen wir nicht hin.« – »Immer wieder kommt es zu Versorgungsstörungen in unserer Produktion.« – »Unser Lieferservicegrad ist miserabel. Wir liefern im Schnitt nur 70 Prozent unserer Kundenbestellungen termingerecht aus. Unsere Kunden sind nicht mehr bereit, das zu akzeptieren.« – »Um die Produktionsversorgung zu sichern, ist unser Bestand im Wareneingang sehr hoch. Ich habe das Gefühl, dass wir hier übertreiben. Doch wie können wir das angehen, ohne den Produktionsfluss zu gefährden?«

Die zitierten Äußerungen beschreiben akute Probleme, hinter denen eine tiefer gehende Ursache steht: Wichtige Absatzmärkte sind zunehmend gesättigt; einstige Verkäufermärkte wandeln sich in Käufermärkte, in denen die Kunden die Bedingungen diktieren. Wo sich aber Strukturen und Machtverhältnisse derart grundlegend verändern, greifen übliche Maßnahmen wie Kostensenkungsprogramme oder ein kontinuierliches Verbesserungswesen zu kurz. Erfolg und Zukunft eines Industrieunternehmens hängen vielmehr davon ab, inwieweit es gelingt, auf Kundenwünsche flexibel *und* zu wettbewerbsfähigen Preisen einzugehen.

Das alte Produktionssystem ist zu starr, um dieser Herausforderung gerecht zu werden. Das Streben nach größtmöglicher Produktivität, das Denken in großen Losen, um Maschinen auszulasten und Rüstzeiten zu minimieren: Das alles sind Maßnahmen, die einer flexiblen Produktion widersprechen und nicht mehr weiterhelfen. Gibt es eine Alternative?

Eine Antwort hierauf hält die »Theory of Constraints« bereit. Diese Theorie stellt einerseits hohe Ansprüche. Sie verlangt, dass die Produktionsverantwortlichen grundsätzlich umdenken und vertraute Vorgehensweisen über Bord werfen. Andererseits sind ihre Kerngedanken verblüffend einfach und unmittelbar einleuchtend. Vor allem aber: Die Methode hat sich in der Praxis als sehr erfolgreich erwiesen.

Von Mitte 1997 bis Ende 2000 war ich in einem Zulieferkonzern in den USA Mitglied eines Steuerungsteams, das die Aufgabe hatte, die Theory of Constraints erstmals in großem Stil umzusetzen. Ziel war, alle 18 weltweit verstreuten Produktionswerke der LKW-Sparte nach den neuen

Prinzipien zu reorganisieren. Es war ein Pioniervorhaben, das damals in der amerikanischen Fachwelt beachtliches Aufsehen erregte.

Im Verlauf dieses Großprojekts wurde aus der Theory of Constraints ein praktikables Managementsystem. Ein Detail, das uns besonders begeisterte, war zum Beispiel das Buffermanagement: Wir entwickelten hier ein Instrument, das es ermöglicht, die Spielräume für Bestandssenkungen voll auszureizen, ohne dabei den Produktionsfluss und damit die Liefertermine zu gefährden. So gelang es uns, den Wettbewerb in Sachen Schnelligkeit und Servicegrad zu übertreffen.

Die Theory of Constraints ist eine Managementmethode, die auch in mittelständischen Unternehmen ihren Praxistest bestanden hat. Sie ermöglicht, komplexe Fertigungsketten plan- und steuerbar zu machen. Sie reduziert die Materialbestände auf das tatsächlich erforderliche Niveau, beschleunigt Materialflüsse und gestaltet diese gleichzeitig störungsfrei; sie verkürzt die Lieferzeiten und verbessert den Kundenservicegrad. Kurzum: Sie ist in der Lage, eine flexible und wettbewerbsfähige Produktion zu schaffen.

Die Idee dieses Buches besteht darin, diese in Deutschland noch kaum umgesetzte Methode erstmals umfassend und nachvollziehbar vorzustellen.

Teil 1

Die Grundlagen

1 Produktion auf Irrwegen: Am Markt vorbei

Wie ich diese monatliche Besprechung hasste! Jedes Mal das gleiche Ritual. Als Leiter der Fertigungssteuerung erstellte ich jeden Monat mit großem Aufwand ein Programm für die ganze Fabrik, das ich mit dem Produktionsleiter abstimmen musste. Meine Aufgabe war, dafür zu sorgen, dass möglichst alle Bestellungen termingerecht beim Kunden eintrafen. Da das Unternehmen ein sehr breit gefächertes Artikelspektrum anbot, sah mein Produktionsprogramm viele Positionen mit relativ kleinen Losgrößen vor. Diese Minichargen passten dem Produktionsleiter jedoch überhaupt nicht ins Konzept. Er wollte vernünftige Mengen einer Variante produzieren – und vernünftig aus seiner Sicht war möglichst viel. Wie jeden Monat, davon war ich überzeugt, würde es auch diesmal wieder ein hartes Ringen geben, denn jede einzelne Position meines Programms musste von ihm akzeptiert werden.

Zum Hintergrund: Das feinkeramische Werk, ein renommierter Hersteller von hochwertigem Geschirr, führte damals ein Sortiment von rund 6.000 Fertigteilen, die es vorwiegend an Einzelhändler auslieferte. Das Werk beschäftigte 600 Mitarbeiter, einige Jahre vorher waren es noch über 1.000 gewesen. Es produzierte im Einschichtbetrieb im Laufe eines Monats etwa 200 bis 300 Fertigteilvarianten, davon in jeweils unterschiedlichen Mengen Guss- und Drehteile. Gussteile – das waren keramische Hohlkörper wie Kaffee- und Teekannen, Platten, Saucieren, Milchgießer oder Zuckerdosen. Zu den Drehteilen zählten Teller, Untertassen, Schüsseln und Schalen. Bei den Gussteilen waren die Rüstzeiten sehr kurz. Man brauchte lediglich die Formen auf den Gießtischen auszutauschen, sodass die Fertigungsoperationen binnen weniger Minuten umgerüstet waren. Längere Umrüstzeiten erforderten dagegen die Drehteile, die auf komplexeren Anlagen gefertigt wurden.

Nach dem Drehen beziehungsweise Gießen der Teile wurden diese glasiert und anschließend gebrannt. Wenn es sich um Steingutprodukte handelte, folgte dann noch die Qualitätskontrolle und abschließend das Verpacken. Die Porzellanteile wurden nach dem ersten Brand, dem sogenannten Glattbrand, kontrolliert und danach dekoriert – entweder durch Handbemalung oder durch Dekorbilder, die praktisch Abziehbildern gleichen. Durch den dann folgenden Dekorbrand glitten die Bemalungen oder Bilder unter die vorher aufgebrachte Glasur und waren damit vor Abnutzungen geschützt. Nach dem Dekorbrand folgte abschließend die Endkontrolle jedes einzelnen Teiles.

Wieder einmal saß ich also im Büro des Produktionsleiters. Und wie üblich wartete ich gefühlsmäßig schon eine Ewigkeit darauf, dass er sein Telefonat beenden würde. Denn auch das gehörte zum Besprechungsritual. Er, der von Anfang an dabei war, wollte mir, dem Youngster des Unternehmens, vor Beginn der Besprechung die Machtverhältnisse nochmals klarmachen. Endlich legte er den Hörer auf, die Programmbesprechung konnte beginnen.

Ich: »Beim Produkt 4811 besteht seit längerer Zeit ein Lieferrückstand. Wenn wir im nächsten Monat eine Menge von 30 Stück produzieren, könnten wir den Rückstand endlich beheben und den voraussichtlichen Bedarf der nächsten zwei bis drei Monate abdecken.«

Er, in überzogener Lautstärke: »Waaas? Nur 30 Stück? Für die paar Teile fange ich nicht an zu produzieren, geschweige denn irgendwo umzurüsten. Entweder wir machen mindestens 300 Stück – oder wir lassen es ganz!«

Ich: »300 Stück! Das reicht für die nächsten drei bis vier Jahre! Außerdem bindet es den Produktionsbereich für eine Woche, da könnten wir noch viele andere, ebenfalls dringend benötigte Teile fertigen. Wenn wir 300 Stück produzieren, laufen wir außerdem Gefahr, dass vieles davon später nicht mehr verkäuflich ist, weil wir die Serie irgendwann aus dem Programm nehmen.«

Er: »Ach, das ist noch lange hin, da sollten wir uns heute nicht den Kopf drüber zerbrechen. Außerdem soll der Vertrieb sich einmal anstrengen, die Dinger zu verkaufen. 300 Stück oder keines. Sie haben die Wahl.«

Ich: »Wenn wir ausnahmsweise im nächsten Monat mehrere kleine Lose fertigen, könnten wir einen großen Teil unserer Rückstände ausliefern.«

Er: »Das mag wohl so sein, aber ich werde daran gemessen, wie viel ich pro Monat fertige. Die Vorgabe ist unmöglich zu schaffen, wenn ich zu oft umrüsten muss. Die Mitarbeiter im Vertrieb haben doch keine Ahnung, mit welchen Problemen wir uns in der Produktion auseinandersetzen müssen. Die sollten einmal nur für vier Wochen die Produktion managen. Dann wüssten sie, welchen Ärger uns die kleinen Losgrößen bereiten. Und ganz abgesehen davon: Die sollen doch froh sein, dass wir überhaupt noch einen Lieferrückstand haben. Das stellt zumindest sicher, dass wir in nächster Zeit immer etwas zu tun haben.«

Ich: »Es geht hier um einige Gussteile. Die Rüstzeit für diese Produkte beträgt doch nur wenige Minuten.«

Er, mit zunehmend ernsterem Gesichtsausdruck: »Das kann nur einer sagen, der überhaupt keine Ahnung hat. Jede Anlagenrüstung bedeutet weniger produzierte Teile und damit auch weniger Umsatz! Ich möchte diese Position eigentlich nicht länger diskutieren: Entweder wir fertigen die 300 Stück oder wir lassen es in diesem Monat ganz.«

So blieb mir nur übrig, der Losgröße 300 zuzustimmen, um den Kunden, der schon vor drei Wochen seine Ware angemahnt hatte, endlich beliefern zu können. Meine Bedenken, dass 300 Teile aus Sicht des Marktbedarfs erheblich zu viel seien, wischte der Produktionsleiter vom Tisch. Der Absatz sei Aufgabe des Vertriebs, erklärte er. »Und wenn der es nicht fertigbringt, auch Ladenhüter zu verkaufen, dann ist das allein sein Problem.«

So ähnlich wurden dann alle weiteren Positionen meines geplanten Fertigungsprogramms durchgekaut. Wie jeden Monat.

Bestände ohne Ende – und doch nicht lieferfähig

Die Folgen waren verheerend. Auf der einen Seite war das Unternehmen nicht in der Lage, alle Aufträge pünktlich und vollständig zu liefern. Unser Servicegrad – also der Anteil der termingerecht ausgelieferten Aufträge – lag bei nur etwa 65 Prozent. Ein katastrophaler Wert. Auf der anderen Seite stapelten sich die Bestände, weil die Produktion mit aller Macht produzierte, um die Maschinen auszulasten und am Monatsende möglichst gute Produktivitätszahlen zu präsentieren. Der Wert unserer Bestände belief sich auf rund einen halben Jahresumsatz, ebenfalls ein katastrophaler Wert.

Dafür hatten wir ein nach den neuesten Erkenntnissen aufgebautes, riesiges Versandlager. Der Stolz der Firma. Aber nicht nur unser Versand war bis unter die Decke gefüllt, auch der ganze Produktionsbereich war bis auf den letzten Winkel vollgestellt mit halbfertigen Teilen. Manche Arbeitsbereiche lagen so versteckt zwischen den sich stapelnden Beständen, dass sie nur jemand finden konnte, der sich in dem sehr großen Produktionsbereich wirklich gut auskannte.

Nun wäre es falsch, diese Fehlentwicklung auf die Uneinsichtigkeit des Produktionsleiters zu schieben. Tatsache war: Bei einem Fertigteilspektrum von rund 6.000 unterschiedlichen Teilen gab es zwangsläufig viele Artikel, die in relativ kleinen Mengen geordert wurden. Die Fertigung dieser kleinen Mengen verlangte häufiges Umrüsten der Maschinen und stand daher im Konflikt zu den Bemühungen, eine möglichst hohe

Produktivität zu erreichen. An den Produktivitätszahlen jedoch wurde die Leistung des Produktionsleiters gemessen.

So kam es, dass kleine Lose immer wieder zurückgestellt wurden. Viele Kundenaufträge blieben dann in der Kommissionierung hängen, weil noch einzelne Teile fehlten. Mehrmals täglich rief mich der Versandleiter an und zählte auf, welche Stücke er jetzt wieder ganz dringend benötige. So verbrachte ich einen großen Teil meiner Arbeit damit, auf dem riesigen Werksareal nach bestimmten Tassen, Tellern oder Zuckerdosen zu fahnden. Glück hatte ich immer dann, wenn die Stücke irgendwo schon angearbeitet herumstanden und ich sie entdeckte. Meistens konnten sie dann mit einigem Aufwand relativ schnell durch den Rest der Produktion gedrückt werden. Denn die reine Bearbeitungszeit war im Verhältnis zur normalen Durchlaufzeit recht kurz – trotz der langen Verweildauer in den Tunnelöfen, in denen das Porzellan und Steingut gebrannt wurde. Konnte ich die Teile dagegen nicht auftreiben, verließen die Sendungen unvollständig das Werk – sehr zum Ärger des Kunden. Wie sollte er zum Beispiel ein Kaffeeservice verkaufen, bei dem die Tassen fehlten?

Gelegentlich ging es so weit, dass ein verärgerter Kunde mit dem Abbruch der Geschäftsbeziehung drohte. Dann konnte es passieren, dass ein vernachlässigtes Teil plötzlich eine besondere Bedeutung erlangte und schnellstmöglich hergestellt wurde. Aber das kam relativ selten vor. Die Einzelhändler hatten es irgendwann aufgegeben, fehlenden Teilen hinterherzutelefonieren. Für sie war es einfacher, ihre Kunden von den Produkten unseres Wettbewerbs zu überzeugen, die sie vorrätig hatten. Aus Sicht des Einzelhändlers war das Problem damit gelöst – er hatte seinen Umsatz, der Kunde sein Produkt. Und wir verloren dadurch mehr und mehr Marktanteile.

Von Zeit zu Zeit stand das Unternehmen vor der Aufgabe, die überfüllten Läger zu räumen. Dies geschah über Sonderverkäufe. Zwei Aktionen standen hier jedes Jahr im Mittelpunkt. Da war zuerst unsere jährliche »Sekunda-Aktion«. Hier wurde eine bestimmte Geschirrserie zeitlich begrenzt zu einem sehr niedrigen Preis angeboten. Die Bezeichnung »Sekunda« sollte den Händlern suggerieren, dass es sich hier um Zweite-Wahl-Geschirre handelte. So vermieden wir, die sagenhaft günstigen Verkaufspreise erklären zu müssen. Tatsächlich handelte es sich aber überwiegend um 1a-Ware, die sich im Laufe der Monate im Lager aufgetürmt hatte. Diese »Sekunda-Aktionen« waren immer ein großer Erfolg. Innerhalb weniger Wochen waren alle für die Aktion vorgesehenen Teile restlos verkauft.

Das zweite jährliche Highlight war der Kiloverkauf. Hierzu wurde an einem produktionsfreien Tag die Bevölkerung aufs Firmengelände eingeladen, wo dann palettenweise die Ladenhüter zum Kauf standen – und das zu Preisen, die knapp über den Materialeinstandskosten lagen. Um dem Andrang Herr zu werden und das Abrechnen an den Kassen zu vereinfachen, hatte man die Bezahlung nach Gewicht eingeführt. Der Kunde zahlte einen Betrag pro Kilo, daher die Bezeichnung »Kiloverkauf«. Noch heute sehe ich die strahlenden Gesichter der Kunden vor mir, die tonnenweise das Geschirr vom Firmenhof schleppten. Auch unser Lagerleiter freute sich jedes Mal über den sensationellen Erfolg dieser Aktion, hatte er doch jetzt wieder viel Platz für die nächsten Überproduktionen.

Weniger erfreulich waren die längerfristigen Folgen für das Unternehmen. Immer mehr Kunden begnügten sich damit, ihren Geschirrbedarf bei den Sonderaktionen zu decken. Die Folge davon war, dass der reguläre Verkauf über den Handel zurückging. In der Folgezeit schlitterte das Unternehmen einige Male haarscharf am Konkurs vorbei. Von den einstmals über 1.000 Arbeitsplätzen sind heute noch rund 50 übrig geblieben.

Das feinkeramische Werk war meine erste berufliche Station, die nunmehr schon viele Jahre zurückliegt. Als ich später in den USA mit der »Theory of Constraints« in Kontakt kam, habe ich oft daran zurückgedacht. Die Frage, die sich mir immer wieder aufdrängte: Hätten wir den Verfall des Unternehmens mit den Prinzipien dieses Managementansatzes aufhalten können? Natürlich ist jede Antwort spekulativ. Trotzdem glaube ich, bei einer konsequenten Anwendung der Theory of Constraints, einer damals noch unbekannten Methode, stünde das Unternehmen heute erheblich besser da.

Bevor ich diese in Deutschland noch kaum bekannte, in den USA und vielen anderen westlichen Ländern jedoch erfolgreich umgesetzte »Theorie des Engpasses« vorstelle, möchte ich eine kurze Bestandsaufnahme vorausschicken. Sie ist für das weitere Verständnis wichtig, verdeutlicht aber auch die dramatische Lage, mit der sich viele Industriebetriebe konfrontiert sehen. Der geschilderte Niedergang des feinkeramischen Werks liegt zwar eine Weile zurück und ist sicherlich ein extremes Beispiel. Doch ist das Grundproblem, das dieser Fall veranschaulicht, aktueller denn je: Bei tendenziell gesättigten Märkten kämpfen immer mehr Unternehmen mit Überproduktionen, während gleichzeitig die Fixierung auf Produktivitätszahlen zu einer Fehlallokation von Ressourcen führt.

Überkapazitäten: Die Marktmächte verschieben sich

In den Nachkriegsjahren des vorigen Jahrhunderts bestand ein erheblicher Nachholbedarf an Gütern. Die Nachfrage war enorm, die Produktion hinkte hinterher. Der Engpass war damals die Produktion, der Absatz im Grunde nur ein Verteilungsproblem. Das Sagen hatten die Anbieter. Sie setzten die Preise fest und konnten alle Produkte verkaufen – über viele Jahre profitierten sie von den traumhaften Verhältnissen eines Verkäufermarktes.

Das änderte sich in den Siebziger- und Achtzigerjahren. Die fortschreitende Industrialisierung und die damit einhergehende Steigerung der Produktivität brachten es mit sich, dass auf immer mehr Märkten das Angebot allmählich die Nachfrage überstieg. Die Marktmacht verschob sich von den Anbietern zu den Nachfragern, aus Verkäufermärkten wurden Käufermärkte. Immer mehr gelangten Kunden in die komfortable Position, dass sie unter vielen Anbietern auswählen und Qualitätsansprüche stellen konnten. Ein Trend, der bis heute anhält. Mehr und mehr bestimmen die Kunden, welche Produkte sie zu welchen Preisen kaufen.

Der Wandel vom Verkäufer- zum Käufermarkt bringt einen Hersteller nicht nur in die unbequeme Lage, dass er jetzt um seine Kunden werben und deshalb hohe Summen ins Marketing investieren muss. Die Überkapazitäten am Markt lösen häufig auch Handlungen aus, die zusätzliche Probleme schaffen:

- Das Unternehmen senkt die Preise, um konkurrenzfähig zu bleiben. Meist reagieren die Wettbewerber, indem sie ebenfalls ihre Preise reduzieren. Die Gewinnspanne schmilzt dahin, der Verdrängungswettbewerb setzt ein.
- Das Unternehmen hebt die Qualität der Produkte, bis sie über dem Niveau des Wettbewerbs liegt. Auch hier holen die Konkurrenten meistens sehr schnell auf.
- Das Unternehmen verkürzt die Lieferzeit der Produkte – und der Wettbewerb zieht nach.
- Das Unternehmen entwickelt neue Varianten, indem es entweder das Leistungsspektrum oder das Erscheinungsbild seiner Produkte verändert. Dahinter steht die Absicht, sich von den Konkurrenzprodukten abzuheben und so einen Wettbewerbsvorteil zu erlangen. Ein markantes Beispiel ist hier der Automobilmarkt: Reichten vor einigen Jahrzehnten noch zehn Finger, um alle wesentlichen Fahrzeugmodelle aufzuzählen, ist die Vielfalt der Modelltypen auf unseren Straßen heute nahezu unüberschaubar.

In der Automobilbranche zog sich der Wandel vom Verkäufer- zum Käufermarkt über Jahrzehnte hin, in vielen anderen Märkten vollzieht er sich wesentlich schneller. Ein Beispiel sind die Digitalkameras, die seit Mitte der Neunzigerjahre in größerem Stil verkauft werden. Für die ersten noch relativ leistungsschwachen Geräte musste ein Interessent noch mehrere 100 Euro bezahlen. Knapp fünfzehn Jahre später überfluten vielfältige Modelle mit mehrfacher Leistung und zu Preisen unter 100 Euro den Markt.

Viele Neuentwicklungen nehmen heute diesen dramatischen Verlauf: Ein Unternehmen entwickelt ein neues Produkt, produziert es und bringt es erfolgreich auf den Markt. Nach einer gewissen Anlaufzeit wirft es hohe Gewinne ab, was schnell erste Nachahmer auf den Plan ruft, die nun ein ganz ähnliches Produkt anbieten. Solange die Gewinnspannen gut sind, folgen weitere Nachahmer – so lange, bis irgendwann, von den Anbietern meist unbemerkt, die Fertigungskapazitäten die Nachfrage übersteigen. Nun bestimmen mehr und mehr die Kunden die Konditionen, während unter den Anbietern ein ruinöser Wettbewerb ausbricht. Obwohl die Kunden immer intensiver umworben werden, verliert in deren Augen das im Überfluss vorhandene Produkt stetig an Wert.

Beispiel Autoindustrie: Vom Verkäufer- zum Käufermarkt

Vor zirka sechzig Jahren war es ein Privileg, einen Pkw zu besitzen. Nur wenige Bürger konnten sich damals in Deutschland ein Auto leisten. Die Anzahl der Modelle war sehr überschaubar. Volkswagen etwa produzierte nur den Käfer und den VW-Bus T1, das war es schon. Zwanzig Jahre lang lief der erste Käfer nahezu unverändert vom Band, für den Käufer sichtbar änderten lediglich Heck- und Frontscheibe ein wenig ihre Form. Ganz ähnlich verhielten sich die anderen Anbieter wie Opel, Ford und BMW. Nur wenige ausländische Fahrzeuge hielten einen erwähnenswerten Marktanteil in Deutschland, meist kamen sie aus Frankreich (Renault, Peugeot, Citroën) und Italien (Fiat).

Mit dem schnell wachsenden Einkommen der Bevölkerung stieg das Bedürfnis, ein Auto zu kaufen. Man wollte seinen Nachbarn, Freunden und Verwandten zeigen, dass man es zu etwas gebracht hatte: das Auto als Statussymbol. Hatte ein Käufer einen Mercedes-Benz bestellt, musste er für ein Modell aus der laufenden Serienproduktion bis zu zwei Jahre warten, bis der Wagen endlich ausgeliefert wurde. Das feuerte die Begehrlichkeit weiter an. Das Wort vom »arroganten Mercedes-Verkäufer« ist aus diesen Marktverhältnissen hervorgegangen.

Immer noch war die Anzahl der Modelle sehr überschaubar, auch technische Innovationen verabreichten die Hersteller ihren Fahrzeugen nur in homöopathischen Dosen. Dennoch verdienten sie sehr gut. Die Branche erfreute sich eindeutig an den Vorzügen eines Verkäufermarktes.

Als dann zu Beginn der Siebzigerjahre die ersten japanischen Autos auftauchten, quittierten die deutschen Hersteller deren barockes Design und technische Anfälligkeit mit einem spöttischen Lächeln. Ein solches Fahrzeug würden nur Leute fahren, die sich kein richtiges Auto leisten konnten, glaubten sie – und waren davon überzeugt, dass die japanischen Autos schnell wieder aus Deutschland verschwinden würden.

Bekanntlich kam es ganz anders: Die Japaner lernten schnell dazu, verbesserten Design und Technik, erhöhten sukzessive ihre Verkaufspreise und gewannen mehr und mehr Marktanteile. Anfang der Neunzigerjahre fühlten sich die deutschen Autobosse so sehr unter Druck, dass sie ihre japanischen Konkurrenten öffentlich zu Feinden erklärten. Kurze Zeit später begannen die koreanischen Anbieter ihren Siegeszug in Deutschland, nach ganz ähnlichem Muster – nur mit dem Unterschied, dass die Zeit erheblich kürzer war, die sie brauchten, um sich zu etablieren. Derzeit belächeln wir gerade die Bemühungen der Chinesen, ihre Autos hier in Deutschland zu verkaufen ...

Der einstige Verkäufermarkt hat sich zum Käufermarkt gewandelt. In den letzten zwanzig Jahren jagte eine technische Innovation die nächste, ein Modell nach dem anderen wurde in immer kürzeren Abständen auf den Markt gedrückt. Die Anzahl der Modelle ufert aus, die Sonderausstattungslisten werden immer länger. Einige Hersteller behaupten, es gebe von einem Modell keine zwei identischen Varianten. Die Absätze pro Modell sinken, gleichzeitig gewähren die Hersteller immer großzügigere Rabatte. Während an Stammtischen die Käufer wetteifern, wem es gelingt, die besten Rabatte herauszuholen, hat sich der arrogante Mercedes-Verkäufer auf wundersame Weise gewandelt. Er ist sofort bereit, einem Interessenten seine volle Aufmerksamkeit zu schenken.

Als Ende 2008 die Weltwirtschaft einbrach, riefen die Automobilhersteller und einige ihrer Zulieferer nach staatlicher Unterstützung. Neben den Banken war die einst so blühende Autoindustrie die einzige Branche, die vor allem in den USA, aber auch in Europa mit dem Geld der Steuerzahler vor dem Ruin gerettet werden musste. Damit ist das Problem natürlich nicht gelöst: Experten sprechen heute von einer weltweiten Überkapazität von 15 Millionen Pkws pro Jahr. Das dürfte ungefähr die jährliche Kapazität der USA sein.

Der Wandel vom Verkäufer- zum Käufermarkt aus dem Blickwinkel der Produktion

Im Verkäufermarkt, wenn die Nachfrage das Angebot übersteigt, kommt es darauf an, die Produktivität immer weiter zu erhöhen. Henry Ford erfand vor rund 100 Jahren in einer solchen Marktphase das Fließband. Bis heute erweist sich diese feste Anordnung der einzelnen Arbeitsschritte als die beste Möglichkeit, um in ungesättigten Märkten eine höchstmögliche Produktivität zu erreichen. Oberstes Ziel des Produktionsleiters ist ein möglichst großer Ausstoß. Sein Ansehen und seine Macht im Unternehmen nehmen stetig zu, je mehr es ihm gelingt, die Produktivität zu steigern. Deshalb ist es dann auch richtig, zeitaufwendige Umrüstungen der Anlagen möglichst zu vermeiden – selbst wenn das Unternehmen dadurch Produkte aus einer anderen Serie nicht termingerecht ausliefern kann. Im Verkäufermarkt spielt das keine Rolle, weil der Kunde die begehrten Teile auch später noch relativ klaglos abnehmen wird.

Solange die Nachfrage das Angebot übersteigt, liegt die Beschränkung einer weiteren Gewinnmaximierung in der eigenen Produktion. Investitionsanträge zur Beschaffung weiterer Anlagen werden daher widerstandslos genehmigt, Bereitstellung und Inbetriebnahme erfolgen in Rekordzeit. Häufig entstehen dennoch Lieferrückstände. Die Produktion fährt dann Sonderschichten und viele Mitarbeiter erfreuen sich an Mehrverdiensten.

Der Wandel zum Käufermarkt vollzieht sich häufig lange Zeit unbemerkt. Bisher unbekannte Wettbewerber formieren sich, bringen Konkurrenzprodukte auf den Markt. Langsam kippen die Machtverhältnisse zugunsten der Käufer, der Wettbewerb verschärft sich, die Preise sinken. Viele Anbieter erhöhen gleichzeitig Qualität und Ausstattung ihrer Produkte, bringen neue Varianten auf den Markt und verkürzen die Lieferzeiten.

Die Folgen für die Produktion sind dramatisch. Das Versandlager füllt sich, die Sonderschichten enden. Immer mehr Varianten des ursprünglichen Produkts müssen hergestellt werden, was zu häufigen Umrüstungen zwingt. Die Produktivität sinkt, die Herstellkosten steigen – gleichzeitig erfordert die Marktsituation niedrigere Preise. Der Produktionsleiter gerät unter Druck und versucht verzweifelt, Umrüstungen zu vermeiden. Mehr und mehr zeigt sich, dass der Produktionsprozess zu starr ist, um die erforderliche Variantenvielfalt herzustellen. Die ursprünglich einwandfreie Qualität lässt zusehends nach.

Somit lässt sich festhalten: Im Verkäufermarkt ist es richtig, die Fertigungsressourcen auf Höchstleistung zu trimmen. Dieses Verhalten jedoch bei gesättigten Märkten beizubehalten hat fatale Folgen. Jetzt werden andere Leistungsmerkmale wie zum Beispiel Qualität und Kundenservice entscheidend. Es kommt darauf an, schnell, pünktlich und vollständig zu liefern. Hierfür jedoch bedarf es einer flexiblen Produktion.

Fehlgeleitet: Mit höchster Produktivität ins Abseits

Noch einmal zurück zum feinkeramischen Werk. »Jede Anlagenumrüstung bedeutet weniger produzierte Teile und damit auch weniger Umsatz«, hatte der Produktionsleiter, der sich so vehement gegen kleinere Losgrößen stemmte, argumentiert. Was er dabei übersah, war die Tatsache, dass ein Großteil der produzierten Teile im Lager landete und Monate später im Kiloverkauf verramscht wurde. Vermutlich ignorierte der Produktionsleiter diese Tatsache ganz bewusst und man kann es ihm eigentlich auch nicht übel nehmen. Im Zuge der im Unternehmen getroffenen Zielvereinbarungen bemaß sich sein Erfolg nun einmal nicht an umsatzbezogenen Kennzahlen, sondern an der Produktivität der Maschinen und Anlagen.

Jede Anlage verfügt über eine geplante Kapazität und einen Soll-Ausstoß. Die Produktivität einer Anlage bezeichnet das Verhältnis von Soll-Ausstoß zu Ist-Ausstoß und stellt für den Produktionsleiter die entscheidende Leistungskennzahl dar. All sein Streben ist daher darauf gerichtet, den Nutzungsgrad jeder einzelnen Anlage zu maximieren. Unter dieser Prämisse beginnt sich der Idealzustand einer Produktion dann einzustellen, wenn auf einer Anlage mehr Teile produziert werden, als ursprünglich geplant waren. Das führt zu einem Phänomen, das mir in der Praxis immer wieder begegnet: Statt die vereinbarten Mengen einzuhalten, lassen die Verantwortlichen der Produktion sogar *mehr* Teile fertigen, als mit der Fertigungsplanung vereinbart.

Das Streben nach höchstmöglicher Produktivität ist im Kennzahlensystem und damit in den Zielvereinbarungen der meisten Unternehmen nach wie vor fest verankert. Eine wesentliche Ursache liegt darin, dass der Fertigung eines Produkts ein interner Wertschöpfungsprozess zugrunde gelegt wird. In herkömmlich geführten Unternehmen erlangen alle Teile, sobald sie eine Fertigungsstufe durchlaufen haben, einen höheren Wert. Auf diese Weise werden die Kosten der Produktion anteilsmäßig den Teilen zugeordnet – und je mehr Teile produziert werden, desto schneller hat sich eine Anlage amortisiert.

Der traditionelle Wertschöpfungsprozess legitimiert damit jedes gefertigte Teil – völlig unabhängig davon, ob es laut Programmvorgabe benötigt, also am Markt abgenommen wird. Ungeachtet des Absatzrisikos stellt jedes Produkt, das hergestellt wird, eine Wertschöpfung dar. Jedes Teil wird mit seinem Wert geführt. Erst wenn es sich später als unverkäuflich erweist, nimmt das Rechnungswesen die entsprechende Wertberichtigung vor. Dieses Verfahren koppelt die Produktion vom Markt ab: Die vorhandenen Ressourcen können auch dann ihre volle Leistung entfalten, wenn für die erstellten Produkte gar keine Nachfrage besteht.

In mehr oder weniger gesättigten Märkten, wie sie heute fast überall vorherrschen, ist die Orientierung an der Wertschöpfung ein riskantes Verfahren. Anstatt die Produktion an der tatsächlichen Auftragslage auszurichten, findet eine auftragsunabhängige Fertigung statt, die danach strebt, möglichst hohe Produktivität zu erzielen. So kommt es nahezu zwangsläufig zur Überproduktion bestimmter, in großen Serien gefertigter Produkte, während kleine Spezialaufträge gar nicht erst hergestellt werden. Das Unternehmen produziert am Markt vorbei.

Die Brisanz der Situation liegt darin, dass diese Fehlleitung der Ressourcen durch falsche Anreize zementiert wird. Damit gemeint sind nicht nur die Zielvereinbarungen des Produktionsleiters, die sich an Produktivitätskennziffern statt an der Marktlage ausrichten. Mindestens ebenso fatal wirkt die in den meisten Unternehmen übliche Leistungsentlohnung. Dahinter steht folgender Gedanke: Soll die hohe Produktivität einer Anlage dauerhaft sichergestellt sein, müssen die Mitarbeiter, die diese Anlage bedienen, ein eigenes Interesse an einer hohen Produktivität haben. Um das zu erreichen, haben die meisten Industrieunternehmen eine leistungsorientierte Zusatzvergütung installiert. Hierbei erhalten die am Herstellungsprozess direkt beteiligten Mitarbeiter ab einer bestimmten Fertigungsmenge für jedes zusätzlich produzierte Teil einen Lohnzuschlag. Je mehr sie also produzieren, desto mehr verdienen sie.

Das Unternehmen erreicht damit, dass gerade die teuren Anlagen höchstmöglich ausgelastet sind – auch dann, wenn es an Aufträgen fehlt und ein Teil der Produktion nur die Lagerbestände erhöht.

Zusammenfassung

In vielen Industrieunternehmen besteht Handlungsbedarf. Gefahr droht aus zwei Richtungen: von den Märkten, auf denen sich die Machtverhältnisse mehr und mehr vom Verkäufer zum Käufer verschieben, und von einer Produktionsweise, die nach höchstmöglicher Produktivität strebt.

Der Wandel vom Verkäufer- zum Käufermarkt hat für die Produktion weitreichende Folgen. Leistungsmerkmale wie zum Beispiel Qualität und Kundenservice werden entscheidend. Es kommt darauf an, schnell, pünktlich und vollständig zu liefern. Notwendig ist dazu vor allem eines: Flexibilität.

Nur wer flexibel produziert, kann die Kundenerwartungen auf Käufermärkten noch erfüllen. Nur eine flexible Produktion kann die weitere Variantenentwicklung beherrschen und die tendenziell immer kleineren Chargen zu akzeptablen Kosten herstellen. Der starre Blick auf die Anlagenproduktivität und die daraus resultierenden großen Lose erweisen sich hingegen als gefährlicher Irrweg.

Doch wie lässt sich die notwendige flexible Produktion erreichen? Woran soll sich die Produktion orientieren, wenn nicht an der Produktivität der Maschinen und Anlagen? Eine im Kern verblüffend einfache Antwort bietet hier die im Folgenden vorgestellte Theory of Constraints.

2 Perspektivwechsel: Der Engpass wird zum Leuchtturm

Theory of Constraints bedeutet übersetzt so viel wie »Theorie der Beschränkung« oder »Theorie des Engpasses«. Das klingt zunächst wenig aufregend. Vermutlich haben Sie das Gefühl, schon in etwa zu wissen, worauf es hinausläuft: Engpässe aufspüren und schnellstmöglich beseitigen, damit die Dinge reibungslos laufen. Doch genau darum geht es in der Theory of Constraints *nicht*. Anstatt Engpässe zu beseitigen, sieht sie das Gegenteil vor: Das Unternehmen soll den entscheidenden Engpass zwar aufspüren, doch soll dieser dann nicht verschwinden, sondern vielmehr als Leuchtturm dienen, an dem sich alle Akteure ausrichten.

Erstmals in Berührung kam ich mit der Theory of Constraints im Jahr 1993. Ich war damals Logistikleiter der deutschen Tochter eines großen amerikanischen Automobilzulieferers. Irgendwann in diesem Jahr wurden wir von einer Buchsendung aus unserer amerikanischen Zentrale in Detroit überrascht. Das begleitende Schreiben des damaligen Präsidenten pries das Gedankengut des Buches in den höchsten Tönen an. Wir, die Mitglieder der Werkleitung, sollten uns die Strategie schnellstens aneignen und unser Verhalten daran ausrichten. Das Schreiben endete mit der Aufforderung: »Let's turn our organisation into a money making machine by using the principals of this book.«

Angenehmerweise hatte der Präsident uns kein kompliziertes Fachbuch geschickt, sondern einen leicht lesbaren Roman, nämlich den auch ins Deutsche übersetzten Bestseller *Das Ziel* des Managementberaters Eliyahu M. Goldratt[1]. Die Geschichte handelt von einem Werkleiter in einem großen Konzern, der seine marode Fabrik auf wundersame Weise rettete und zu einer Geldmaschine für sein Unternehmen machte – mithilfe der Theory of Constraints.

Besonders unser Werkleiter war von dem Umstand beeindruckt, in nur einem Buch alles Wissenswerte zur schnellen Geldvermehrung zu erfahren. Deshalb druckte er den Spruch des Präsidenten über die »money making machine« auf ein Stück Papier und klebte es in seinem Büro

---

[1] Goldratt, Eliyahu M.: *Das Ziel. Ein Roman über Prozessoptimierung*, Campus Verlag, 5. Auflage, 2010

unübersehbar hinter sich an die Wand. Von da an war jede Chefaudienz auch eine Huldigung an die »Theory of Constraints«.

Selbstverständlich lasen wir das derart verheißungsvolle Buch neugierig und diskutierten die gesammelten Eindrücke im Führungskreis. Wir kamen dann allerdings zu der Erkenntnis, dass unser Werk die meisten dargestellten Prinzipien bereits befolgte. Wir verdienten gutes Geld, erzielten eine gute Produktivität, lieferten immer pünktlich und hatten sehr geringe Materialbestände. Innerhalb des Unternehmens mit weltweit über 50 Standorten war unser Werk damals tatsächlich die »money making machine«. Wir montierten Schiebedächer synchron mit den Montagebändern unserer Automobilkunden und lieferten die Dächer in der geforderten Sequenz innerhalb von zwei Stunden nach Auftragseingang direkt an die Montagelinie unserer Kunden. Das Werk war erst vor zwei Jahren nach neuesten Erkenntnissen der Produktions- und Montagetechnik sowie der Materialflussgestaltung auf der »grünen Wiese« errichtet worden.

So sahen wir keinen Anlass, uns ernsthaft mit der Theory of Constraints zu befassen. Warum sollten wir unsere Handlungsweisen verändern und dadurch womöglich das Risiko eingehen, unseren Erfolg zu schmälern? Da auch die Zentrale in Detroit das Thema nicht weiter forcierte, schlief die anfängliche Euphorie mehr und mehr ein. Mit Interesse verfolgte ich, wie über die Monate das Stück Papier mit dem Leitspruch der »Geldvermehrungsmaschine« im Büro des Werkleiters immer mehr vergilbte. Heute ist mir klar: Wir haben damals zwar alle besagtes Buch gelesen, das dahinterstehende Konzept jedoch nicht verstanden. Die Theory of Constraints verlangt eben doch mehr als nur die Lektüre eines Romans.

Einige Jahre später wechselte ich innerhalb des Konzerns von der Pkw-Division zur Lkw-Division – und damit nicht nur in die Zentrale nach Detroit, sondern auch in eine komplett andere Arbeitsumgebung. Kaum angekommen, eröffnete mir mein neuer, damals frisch eingestellter Chef, dass alle Werke der Lkw-Division schnellstmöglich auf die Prinzipien der Theory of Constraints umzustellen seien. Plötzlich war sie wieder da, die lange tot geglaubte Philosophie.

Die Lkw-Division produzierte Achsen, Bremsen, Kupplungen und Antriebswellen in zum Teil sehr kleinen Fertigungschargen für Lkws und sonstige Nutzfahrzeuge in einer sehr hohen Variantenzahl. Der damit erzielte Jahresumsatz belief sich damals auf rund 2,4 Milliarden Dollar. Einige Werke hatten ein Teilespektrum mit bis zu 60.000 unterschiedlichen Zukaufteilen, Baugruppen und Fertigteilen, die durchschnittlich sieben bis acht verschiedene Fertigungsstufen wie Formen, Bohren, Fräsen, Schweißen in verschiedenen Techniken, Lackieren und schließlich die Endmontage durchlaufen mussten. Im Vergleich zu den meisten Unternehmen der Automobilzulieferindustrie waren die einzelnen Produktionen innerhalb unseres Werkverbundes viel komplexer.

Die Aufgabe war nun, die Theory of Constraints nicht nur erfolgreich umzusetzen, sondern auch sicherzustellen, dass die neuen Spielregeln langfristig eingehalten würden. So kam es, dass ich wirklich tief in die Materie einstieg. Von Mitte 1997 bis Ende 2000 stellten wir alle 18 weltweit verstreuten Produktionswerke der Lkw-Sparte auf die neue Produktionsform um. Es war damals die komplexeste Strategieumsetzung innerhalb unseres Unternehmens überhaupt – und erregte in der amerikanischen Fachwelt beachtliches Aufsehen.

Die Bilanz drei Jahre später konnte sich sehen lassen: Der Kundenservicegrad in allen Werken hatte sich um 15 bis 30 Prozent verbessert, die Lagerumschlagshäufigkeit und die Durchlaufgeschwindigkeit waren um jeweils durchschnittlich 25 Prozent gestiegen. Die Einhaltung der Produktionsplanung lag nun zwischen 97 und 100 Prozent. Und die Lieferzeiten, auf die das Management besonderen Wert legte? In einigen Werken, die aufgrund sehr komplexer Wertschöpfungsstufen zuvor relativ lange Lieferzeiten von bis zu 50 Tagen aufwiesen, hatten wir sie halbiert. Auch in den übrigen Werken war es gelungen, die Lieferzeiten immerhin um rund ein Viertel zu verkürzen.

Diese Ergebnisse zeigen, dass die Theory of Constraints weit mehr ist als nur eine Theorie: Es handelt sich um eine praktikable Methode, die ihre Bewährungsprobe bestanden hat. Deshalb spreche ich heute nicht mehr von der Theory of Constraints, sondern schlicht von »Constraint-Management« und meine damit die praktische Umsetzung der Theory of Constraints. Auf die Übersetzung »Engpassmanagement« verzichte ich, weil dieser Begriff in Deutschland bereits belegt ist; er wird mit Konzepten verbunden, die darauf abzielen, Engpässe schnellstmöglich zu beseitigen, und steht damit im Widerspruch zur Theory of Constraints.

Was genau leistet das Constraint-Management? Die wesentlichen Merkmale lassen sich in neun Punkten zusammenfassen. Constraint-Management ist eine Managementmethode, die

- den Gedanken der permanenten und gleichzeitig zielorientierten Verbesserung institutionalisiert,
- die Produktionsressourcen marktgerecht nutzt,
- die Produktion wirklich plan- und steuerbar macht,
- vor allem bei sehr komplexen Fertigungsketten hervorragende Erfolge erzielt,
- eine Reduzierung der Materialbestände auf das tatsächlich erforderliche Niveau ermöglicht,

- Materialflüsse beschleunigt und gleichzeitig störungsfreier gestaltet,
- die Lieferzeiten reduziert,
- den Servicegrad der Lieferanten und den internen Servicegrad verbessert,
- den Kundenservicegrad verbessert.

Das Konzept setzte ich in den vergangenen fünfzehn Jahren in neun Werken in Nordamerika und in Europa – auch mehrere Male bei mittelständischen Unternehmen – um. Die Ergebnisse sind nach wie vor überzeugend – was auch der Anlass dafür ist, diese in Deutschland noch kaum bekannte Methode vorzustellen. Die folgenden Abschnitte geben einen Überblick über das Constraint-Management und beantworten abschließend die Frage, warum Engpässe nicht einfach beseitigt werden sollten.

Kapitel 3 nähert sich dem Thema Constraint-Management dann aus einer anderen Richtung. Wahrscheinlich haben Sie sich bereits mit Lean Management oder dem »Toyota-Prinzip« auseinandergesetzt, vielleicht auch Teile dieser Methode in Ihrem Unternehmen umgesetzt. Das dritte Kapitel zeigt, dass Lean Management und Constraint-Management zwar einige gravierende Unterschiede aufweisen, sich jedoch sehr gut ergänzen. Der zweite Teil des Buchs beschreibt dann die Umsetzung des Constraint-Managements (Kapitel 4 bis 9), der dritte Teil dessen Verankerung im Unternehmen (Kapitel 10 bis 15).

Die Prinzipien des Constraint-Managements

Das Constraint-Management lässt sich anhand von vier Prinzipen beschreiben. Deutlich wird, dass sich in dieser neuen Welt des Constraint-Managements manches ganz anders darstellt, als es die meisten Unternehmen gewohnt sind.

Prinzip 1: Das Gesamtunternehmen an einem Ziel ausrichten

Das Ziel – so lautet der Titel des Romans von Goldratt. »Wissen Sie, wo Ihr Problem liegt?«, fragte der Berater und Mathematikdozent Jonah den Protagonisten des Romans, den Werkleiter Alex Rogo. »Ich brauche bessere Effizienzen«, antwortete dieser. »Nein, das ist sicher nicht Ihr Problem«, entgegnete Jonah. »Ihr Problem ist, dass Sie nicht wissen, welches Ihr Ziel ist. Und, nebenbei gesagt, es gibt nur ein einziges Ziel, egal bei welchem Unternehmen.« Sprach's und stieg ins Flugzeug.

Zusammen mit seinem Controller zerbricht sich der Werkleiter den Kopf. Welches also ist das Ziel? Ist es eine höhere Produktivität? Eine überlegene Qualität? Ein besserer Service? Niedrigere Kosten? Nach längerer Odyssee dämmert den beiden die Antwort, die so banal ist, dass sie es kaum glauben können. »Das Ziel des Unternehmens ist also, mehr Geld zu verdienen«, konstatiert schließlich Alex Rogo, der Held des Romans.

Diese Feststellung ist der Ausgangspunkt der Theory of Constraints. Es gibt nur ein übergeordnetes Ziel für ein Unternehmen – und dieses lautet ganz schlicht: möglichst viel Geld verdienen.

Dieser Punkt ist heikel und erregt häufig Widerspruch. Das gilt umso mehr nach den Erfahrungen der Finanz- und Wirtschaftskrise 2009, deren Auslöser nicht zuletzt die Gier nach immer höheren Profiten war. Deshalb ist der Hinweis wichtig: Gemeint im Zusammenhang mit der Theory of Constraints sind ausschließlich die Gewinne aus dem operativen Geschäft, also dem Herstellen und Verkaufen der Produkte.

Kürzlich wollte ich dem Führungskreis eines mittelständischen deutschen Automobilzulieferers die Vorzüge der Theory of Constraints präsentieren. Während ich meinen Laptop hochfuhr und den Beamer aufbaute, geriet ich mit dem Geschäftsführer in eine Diskussion über das wahre Ziel einer Unternehmung. Als ich das permanente Streben nach Gewinnmaximierung ins Spiel brachte und versuchte, zu erklären, dass andere Ziele hierzu oftmals kontraproduktiv wirken, erhitzten sich die Gemüter spürbar. Noch bevor ich meine Präsentation beginnen konnte, verließ der Geschäftsführer verärgert den Besprechungsraum und ließ mich samt seiner Führungsmannschaft zurück.

Der Punkt ist nur: Es ist tatsächlich in vielen Fällen kontraproduktiv, mehrere Unternehmensziele parallel zu verfolgen. Viele Unternehmen haben zum Beispiel zufriedene Kunden zu einem ihrer strategischen Ziele erkoren. Doch was, wenn diese »zufriedenen Kunden« immer anspruchsvoller werden? Seit Jahren versuchen etwa die Autozulieferer, ihre Kunden mit immer größeren Anstrengungen zufriedenzustellen. Die Folge davon ist, dass die Hersteller immer noch eine Forderung draufsatteln, immer noch mehr verlangen. Schon manches Unternehmen machte trotz zufriedener Kunden Pleite. Man kann es drehen und wenden, wie man will: Dauerhaft gibt es nur dann zufriedene Kunden und – um ein weiteres häufiges Ziel zu nennen – zufriedene Mitarbeiter, wenn das Unternehmen sich auf einem langfristigen Wachstumspfad befindet und die hierfür erforderlichen Renditen zuverlässig erwirtschaftet.

Die Forderung nach einem einzigen Ziel für das Unternehmen spricht nicht gegen Subziele und daraus abgeleitete Zielvereinbarungen. Gerade in einer komplexen Arbeitswelt kommt einer klaren Orientierung für Führungskräfte und Mitarbeiter eine wichtige Funktion zu. Kritisch wird es nur dann, wenn die Zielvereinbarungen das Gesamtziel des Unternehmens, nämlich das Geldverdienen, ignorieren. Genau das lässt sich jedoch beobachten: Je weiter man sich von der Unternehmensspitze innerhalb der Hierarchie nach unten bewegt, desto mehr verlieren die vereinbarten Ziele den Bezug zum Gesamtziel.

Es geht also darum, dafür zu sorgen, dass sich alle Subziele konsequent dem *einen* Unternehmensziel des Möglichst-viel-Geld-Verdienens unterordnen. Mehr dazu in Kapitel 11.

Prinzip 2: Der Markt bestimmt alle Aktivitäten

In vielen Unternehmen ist die Produktion vom Marktgeschehen weitgehend abgehängt. Der Produktionsleiter orientiert sich an Auslastung und Effizienz der Anlagen, denn daran bemisst sich sein Erfolg. Das hat zur Folge, dass er gelegentlich auch die Vorgaben des Produktionsprogramms nicht so genau nimmt: Da wird dann von einigen Artikeln mehr hergestellt, um Rüstzeiten zu sparen und die Produktivität zu verbessern – einige sehr kleine Lose fallen dafür unter den Tisch. Am Ende des Monats erzielt der Produktionsleiter ein aus seiner Sicht befriedigendes Ergebnis, die Bestände des Unternehmens haben jedoch ebenso zugenommen wie die Lieferrückstände.

Die Crux liegt darin, dass in der Regel nicht nur der Produktionsleiter, sondern auch andere Führungskräfte bis hinauf in die Unternehmensleitung auf eine hohe Anlageneffizienz schwören. Laufen die Anlagen rund, freut sich auch das Topmanagement. Die Verantwortlichen nehmen in Kauf, dass die gute Auslastung möglicherweise einen Überschuss an Fertigprodukten zur Folge hat, für die es aktuell keine Aufträge gibt. Hier regiert das Prinzip Hoffnung: Man geht davon aus, dass die Teile in absehbarer Zeit ihre Käufer finden. Dass die Ware stattdessen mit dem Status »unverkäuflich« in der Verschrottung enden könnte, wird verdrängt.

Diesen Risiken setzt das Constraint-Management das zweite Prinzip entgegen: Der Markt bestimmt alle Aktivitäten. Die Produktion strebt also nicht mehr um jeden Preis eine vollständige Auslastung an, sondern orientiert sich an der Marktnachfrage. Im Idealfall ist die Produktion so organisiert, dass nur Produkte gefertigt werden, für die tatsächlich ein Auftrag vorliegt.

Was so einfach und selbstverständlich klingt, stellt in vielen Betrieben die Realität auf den Kopf. Wie schon ausgeführt: Der traditionelle Wertschöpfungsprozess rechnet nach Abschluss der jeweiligen Wertschöpfungsstufe die Kosten der Produktionsressourcen dem bearbeiteten

Produkt zu. Ungeachtet des Absatzrisikos führt das Unternehmen das fertiggestellte Produkt mit dem so errechneten Wert. Sollte das Produkt sich dann als unverkäuflich erweisen, erfolgt die entsprechende Wertberichtigung. Im Gegensatz hierzu betrachtet das Constraint-Management eine Wertschöpfung erst dann als realisiert, wenn das Produkt verkauft worden ist. Einige »Constraint-Hardliner« wollen die Wertschöpfung sogar erst dann als realisiert einstufen, wenn der Kunde seine Rechnung bezahlt hat.

Die Gegenüberstellung beider Philosophien offenbart einen markanten Unterschied. Der traditionelle Wertschöpfungsprozess begünstigt eine Produktion am Markt vorbei, weil der Wert im Zuge der Produktion geschaffen wird. Es besteht ein Anreiz, dass die vorhandenen Ressourcen ihre volle Leistung entfalten, auch wenn der Markt die Produkte im Augenblick gar nicht benötigt. Dagegen richtet sich in der Welt des Constraint-Managements die Produktion an den nachgefragten Mengen aus, weil die Fertigung für sich genommen noch keine Werte schafft, sondern die Wertschöpfung sich erst mit dem Verkauf vollzieht.

Selbst wenn sich ein Unternehmen grundsätzlich an der Marktnachfrage orientiert, entstehen in der Praxis häufig Überproduktionen. Viele Betriebe neigen dazu, bei zurückgehender Auftragslage die Produktionsanlagen erst einmal weiterlaufen zu lassen. Die Arbeit geht flüssig voran, doch die Bestände fangen an zu steigen. Dies erfordert zusätzlichen Handhabungsaufwand, zusätzlichen Platz und zusätzliche Finanzierungskosten.

Zu Recht weisen die Vertreter des Lean Managements oder Toyota-Prinzips auf die Gefahr der Überproduktion hin. »Toyota fand heraus, dass Überproduktion eine der schlimmsten Arten von Verschwendung sei, die man allgemein in den Fabriken findet«, schreibt Kiyoshi Suzaki.[2] »Diese Verschwendung entsteht dann, wenn Waren über den jeweiligen Bedarf des Marktes hinaus produziert werden. Wenn sich der Markt gerade im Aufschwung befindet, mag dies nicht so schlimm sein. Lässt jedoch die Nachfrage des Marktes nach, wirken alle Effekte der Überproduktion zusammen, sodass manche Betriebe in Schwierigkeiten kommen, weil sie unverkaufte Waren als zusätzliche Bestände halten müssen.« Um einer Produktion auf Vorrat definitiv einen Riegel vorzuschieben, fordern die Vertreter des Lean Managements, die Produktion an den Auftragseingang zu koppeln, also nur zu fertigen, wenn die Aufträge vorliegen.

Der Markt bestimmt alle Aktivitäten – das ist eigentlich keine provozierende These. In der Konsequenz kann das jedoch bedeuten, dass Maschi-

---

[2] Auszug aus Suzaki, Kiyoshi: *Modernes Management im Produktionsbetrieb – Strategien, Techniken, Fallbeispiele*, München 1989

nen stillstehen und die Arbeiter Zeitung lesen. Fehlt es an Aufträgen, bleiben Personal und Maschinen unterausgelastet; eine Produktion auf Vorrat findet nicht statt. Mancher alte Haudegen in der Produktion ist jedoch noch von den Zeiten geprägt, in denen Verkäufermärkte vorherrschten und es tatsächlich auf die höchstmögliche Produktivität ankam. Da fällt es schwer, Unterauslastungen zu akzeptieren.

Prinzip 3: Der Engpass dient als Leuchtturm

Das dritte Prinzip stößt zum Kern des Constraint-Managements vor: Nun geht es um den Engpass und seine besondere Funktion.

Mit Blick auf den Engpass ist eine Vorbemerkung wichtig, die sich auf eine Unschärfe des Konzepts bezieht. Ausgangspunkt der Theory of Constraints ist der Grundgedanke, dass es immer nur *einen* Engpass gibt, der das Gewinnziel beschränkt. Nun muss dieser Engpass keineswegs immer in der Produktion liegen – im Gegenteil, die Wahrscheinlichkeit ist sogar groß, dass er außerhalb liegt. Wie im ersten Kapitel ausgeführt, prägen seit den Siebziger- und Achtzigerjahren des vorigen Jahrhunderts zunehmend gesättigte Märkte das Geschehen. Immer öfter übersteigt das Angebot die Nachfrage; die Marktmacht verschiebt sich von den Anbietern zu den Nachfragern, aus Verkäufermärkten werden Käufermärkte. Mehr und mehr bestimmen die Kunden, welche Produkte sie zu welchen Preisen kaufen.

Mit dieser Entwicklung von Verkäufer- zu Käufermärkten verlagert sich der Engpass, der die Gewinnentwicklung beschränkt, tendenziell von der Produktion zum Absatz. Nicht umsonst beschäftigen sich heutzutage ganze Heerscharen von Marketingfachleuten mit Absatzfragen. Der Engpass liegt häufig im Vertrieb, im Marketing oder auch in der Entwicklung – immer weniger jedoch in der Produktion.

Das Constraint-Management hat sich trotzdem als ausgezeichnete Methode bewährt, um komplexe Produktionsketten eines Industrieunternehmens in den Griff zu bekommen. Hierbei orientieren sich alle Arbeitsgänge am Engpass in der Produktion, obwohl der tatsächliche Engpass, der das Mehr-Geld-Verdienen beschränkt, häufig im Bereich der Marktnachfrage liegt.

Wie lässt sich diese Ungereimtheit auflösen? Die isolierte Anwendung der Theory of Constraints im Produktionsbereich wird ermöglicht, indem das Constraint-Management den Engpass der Produktion mit der Marktnachfrage synchronisiert. Auf diese Weise akzeptiert der Produktionsbereich den Markt als Restriktion, was sich darin zeigt, dass eine schwache Nachfrage zur Unterauslastung des Engpasses in der Produktion führen kann. Erst diese Synchronisation mit dem Marktbedarf ermöglicht es, das Constraint-Management auf den Ausschnitt der Produktion zu beschränken und hier einen eigenen Engpass zu identifizieren.

Vor diesem Hintergrund lässt sich nun das dritte Prinzip des Constraint-Managements formulieren: Es gibt in der Produktion einen Engpass, der als Leuchtturm für alle übrigen Operationen der Prozesskette dient.

Eine Prozesskette in der Produktion besteht aus mehreren Operationen, die nacheinander abgearbeitet werden. Jede solche Prozesskette hat einen Engpass, und zwar nur einen, der den Materialdurchsatz und damit den Mengenausstoß der gesamten Prozesskette bestimmt.

Verdeutlichen lässt sich dieser Zusammenhang am Beispiel einer Kette (siehe Abbildung 2.1). Wird an einer Kette kräftig gezogen, bis sie der Belastung nicht mehr standhält, reißt sie an einer ganz bestimmten Stelle – nämlich beim schwächsten Glied. Dieses Glied ist der Constraint, die »Beschränkung«. Die Kette kann keine höhere Leistung erbringen, als die Kraftübertragung des schwächsten Glieds zulässt. Wie stark die übrigen Kettenglieder sind, ist völlig irrelevant. Selbst wenn die anderen Glieder noch so imposant aussehen: Die Leistung der Kette wird durch das schwächste Glied begrenzt.

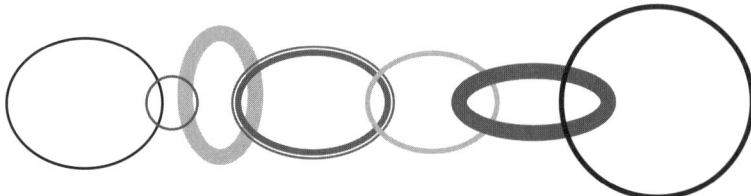

Abbildung 2.1: Das schwächste Glied beschränkt die Leistung der gesamten Kette

Übertragen auf den Fertigungsprozess heißt das, dass jede mehrstufige Fertigung ein schwächstes Glied hat – einen Prozessschritt also, der die geringste Kapazität aufweist und damit die Leistung der gesamten Prozesskette bestimmt. Oder anders formuliert: Es können nicht mehr Teile durch die Prozesskette fließen, als die Operation mit der geringsten Kapazität verarbeiten kann. Dies ist die Ausgangsbasis der Theory of Constraints.

Hinzu kommt nun ein zweiter, entscheidender Aspekt: Im Constraint-Management dient dieser Engpass als Leuchtturm, an dem sich der Rest der Produktion ausrichtet. Der Durchsatz durch den Engpass gibt den Takt für den Rest der Prozesskette vor. Das Constraint-Management nimmt damit bewusst in Kauf, dass die Kapazitäten aller anderen Operationen nicht voll ausgelastet sind.

Prinzip 4: Die Mitarbeiter leben die neue Constraint-Kultur

Die Erfolge des Constraint-Managements sind nur dann dauerhaft, wenn sich auch ein Kulturwandel vollzieht. Prinzip 4 lautet daher: Die Mitarbeiter leben die neue Constraint-Kultur.

Sich dem Takt der Engpassoperation unterzuordnen, Maschinen und Personal deshalb auch ungenutzt zu lassen: Solche Neuerungen bedeuten für viele Produktionsleute einen Kulturschock – sind sie es doch gewohnt, eine maximale Produktivität anzustreben und alle Ressourcen möglichst zu 100 Prozent auszulasten. Viele Produktionsleiter in Deutschland, zwischen 50 und 60 Jahre alt, haben sich vom Vorarbeiter zum Meister hochgearbeitet. Sie verdienten sich ihre Meriten, als noch Verkäufermärkte herrschten und die Produktion der Engpass war. Ihre Leistung bemaß sich stets an Ausstoß und Produktivität. Hiervon nun Abschied zu nehmen fällt schwer.

Für den dauerhaften Erfolg des Constraint-Managements ist es jedoch entscheidend, dass die Mitarbeiter im Unternehmen die neuen Gepflogenheiten akzeptieren und leben. Damit es dazu kommt, sind in der Regel umfassende Schulungs- und Trainingsprogramme notwendig. Ebenso wichtig ist es, durch neue Kennzahlen die richtigen Anreize zu setzen. Das bedeutet vor allem eines: wegkommen von den Produktivitätskennzahlen, wie sie heute noch fast überall an den Pinnwänden der Werkshallen hängen.

Der Fluch der Harmonisierung

Die Grundzüge des Constraint-Managements haben Sie kennengelernt. Der Kern der Methode manifestiert sich im dritten Prinzip: Der Engpass dient als Leuchtturm, an dem sich alle anderen Operationen ausrichten. Dieses Prinzip steht, wie eingangs dieses Kapitels schon erwähnt, im Gegensatz zum herkömmlichen Umgang mit Engpässen – gilt doch im klassischen Engpassmanagement ein Engpass gemeinhin als ein Übel, das man beseitigen muss. Die folgenden Ausführungen zeigen, dass es besser ist, den Engpass zu hegen und zu pflegen, anstatt ihn zu bekämpfen und zu beseitigen.

In der Diagnose sind sich beide »Schulen«, die des klassischen Engpassmanagements und die des Constraint-Managements, einig: Bei der Herstellung eines Produkts durchläuft das Material eine Kette von einzelnen Fertigungsoperationen. Diese Prozesskette hat eine unausgeglichene Kapazitätsstruktur und damit auch stets einen Engpass, der den Materialdurchsatz der gesamten Kette beschränkt (siehe Abbildung 2.2). Es kann nie mehr ausgeliefert werden, als die Engpassoperation durchlässt. Klar ist auch: Nutzt man die vor dem Engpass liegenden höheren Kapazitäten voll aus, kommt es vor dem Engpass sofort zu Staus. Überbestände und sonstige Störungen sind die Folge.

So weit die Diagnose. Doch welche Therapien werden nun eingesetzt?

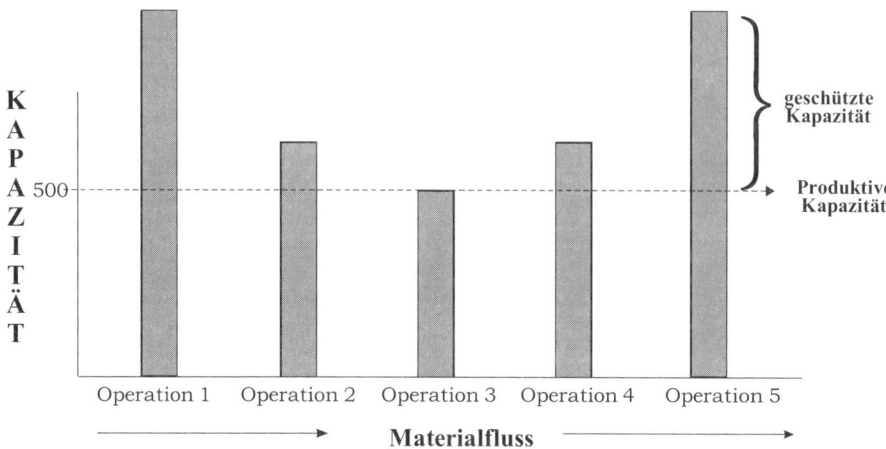

Abbildung 2.2: Prozesskette mit unausgeglichener Kapazitätsstruktur

Die falsche Strategie: Engpässe beseitigen, um die Kapazitäten zu harmonisieren

Die traditionelle Schule macht etwas sehr Naheliegendes: Sie versucht, die Kapazitätsstruktur auszugleichen, um so alle Operationen voll auslasten und die höchstmögliche Produktivität erzielen zu können. »Wir wollen die Kapazitätsstruktur unserer Produktion harmonisieren«, lautet das Credo in den meisten Unternehmen. Hierzu erhöht man dann die Produktivität der leistungsschwächeren Anlagen, fährt Überstunden oder investiert in neue Maschinen, um die Kapazität einer bestimmten Operation auf das Niveau der anderen zu heben. Da Überstunden sehr kostenintensiv sind, läuft es am Ende meistens auf Investitionen in Maschinen und Anlagen hinaus, um die Kapazitäten technisch zu harmonisieren.

Seit vielen Jahren beobachte ich diese Bemühungen. Doch kenne ich kein einziges Unternehmen, bei dem es wirklich gelungen ist, eine harmonische Kapazitätsstruktur zu schaffen. Insofern bestätigt sich hierzu die Theory of Constraints. Zu unterschiedlich sind die Arbeitsinhalte der einzelnen Fertigungsoperationen wie zum Beispiel Formen, Schweißen, Bohren, Fräsen, Lackieren und Montieren. Das eine Mal wird bei einer komplizierten Anlage die Anpassung der Leistungsmerkmale auf ein vorgesehenes Niveau nicht erreicht, das andere Mal wird sie überschritten. Am Ende hat sich die Kapazitätsstruktur dann zwar verändert, steht aber weiterhin nicht im Einklang mit den Kapazitäten der anderen Anlagen.

Einerseits trachten die Unternehmen nach einer hundertprozentigen Auslastung aller Operationen, um die höchstmögliche Produktivität zu erzielen, andererseits misslingt ihnen die Harmonisierung, sodass die Kapazitäten der einzelnen Operationen verschieden sind. Als Folge davon staut sich das Material vor den Fertigungsbereichen mit den geringeren Kapazitäten. Das wiederum führt dazu, dass Materialdurchlaufzeiten und am Ende oft auch die Lieferzeiten länger werden.

Die negativen Erscheinungen kumulieren sich mit der Zeit, bis sich schließlich bei den Verantwortlichen Handlungsbedarf aufbaut. Zunächst kann es sein, dass sie punktuell Überstunden anordnen. Meist wird dann aber entschieden, einen Engpass durch eine zusätzliche Maschine zu beseitigen. Klar ist, dass diese neue Maschine von nun an auch möglichst rund um die Uhr laufen soll, damit sich die Investition schnellstmöglich amortisiert. Gut möglich, dass der bisherige Engpass damit zur Operation mit der höchsten Kapazität im gesamten Produktionsprozess wird. Die Folge davon wird sein, dass sich nun an anderer Stelle das Material staut.

Erneut sieht sich das Unternehmen gezwungen, Maßnahmen zu ergreifen. So kommt es, dass das Unternehmen seine Kapazitäten kontinuierlich weiter aufbaut, ohne dabei eine Harmonisierung zu erreichen.

Das klassische Engpassmanagement versucht, das Problem durch eine systematische Beseitigung aller Engpässe zu lösen. Es gibt Beratungen, die sich dieses Konzept zu eigen gemacht haben. Deren Mitarbeiter suchen wie Schnüffelhunde nach Engpässen. Mit jedem Engpass, den sie finden und beseitigen, generieren sie den nächsten Engpass, der dann sofort wieder ausgemerzt wird. Dahinter steht die Idee, sich allmählich dem Idealzustand der vollkommenen Harmonisierung aller Kapazitäten anzunähern und so die maximal mögliche Produktivität aller Ressourcen zu erreichen.

Wie gesagt: Ich bezweifle, dass eine Harmonisierung in der Praxis überhaupt möglich ist. Aber gesetzt den Fall, es gelänge doch – auch dann würde dieses Konzept scheitern.

Einmal angenommen, ein Unternehmen bringt das Unmögliche fertig und baut tatsächlich eine harmonisierte Kapazitätsstruktur innerhalb einer mehrstufigen Fertigung auf. Was bedeutet das? Theoretisch ist es für die Fertigungssteuerung jetzt sehr einfach, die Produktion langfristig zu planen und kurzfristig zu steuern. Jede Operation liefert jeden Tag zum Beispiel genau 500 Teile an die nächste Operation ab. Alle Beteiligten wissen dann Bescheid, auch der Vertrieb kennt den täglichen Ausstoß und kann seine Liefertermine darauf abstimmen. Zugleich ist die Produktion voll ausgelastet, der Traum von der höchstmöglichen Produktivität ist in Erfüllung gegangen. So weit die Theorie.

Leider ist dieser Idealzustand eine Illusion. Jeder Praktiker weiß, dass Maschinen und Anlagen auch ausfallen. Schon die Verfügbarkeitsgarantie des Herstellers ist ein sicheres Indiz dafür, dass die neu beschaffte Anlage nicht immer störungsfrei laufen wird. Erfahrungsgemäß liegen die Verfügbarkeitswerte bei etwa 90 Prozent der theoretisch möglichen Maschinenlaufzeit. Mit anderen Worten ausgedrückt heißt das: Von 100 geplanten Arbeitsstunden können 10 Stunden innerhalb des geplanten Zeitraums nicht geleistet werden. Wenn man jetzt diese Planungsunschärfe auf alle Maschinen der Wertschöpfungskette überträgt, ist es leicht vorstellbar, welch enormer Aufwand täglich betrieben werden muss, um gegen diese vielen Unschärfen anzusteuern.

Das Kernproblem liegt darin, dass bei ausgelasteten Fertigungskapazitäten eine Störung in einem Fertigungsschritt bis zum Ende der Kette durchschlägt: Wenn eine Anlage ausfällt, haben die nachfolgenden Anlagen nicht die Kapazität, um die verlorene Zeit wieder aufzuholen. Ausfallzeiten führen zwangsläufig zu Lieferrückständen mit allen negativen Folgen für das Unternehmen. Die Zeit und der damit verbundene Gewinn sind für immer verloren – ganz abgesehen von den unpünktlichen Lieferungen und den damit verbundenen Imageverlusten bei den Kunden.

Es bleibt also festzuhalten: In einer ausgeglichenen Kapazitätsstruktur lassen sich Durchsatzverluste aufgrund von Maschinenausfallzeiten nie wieder hereinholen, weil die jeweils nachfolgende Anlage nicht über die Kapazität verfügt, die verlorene Zeit wieder wettzumachen. Gibt es mehrere Ausfälle, kumuliert sich die Wirkung. Jede Störung im Materialfluss wirkt sich auf die nachgelagerten Operationen aus, wobei die maximale Abweichung des vorherigen Ereignisses den Ausgangspunkt für das nachfolgende Ereignis darstellt (siehe Abbildung 2.3). Mit jeder Störung wird es damit unmöglicher, das Produktionsprogramm einzuhalten.

Eine weitere Vorkehrung läge nahe: Man könnte vor jeder Operation genügend Teile lagern, um auch bei Stillstand einer vorgelagerten Maschine weiterproduzieren zu können. Da ungeplante Stillstände im Laufe der Zeit überall auftreten können, müssten dann überall Teile gelagert werden. Doch auch dieser Schachzug wäre keine befriedigende Lösung: Häufig wird nicht klar sein, welche der auf Bestand gelegten Teile alternativ zu den geplanten in die Produktion eingehen müssen. Chaos in der Fertigungssteuerung ist vorprogrammiert, was wiederum – wie die Erfahrung zeigt – zu Lieferrückständen führt.

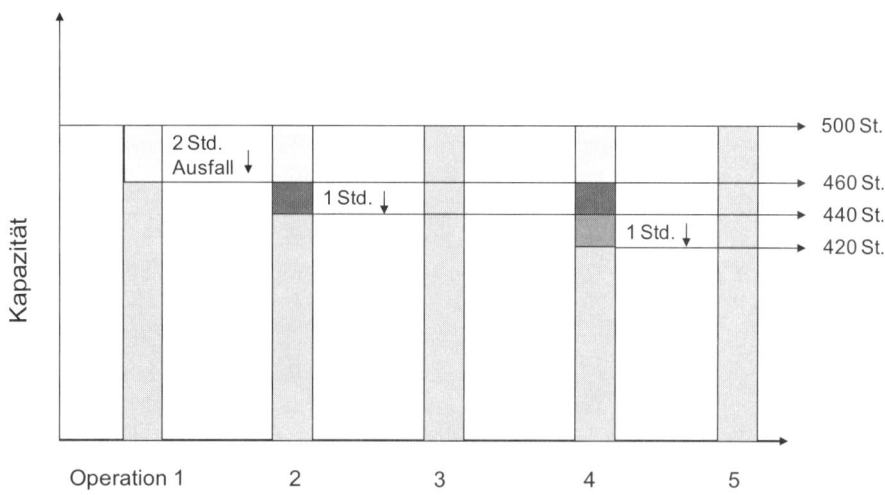

Durchschlagende Wirkung von Ausfallzeiten auf das System durch die
jeder Operation innewohnenden Veränderlichkeit

Abbildung 2.3: Abhängige Ereignisse haben kumulative Wirkung. Jede Ausfall-
zeit an einer Operation wirkt sich auf den Durchsatz des Gesamtsystems aus.

Somit zeigt sich: Der Fluch der Harmonisierung holt das Unternehmen
früher oder später ein.

Die richtige Strategie: Den Engpass akzeptieren

Im Gegensatz zur traditionellen Schule strebt das Constraint-Management keine Harmonisierung der Kapazitäten an. Ziel ist zwar auch hier,
den aktuellen Engpass aufzuspüren. Dieser soll jedoch nicht entfernt,
sondern akzeptiert und zunächst auch unverändert beibehalten werden.

Diese Herangehensweise zwingt zum Umdenken bei allen anderen
Operationen. Es ist offensichtlich sinnlos, hier weiterhin auf eine hundertprozentige Auslastung der Kapazitäten zu drängen – denn der Engpass
bestimmt den maximal möglichen Durchsatz. Stattdessen liegt es nahe,
alle Operationen an den Rhythmus des Engpasses anzupassen. Genau
darin liegt der Kerngedanke des Constraint-Managements.

Nur wenn die Marktnachfrage größer ist als der Durchsatz, den der
Engpass zulässt, besteht ein Grund, am Engpass etwas zu ändern. Meist
muss er dann jedoch nicht beseitigt werden, sondern es genügen schon
einfache Maßnahmen. Zum Beispiel ist es möglich, die Engpassoperation
während der Pausen weiterlaufen zu lassen oder dort gezielt eine Sonder-
schicht einzusetzen (siehe Kapitel 8).

Grundsätzlich gilt jedoch: Der Engpass wird nicht beseitigt, sondern als Leuchtturm genutzt, an dem sich letztlich das gesamte Unternehmen orientiert.

Zusammenfassung

Die Theory of Constraints ist längst keine Theorie mehr, sondern eine Managementmethode, die sich in der Praxis bewährt hat. Sie ermöglicht, komplexe Fertigungsketten plan- und steuerbar zu machen. Sie reduziert die Materialbestände auf das tatsächlich erforderliche Niveau, beschleunigt Materialflüsse und gestaltet diese gleichzeitig störungsfrei, verkürzt die Lieferzeiten und verbessert den Kundenservicegrad.

Das Constraint-Management ist damit geeignet, die Produktion an künftige Herausforderungen anzupassen, gerade auch mit Blick auf zunehmend gesättigte Märkte. Die Methode lässt sich anhand von vier Prinzipien beschreiben:

- Es gibt nur ein übergeordnetes Ziel für ein Unternehmen – und dieses lautet ganz schlicht: möglichst viel Geld verdienen.
- Der Markt bestimmt alle Aktivitäten in der Produktion.
- Es gibt in der Produktion einen Engpass, der als Leuchtturm für alle übrigen Operationen der Prozesskette dient.
- Die Mitarbeiter leben die neue Constraint-Kultur, das heißt, ein Kulturwandel sichert den dauerhaften Erfolg des Constraint-Managements.

Damit steht das Constraint-Management im Gegensatz zu herkömmlichen Ansätzen, die eine Harmonisierung der Kapazitäten anstreben. Anstatt Engpässe in der Produktion möglichst schnell zu beseitigen, um die Kapazitäten der einzelnen Operationen einer Fertigungskette aneinander anzugleichen, sieht die Theory of Constraints genau das Gegenteil vor: Das Unternehmen soll den entscheidenden Engpass in der Produktion nicht beseitigen, sondern vielmehr als Leuchtturm nutzen, an dem sich alle anderen Akteure ausrichten.

3 Lean Management: Ein Konzept mit Tücken

Nicht erst das Constraint-Management stellt herkömmliche Produktionsstrukturen infrage. Konzepte wie das Toyota-Produktionssystem, Lean Production oder Lean Management beherrschen seit einigen Jahrzehnten die Diskussion. Und auch hier finden sich zum Beispiel die Forderungen, die Produktion strikt am Bedarf des Kunden auszurichten, kleine Losgrößen zu fertigen und das Material gleichmäßig fließen zu lassen.

Anfang der Neunzigerjahre veröffentlichte das Massachusetts Institute of Technology (MIT) eine Studie zur Arbeitsorganisation der Automobilindustrie, in der es das Toyota-Produktionssystem beschrieb und hierfür den Begriff *Lean Production* verwendete. Da sich die Grundprinzipien dieses Konzepts nicht nur auf die Produktion, sondern auf die gesamte Wertschöpfungskette von der Produktentwicklung bis hin zum Vertrieb beziehen lassen, verbreitete sich die »schlanke Philosophie« fortan vor allem unter dem Begriff *Lean Management*.

Großes Aufsehen erregte der Bestseller *The Machine that changed the World*, der 1991 in Deutschland unter dem Titel *Die zweite Revolution in der Automobilindustrie* erschien. Unter Rückgriff auf die MIT-Untersuchung verbreiteten die Autoren James Womack, Daniel Jones und Daniel Roos in diesem Buch die sensationelle Botschaft, dass sich durch Lean Management die Leistungen einer Produktion steigern und gleichzeitig die Kosten halbieren lassen. In der Folge entstanden in vielen Unternehmen Lean-Projekte, die teilweise auch beachtliche Erfolge aufwiesen. Nach wie vor spielen die Prinzipien und Instrumente, die sich mit dem Begriff Lean Management verbinden, in modernen Industrieunternehmen eine herausragende Rolle.

Es ist hier nicht der Ort, auf die Stärken, Schwächen und Praxiserfahrungen der Lean-Konzepte näher einzugehen. Vielmehr möchte ich in diesem Kapitel eine Verbindung zwischen Lean Management und Constraint-Management herstellen und aufzeigen, dass beide Philosophien sich über weite Strecken decken, aber auch gravierende Unterschiede aufweisen. Zugleich verdeutlicht das Herausarbeiten dieser Unterschiede einige Tücken, die dem Konzept des Lean Managements innewohnen. Das beruhigende Fazit ist jedoch: Beide Systeme lassen sich nicht nur miteinander in Einklang bringen, sondern ergänzen einander auf ideale Weise.

Gemeinsames Fundament

Hinter dem Begriff Lean Management verbirgt sich ein umfangreiches Bündel an Methoden, Instrumenten und Maßnahmen, die darauf abzielen, die Fertigungskette eines Produkts effizient zu gestalten. Der Kern der Lean-Management-Philosophie lässt sich in fünf Prinzipien zusammenfassen:

- *Wert aus Kundensicht definieren.* Allein der Endkunde bestimmt den Wert eines Produkts. Es gilt daher, aus Sicht des Kunden zu definieren, was produziert werden soll; die Produkte sind exakt auf die Bedürfnisse des Kunden abzustimmen.
- *Fertigungskette als Wertfluss betrachten.* Die Herstellung eines Produkts ist ein Wertschöpfungsprozess. Dieser Wertfluss beschreibt alle Aktivitäten, die zur Herstellung des Produkts erforderlich sind – vom Einsatz des Rohmaterials bis zur Auslieferung an den Kunden.
- *Gleichmäßigen Produktionsfluss schaffen (Fluss-Prinzip).* Die Produktion wird so gestaltet, dass ein kontinuierlicher Ablauf der Produktion entsteht, das Material somit störungsfrei die Fertigungskette durchläuft.
- *Produktion am Auftragseingang ausrichten (Zug-Prinzip).* Es wird nur das produziert, was der Kunde bestellt hat. Das heißt, Material und Teile werden nicht aufgrund von Planungsvorgaben durch die Produktion gedrückt, sondern von der Kundennachfrage durch die Produktion »gezogen«.
- *Perfektion anstreben.* Die Mitarbeiter sind dazu aufgefordert, fortlaufend die Abläufe zu hinterfragen und Ideen einzubringen; das Kaizen-Prinzip wird als Verbesserungsphilosophie verankert.

Wie steht nun das Constraint-Management zu diesen Prinzipien? Deutlich wird zunächst eine breite gemeinsame Basis. Für beide Ansätze ist die Kundenwahrnehmung entscheidend, das heißt, der Endkunde bestimmt den Wert eines Produkts. Im Constraint-Management wird das daran deutlich, dass der Durchsatz und damit die Wertschöpfung erst stattgefunden haben, wenn quasi der Scheck des Kunden bankbestätigt ist.

Ebenso begreifen beide Ansätze die gesamte Fertigungskette als Wertfluss. Der Kundenwert entsteht durch eine Kette von Interdependenzen, die sich nicht nur innerhalb der Mauern der herstellenden Fabrik befinden. Auch das Fluss-Prinzip gilt für beide: Sowohl für das Lean Management als auch für das Constraint-Management ist ein gleichmäßiger Materialfluss ein entscheidender Leitgedanke.

Beide Ansätze vertreten zudem die Meinung, dass jedes Produkt, das hergestellt, jedoch nicht verkauft wird, als Verschwendung anzusehen ist. Hieraus ziehen sie die Konsequenz, dass nicht aufgrund von Marktprognosen produziert werden darf, sondern nur die reale Kundennachfrage die Produktion eines Produkts auslöst. Diese konsequente Ausrichtung am Markt steht im Gegensatz zur traditionellen Schub-Herstellung, die nach hohen Produktivitäten und Kapazitätsauslastungen strebt und deshalb möglichst viele Produkte durch das System schiebt. Für das Constraint-Management ist das Zug-Prinzip, also die Ausrichtung der Produktion an der Kundennachfrage, die treibende Kraft: Der Fertigungsplan des Engpasses orientiert sich am Marktbedarf und dieser Plan ist wiederum die Grundlage für die Materialeinspeisung in den Herstellungsprozess.

Somit lässt sich festhalten: Die ersten vier der fünf Lean-Management-Prinzipien stehen im Einklang mit dem Constraint-Management, sodass man mit Fug und Recht von einem gemeinsamen Fundament sprechen kann. Anders stellt sich die Situation beim fünften Prinzip, dem Streben nach permanenter Verbesserung, dar. An dieser Stelle kollidieren die beiden Systeme. Wie der folgende Vergleich beider Ansätze zeigt, liegt hier zudem eine deutliche Schwachstelle des Lean Managements.

Verbesserungsprozess mit Risiken und Nebenwirkungen

Ein zentraler Baustein des Lean Managements ist »Kaizen«, der kontinuierliche Verbesserungsprozess. Nun spielt auch im Constraint-Management das Verbesserungswesen eine zentrale Rolle – und doch liegt genau hier der große Dissens der beiden Philosophien.

Wie später ausführlich dargestellt, gibt es im Constraint-Management zwei verschiedene Verbesserungsprozesse:

- Verbesserungen am Engpass, um den Durchsatz zu erhöhen (Kapitel 8),
- Verbesserungen durch Buffermanagement, um die Bestände zu optimieren und die Durchlaufzeiten zu verkürzen (Kapitel 9).

Beide Prozesse unterscheiden sich erheblich von der Kaizen-Philosophie des Lean Managements. Betrachtet man die Unterschiede etwas näher, fällt auf, dass der Kaizen-Prozess, wie er in vielen Unternehmen verstanden und praktiziert wird, erhebliche Risiken und Nebenwirkungen birgt.

Gesund und schlank – oder krankhaft mager

Grundsätzlich gibt es zwei Stellschrauben, um den Gewinn zu steigern: Man kann die Kosten senken oder den Umsatz erhöhen – und natürlich auch beides gleichzeitig. Das Lean Management konzentriert sich auf die erste Möglichkeit, indem es durch ständige Verbesserungen Verschwendung bekämpft und Kosten reduziert. Demgegenüber bevorzugen die Anhänger des Constraint-Managements den zweiten Weg. Sie setzen alles daran, den »Durchsatz« durch die Produktion und damit den Umsatz zu erhöhen. Die vorrangige Aufgabe liegt darin, den Durchsatz am Engpass zu erhöhen, weil dieser den Gesamtdurchsatz begrenzt. Entscheidungen über Bestände oder Betriebskosten erfolgen immer mit Blick darauf, wie sie den Durchsatz und den Kundenservicegrad beeinflussen.

Der Vergleich beider Philosophien zeigt somit zwei grundverschiedene Ansätze für das Verbesserungswesen: Im Lean Management sollen Verbesserungen vor allem Kosten reduzieren, hier steht das Eliminieren jeglicher Verschwendung im Vordergrund. Demgegenüber zielt der Verbesserungsprozess im Constraint-Management vor allem auf eine Erhöhung des Durchsatzes ab. Zum Zuge kommen deshalb Vorschläge, die sich speziell auf Verbesserungen im Engpass beziehen.

Die praktischen Auswirkungen dieser unterschiedlichen Ansätze sind weitreichend. Während sich im Constraint-Management der Fokus auf den Engpass richtet, sind im Lean Management alle Mitarbeiter an jeder Stelle der Fertigung aufgefordert, Potenziale aufzuspüren und Verbesserungsvorschläge zu machen. Hieraus entstehen zahlreiche Aktivitäten, die sich mehr oder weniger willkürlich über alle Operationen der Fertigungskette erstrecken – ganz gleich ob es sich dabei um Tätigkeiten im Engpass oder an anderer Stelle handelt.

Was aber bringen Verbesserungsprojekte bei Nicht-Engpassoperationen? Eines steht logischerweise fest: Das Betriebsergebnis kann dadurch nicht verbessert werden, da die Leistungsentfaltung des gesamten Systems durch den Engpass eingeschränkt wird und Optimierungen an anderer Stelle den Durchsatz nicht erhöhen können. Möglicherweise wird sich das Ergebnis sogar verschlechtern, weil für das Projekt Investitionsmittel benötigt werden, die wirkungslos verpuffen. Verbesserungen bei Nicht-Engpass-Arbeitsgängen sind also verschwendetes Geld (ausgenommen der Fall, dass eine Verbesserung darauf abzielt, die Prozesssicherheit und damit die Qualität zu erhöhen – doch das ist eine andere Kategorie von Verbesserungen).

Keine Frage: Der Grundgedanke, Verschwendung zu eliminieren, ist zunächst richtig. Nur ein schlankes Unternehmen wird im Wettbewerb bestehen und nur ein verschwendungsfreier Prozess ist ein korrekt arbeitender Prozess. Deshalb ist es auch richtig, einen Prozess am Bedarf des Kunden auszurichten und dabei so schlank wie möglich zu gestalten. So weit, so gut. Kritisch wird die Sache jedoch, wenn ein Prozess der *andauernden* Verbesserung anfängt, notwendige Reserven – das Constraint-Management spricht hier von »Schutzkapazitäten« – aufzuzehren.

Wie in Kapitel 2 ausgeführt, setzt das Constraint-Management bewusst auf eine nicht harmonische Kapazitätsstruktur. Es macht die unterschiedlichen Kapazitäten der Fertigungskette transparent, ohne sie jedoch zu beseitigen. Demgegenüber führt der Verbesserungsprozess des Lean Managements, der auf das Ausmerzen von Verschwendung überall in der Fertigungskette abzielt, tendenziell zum Ausgleich der Kapazitäten. Damit gehen die notwendigen Schutzkapazitäten, die einen störungsfreien Materialfluss sicherstellen, allmählich verloren. Der »abgemagerte« Fertigungsprozess verliert an Stabilität – mit allen bereits geschilderten fatalen Folgen.

Unternehmen, die das »schlanke Gedankengut« verinnerlicht haben, neigen nach meiner Beobachtung dazu, über das Ziel hinauszuschießen und dadurch die Stabilität ihrer Fertigungsprozesse zu gefährden. Weil der Gedanke der kontinuierlichen Verbesserung dominiert, überschreiten sie irgendwann die Schwelle von der gesunden Schlankheit zum krankhaften Magersein. So richtig es ist, eine fett gewordene Organisation zu verschlanken, so steht doch auch fest: Nicht nur fette, sondern auch abgemagerte Unternehmen sind langfristig nicht überlebensfähig.

Klare Sicht – oder Stochern im Nebel

Innerhalb des Constraint-Konzeptes spielt das Buffermanagement eine zentrale Rolle. Wie in Kapitel 9 ausgeführt wird, handelt es sich hierbei um eine Methode, den Fertigungsprozess kontinuierlich zu verbessern. Das Besondere dabei: Das Verfahren ermöglicht eine Priorisierung der Maßnahmen, denn es deckt jeweils genau die Störungen auf, die in der aktuellen Situation für den Materialdurchlauf kritisch sind. Indem das Unternehmen diese Störungen beseitigt, erhält es den Spielraum, die Bestände gezielt zu senken. So ist es möglich, systematisch Kosten zu reduzieren, den Durchlauf zu beschleunigen und die Gewinnsituation zu verbessern.

Im Lean Management erfolgen demgegenüber, wie ausgeführt, die Verbesserungen verstreut über die gesamte Prozesskette, ohne dass die jeweiligen Auswirkungen auf die Gewinnmaximierung wirklich immer bekannt sind. Während also das Buffermanagement klare Sicht auf die tatsächlich relevanten Störfaktoren bietet, stochert das Management im Falle des Kaizen-Verbesserungsprozesses weitgehend im Nebel.

Bestandsmanagement: Gefährliches Spiel

Auch beim Thema »Bestände« sind die Sichtweisen unterschiedlich. Die Anhänger des Constraint-Managements betrachten Bestände vorrangig unter dem Blickwinkel eines reibungslosen Materialflusses, der den Durchsatz und damit einen hundertprozentigen Kundenservicegrad sichern soll. Zwar wollen auch sie die Bestände möglichst niedrig halten, aber eben nur unter der Bedingung, dass die Materialversorgung des Engpasses und die pünktliche Auslieferung an die Kunden nicht gefährdet sind. Deshalb erachten sie es zum Beispiel als sinnvoll, vor der Engpassoperation gewisse Bestände zu halten, um unvermeidliche Schwankungen im Materialfluss abzufangen und möglichen Unterbrechungen der Engpass-Produktion vorzubeugen.

Anders die Anhänger des Lean Managements. Sie stehen Beständen innerhalb der Produktion deutlich ablehnender gegenüber. Bestände sind für sie Verschwendung, die es konsequent zu beseitigen gilt.

Richtig ist natürlich: Bis zu einem bestimmten Punkt sind Bestände tatsächlich Verschwendung und sollten abgebaut werden. Doch ist es ein gefährliches Spiel, gemäß der Lean-Management-Philosophie die Bestände möglichst auf null abzusenken. Den Erfolgen der Bestandsreduzierung steht dann eine zunehmend störanfällige Fertigung gegenüber – denn es fehlt jetzt jenes Minimum an Beständen, das erforderlich ist, um einen reibungslosen Materialfluss sicherzustellen. Im Gegensatz zum Lean Management gesteht das Constraint-Management dem System dieses minimale Bestandsniveau ausdrücklich zu.

Die pauschale Infragestellung aller Materialbestände in den Lehren des Lean Managements führte zu einer starken Verbreitung der Just-in-time-Lieferbeziehungen, die bei konsequenter Ausführung ja immer nur das nächste Teil benötigen. Wie sich in der Praxis jedoch immer wieder herausstellt, sind Just-in-time-Beziehungen sehr fehleranfällig. Sie erfordern deshalb entweder eine stabile Anlagenverfügbarkeit, wie sie in der Realität kaum vorkommt, oder kostenintensive Notstrategien, um im Falle einer Störung die Just-in-time-Lieferfähigkeit aufrechterhalten zu können. Im Endeffekt läuft es dann meistens darauf hinaus, dass doch wieder Bestände gehalten werden: Wegen der geringen Fehlertoleranz einer Just-in-time-Lieferbeziehung bunkert das Unternehmen überdimensionierte Materialbestände vor genau dieser Lieferbeziehung.

Sicherlich trug die starke Verbreitung des Just-in-time-Prinzips dazu bei, dass viele Unternehmen sämtliche Materialbestände über die gesamte Lieferkette grundsätzlich in Frage stellten. Sie fingen an, die Bestände möglichst weit zu reduzieren – so lange, bis die dadurch entstandenen

Produktionsunterbrechungen wirklich wehtaten. Daraufhin wurden die Materialbestände wieder erhöht – wobei jedoch im Unklaren blieb, welche Bestände nun tatsächlich erforderlich sind.

Die Antwort hierauf kann das Constraint-Management geben. Im Unterschied zum Lean Management bietet es eine elegante Lösung an, mit der sich der notwendige Mindestbestand austarieren und auf der richtigen Höhe halten lässt (mehr hierzu in Kapitel 9).

Eine ideale Ergänzung

Was folgt aus dem Vergleich der beiden Konzepte? Zum einen hat sich gezeigt, dass beide Philosophien sich auf ein breites gemeinsames Fundament stützen; vier der fünf genannten Prinzipien des Lean Managements stehen im Einklang mit dem Constraint-Management. Zum anderen macht der Vergleich deutlich, dass sich Teile der beiden Konzepte so kombinieren lassen, dass das Produktionssystem insgesamt davon profitiert. Lean Management und Constraint-Management, so meine These, ergänzen einander in idealer Weise.

Diese Schlussfolgerung möchte ich beispielhaft anhand von drei Aspekten belegen:

- Constraint-Management fokussiert den Verbesserungsprozess.
- Lean-Praktiken verbessern den Durchsatz am Engpass.
- Das Durchsatz-Denken fördert den Bezug zum Kunden.

Constraint-Management fokussiert den Verbesserungsprozess

In beiden Ansätzen spielt, wie ausgeführt, das permanente Verbesserungswesen eine zentrale Rolle. Während jedoch das Lean Management die Verbesserungen quasi nach dem Gießkannenprinzip über alle Fertigungsstufen verteilt, geht das Constraint-Management selektiv vor: Realisiert werden nur Verbesserungsmaßnahmen, die sich nachweisbar auf den Geschäftserfolg auswirken.

Mag sein, dass im Vergleich hierzu das ehrgeizige Kaizen-Prinzip, überall nach Perfektion zu streben, für viele Mitarbeiter inspirierender und motivierender ist. Das Problem ist nur: Die Komplexität moderner Produktionssysteme birgt eine fast unbegrenzte Zahl verbesserungswürdiger Dinge, die ein gut funktionierender Kaizen-Prozess zutage fördert und dem Management zur Entscheidung vorlegt. Schon allein die Fülle der Vorschläge reicht aus, um selbst ein gut organisiertes Verbesserungswesen zu überfordern. Hinzu kommt, dass nur eine Handvoll dieser Vorschläge das Potenzial haben, tatsächlich einen merklichen Beitrag zum Betriebsergebnis zu leisten.

Das Constraint-Management ist in der Lage, diese Schwachstelle des Lean Managements auszubügeln, indem es den Verbesserungsprozess fokussiert: Es lenkt das Augenmerk auf die wenigen Maßnahmen, die sich positiv auf den Geschäftserfolg auswirken (Kapitel 8 und 9).

Lean-Praktiken verbessern den Durchsatz am Engpass

Das Constraint-Management besagt: Der Engpass bestimmt den Durchsatz und damit auch das Betriebsergebnis. Sofern die Marktnachfrage es hergibt, möchte das Management daher den Durchsatz am Engpass erhöhen und ist auch schnell bei der Hand, in eine neue Maschine zu investieren oder neue Mitarbeiter einzustellen.

So einleuchtend das im ersten Augenblick klingt, zeigt doch die Erfahrung: Eine solche Kapazitätserweiterung ist fast nie erforderlich. Bei näherem Hinsehen stellt sich fast immer heraus, dass die Möglichkeiten der Engpassoperation noch längst nicht ausgereizt sind. Zum Beispiel sind die Abläufe bei den Einrichtungsarbeiten ineffizient. Oder erfahrenes, gut ausgebildetes Personal erledigt Hilfsaufgaben, während zur gleichen Zeit der Produktionsleiter eine Knappheit an qualifizierten Mitarbeitern beklagt. Es gibt zahlreiche Gründe, warum der Engpass seine volle Leistungsfähigkeit nicht entfaltet.

Genau hier, nämlich am suboptimal organisierten Engpass, eröffnet sich ein dankbares Einsatzfeld für die Techniken des Lean Managements. Das gesamte Repertoire der Lean-Praktiken sollte hier zum Einsatz kommen, um Verschwendung zu beseitigen und die Prozesse zu optimieren. Der Aufwand lohnt sich, denn im Unterschied zu Verbesserungsmaßnahmen an Nicht-Engpass-Arbeitsgängen wirkt sich jede Optimierung am Engpass auf Durchsatz und Betriebsergebnis aus. Wie die Erfahrung zeigt, lassen sich auf diese Weise erhebliche Umsatzsteigerungen erzielen, ohne hierfür in neue Kapazitäten investieren zu müssen.

Wiederum ergänzen sich beide Philosophien: In diesem Fall profitiert das Constraint-Management von Elementen des Lean Managements.

Das Durchsatz-Denken fördert den Bezug zum Kunden

Leitendes Prinzip im Constraint-Management ist die Orientierung am Durchsatz. Diese Sichtweise hat große Vorteile. Hierzu zählt ein psychologischer Aspekt: In der Regel tun sich Mitarbeiter mit einem gemeinsamen Wachstumsziel viel leichter als mit dem Ziel, die Kosten zu senken – denn die Ausrichtung am Umsatz wirkt der Angst entgegen, für Einsparvorschläge am Ende mit dem Entlassungspapier belohnt zu werden.

Das Durchsatz-Denken hat aber auch den Vorteil, dass es den Blick zum Kunden hinlenkt und damit die vom Lean Management geforderte strikte Kunden- und Marktorientierung unterstützt. Die Ausrichtung am Durchsatz zwingt die Mitarbeiter, über die Grenzen ihres Arbeitsbereichs hinauszuschauen und herauszufinden, wie ihr Unternehmen Wert für seine Kunden schafft und wie es diesen Wert erhöhen kann. Das Durchsatz-Denken setzt die Mitarbeiter in Bezug zu den Kunden – ein Anliegen, das sowohl für das Lean Management als auch für das Constraint-Management grundlegend ist.

Zusammenfassung

Schon seit Jahrzehnten bestimmen die Prinzipien, Methoden und Instrumente des Lean Managements in vielen Industrieunternehmen die Diskussionen und Restrukturierungsprogramme. Das Constraint-Management deckt sich über weite Strecken mit der Philosophie des Lean Managements, weist jedoch auch einige gravierende Unterschiede auf. Insbesondere in der Ausgestaltung des Verbesserungswesens kollidieren die beiden Ansätze.

Als Fazit lässt sich jedoch festhalten: Lean Management und Constraint-Management lassen sich nicht nur miteinander in Einklang bringen, sondern ergänzen einander auf ideale Weise.

Teil 2

Der Weg

4 Die Wende zur flexiblen Produktion

Der Anruf kam an einem Morgen im Mai. Am Apparat war der Chef und Inhaber einer Maschinenfabrik. Der Mann klang ziemlich verzweifelt. Er habe den Überblick über seine Produktion komplett verloren, klagte er. Ständig stünden Anlagen still, weil halbfertige Teile verschwänden und damit für die weitere Bearbeitung fehlten. In der Not stelle man diese Teile dann ein zweites Mal her, aber selbst die gingen immer wieder verloren. »Wir benötigen jemanden, der dieses Chaos beendet.«

Das Schlimmste jedoch: Der Hauptkunde des Unternehmens, ein renommierter Kranhersteller, drohte abzuspringen. Dieser habe verärgert angerufen und deutlich gemacht, dass er es leid sei, weiterhin so unregelmäßig beliefert zu werden, fuhr der Firmenchef fort. Er habe versucht, den Kunden zu vertrösten, und ihm versichert, man habe einen Weg gefunden, die gesamte Liefersituation einschneidend zu verbessern. Das Projekt werde in etwa vier bis fünf Monaten greifen ...

Vier bis fünf Monate? Dem Kranhersteller war das definitiv zu lang, hierauf wollte er sich nicht einlassen. So wurden die »vier bis fünf Monate« im weiteren Verlauf des Gesprächs ersatzlos gestrichen. Stattdessen verlangte der Kranhersteller von seinem Zulieferer, unverzüglich Maßnahmen zu ergreifen und den Lieferservice zu verbessern. Um seiner Forderung den nötigen Nachdruck zu verleihen, kündigte er an, von nun an »jede Woche einmal vorbeizuschauen«, um sich ein Bild vom Fortschritt der Neuorganisation zu machen.

Der erste Kontrollbesuch des Kranherstellers stand nun an – übermorgen. Offensichtlich hoffte der Geschäftsführer der Maschinenfabrik auf ein Wunder. Und wenn ich ihn am Telefon richtig verstanden hatte, sollte ich dieses Wunder mithilfe des Constraint-Managements bewerkstelligen. Einer seiner leitenden Mitarbeiter hatte ihm von dieser »Wunderwaffe« berichtet. In ihr sah der Geschäftsführer nun den Strohhalm, an den er sich noch klammern konnte.

Mein Gesprächspartner hatte das Unternehmen vor rund zehn Jahren gekauft. Er war damals Mitarbeiter der Firma, die er übernahm; zu der Zeit gab es zirka zehn Mitarbeiter. In den folgenden Jahren entstand ein Betrieb mit über 400 Beschäftigten, der einbaufertige Schweißbaugruppen für Kräne sowie Chassis für Lkw-Anhänger fertigte. Die Qualität der Produkte war hoch anerkannt, sodass die Kunden gewisse Lieferrückstände jahrelang hingenommen hatten. Doch nun war ihre Geduld offensichtlich am Ende.

Eigentlich hätte es ein florierendes Unternehmen sein können. Doch was ich dann vor Ort vorfand, war tatsächlich das reine Chaos. In Stichworten stellte sich die Situation wie folgt dar:

- Die Durchlaufzeiten sind unbekannt, nach Schätzung der Mitarbeiter betragen sie 30 bis 35 Arbeitstage; die Produktion der Teile umfasst sieben bis acht Fertigungsstufen.
- Prozess- und Materialflüsse sind weitgehend intransparent.
- Die Produktionssteuerung reagiert nur. Produziert wird, wo gerade Ressourcen verfügbar sind – oder für den Kunden, der seine bestellten Teile am lautesten einfordert.
- Eine langfristige Produktionsplanung findet nicht statt.
- Der Lagerbestand beträgt rund 7 Millionen Euro – bei einem Jahresumsatz von rund 17 Millionen Euro.
- Es besteht ein Lieferrückstand von knapp zwei Monaten.

Als Ziele legten wir fest, so schnell wie möglich den enormen Lieferrückstand aufzuholen, den Absatz um zirka 30 Prozent zu erhöhen und die Materialbestände um etwa die Hälfte zu reduzieren – alles in allem also eine Herausforderung wie geschaffen für den Einsatz der Theory of Constraints. Gleich am nächsten Morgen holte ich die involvierten Mitarbeiter zu einem Crash-Kurs »Constraint-Management« zusammen. Auch wenn uns die Kunden im Nacken saßen: Diese Zeit musste sein. Denn klar war, das Projekt würde die Verantwortlichen in der Produktion aus ihren gewohnten Bahnen werfen. Und ohne ein ausreichendes Verständnis der Theory of Constraints wäre es von vornherein zum Scheitern verurteilt.

Wie ging es weiter? Die nächsten Kapitel beschreiben die Vorgehensweise. Vorab nur so viel: Wir identifizierten den Engpass, richteten alle Arbeitsgänge hieran aus – und brachten die Fabrik auf diese Weise schnell in ruhiges Fahrwasser. Der Umsatz stieg von 17 auf 22 Millionen Euro und auch der Gewinn erhöhte sich.

Für den erfolgreichen Einsatz des Constraint-Managements, so zeigt dieses Beispiel, kann keine Situation zu chaotisch sein. Je komplexer die Produktion und je unübersichtlicher die Verhältnisse, desto mehr kann diese Methode ihre Stärken ausspielen. Die ideale Produktionsumgebung für den Einsatz des Constraint-Managements lässt sich wie folgt skizzieren:

- Mehrstufige Fertigung
- Viele Varianten auf allen Stufen der Fertigung, besonders viele Fertigteilvarianten
- Häufige Anlagenumrüstungen
- Im Verhältnis zur reinen Bearbeitungs- und Transportzeit sehr lange Durchlaufzeiten
- Auftragsneutrale Fertigung oder eine Kombination aus neutraler Fertigung und Auftragsfertigung
- Regelmäßige und umfangreiche Lieferrückstände, sowohl kunden- wie auch lieferantenseitig
- Unangemessen hohe Materialbestände
- Die Vorgaben des Produktionsprogramms werden nur teilweise eingehalten
- Zu viele ungeplante Anlagenstillstände aufgrund fehlender Teile

So oder so ähnlich sieht die Produktionsumgebung vieler Industrieunternehmen aus. Die Ursachen liegen, wie in Kapitel 1 ausgeführt, vor allem in zunehmend gesättigten Märkten und der damit verbundenen Verschiebung der Machtverhältnisse vom Verkäufer zum Käufer. Die Fähigkeit, auf die Kunden schnell und flexibel zu reagieren, ohne dass dabei die Kosten ausufern, wird damit immer mehr zur Überlebensfrage. Eine Antwort hierauf gibt das Constraint-Management.

Das Fünf-Schritte-Programm der Theory of Constraints

In der Welt der Theory of Constraints ist das sogenannte »Fünf-Schritte-Programm«, in der englischen Literatur als die »five focusing steps« bezeichnet, das Rückgrat und die Basis allen Handelns. Die Methode, die Goldratt 1986 vorstellte, ist im Grunde nicht nur einfach und leicht nachvollziehbar, sondern hat sich in der Praxis auch bewährt. Genau darin liegt das Bestechende am Constraint-Management: in der Einfachheit, die es erlaubt, auch hochkomplexe Produktionen in den Griff zu bekommen.

Die fünf Schritte der Theory of Constraints lassen sich wie folgt zusammenfassen:

- *Schritt 1: Den Engpass identifizieren.* Zunächst geht es darum, in einer Produktion den Engpass zu identifizieren.
- *Schritt 2: Alles dem Engpass unterordnen.* Der Engpass gibt den Takt für alle anderen Arbeitsgänge vor. Das heißt: Der Materialfluss richtet sich an der Kapazität der Engpassoperation aus. Zur Anwen-

dung kommt das Drum-Buffer-Rope-Modell, mit dessen Hilfe alle Arbeitsgänge dem Engpass untergeordnet werden.

- *Schritt 3: Den Engpass in seiner jetzigen Form höchstmöglich ausnutzen.* Der Engpass bestimmt den Durchsatz. Sofern die Nachfrage vorhanden ist, lohnt es sich, die Möglichkeiten des Engpasses voll auszuschöpfen – zum Beispiel indem die Maschinen auch während der Pausen durchlaufen. Stillstände im Engpass schlagen dagegen direkt auf den Ausstoß und damit den Umsatz durch. Es gilt daher, Störungen in der Engpassoperation mit allen Mitteln zu vermeiden.
- *Schritt 4: Die Kapazität des Engpasses erhöhen.* Permanente Lieferrückstände sind ein klares Indiz dafür, dass der Durchsatz zu gering ist. Die Maßnahmen von Schritt 2 reichen offensichtlich nicht aus, vielmehr sollte die Engpasskapazität dauerhaft erhöht werden. Dies geschieht durch Investitionen in den Engpass, zum Beispiel durch die Anschaffung einer neuen Maschine.
- *Schritt 5: Den Menschen nicht zum Engpass werden lassen.* Die bessere Nutzung oder Kapazitätserweiterung des Engpasses (Schritt 3 und 4), können dazu führen, dass der bisherige Engpass aufgehoben wird und an anderer Stelle der Produktion ein neuer Engpass entsteht. Nun beginnt der Prozess von vorne: Es gilt, den neuen Engpass zu identifizieren (Schritt 1) und diesem alle anderen Operationen unterzuordnen (Schritt 2).

Das System erfordert also ständige Aufmerksamkeit. Der Produktionsleiter und sein Team dürfen nicht in alte Verhaltensmuster zurückfallen, sondern müssen weiterhin nach den Regeln der Theory of Constraints am Ball bleiben. Die Trägheit des Menschen darf nicht zum Engpass werden, argumentiert Goldratt – und begreift den fünften Schritt als Aufforderung, die notwendigen Maßnahmen zu ergreifen, um die Trägheit des Menschen zu überwinden. Ansonsten werde der Mensch zum Engpass, der die Organisation daran hindere, eine höhere Leistung in Richtung ihres Zieles – möglichst viel Geld zu verdienen – zu erbringen.

Die ersten beiden Schritte sind das Pflichtprogramm des Constraint-Managements: den Engpass aufspüren und diesem alles unterordnen. Die weiteren Schritte folgen dagegen nur dann, wenn es die Marktnachfrage erlaubt. Oft stellt sich im Zuge von Schritt 2 die Kapazität des Engpasses als ausreichend heraus, um alle vorliegenden Aufträge abzuarbeiten. Bevor ein Unternehmen daher investiert und die Kapazität des Engpasses ausweitet, sollte es die Marktchancen prüfen und die künftige Auftragsentwicklung sorgfältig abschätzen. Liegt der langfristige Marktbedarf unter der Leistung des Engpasses, ist eine Investition in die Kapazitätserhöhung des Engpasses Geldverschwendung. Dies gilt natürlich umso mehr für Investitionen in alle Nicht-Engpassoperationen.

Genau hier liegt einer der großen Vorteile des Constraint-Managements: Das Unternehmen konzentriert alle Aktivitäten auf den tatsächlichen Engpass und kann – wenn der Marktbedarf existiert – die Kapazität dieser einen Operation gezielt verbessern. Bei den traditionellen Steuerungs- und Planungsmethoden fehlt diese Transparenz. Die Folge davon sind Fehlinvestitionen in Nicht-Engpassoperationen, deren Erweiterung weder den Durchsatz noch Umsatz und Gewinn beeinflusst.

Die Vorgehensweise in der Praxis

Den fünf Schritten der Theory of Constraints möchte ich aufgrund praktischer Erfahrungen zwei Elemente hinzufügen: einen vor- und einen nachgeschalteten Schritt.

Vor Beginn des eigentlichen Projekts sollte eine eingehende *Schulung* der involvierten Mitarbeiter stehen. Die größte Gefahr für den Umsetzungserfolg liegt in der fehlenden Akzeptanz. Wie schon erwähnt hat das Constraint-Management gravierende Veränderungen zur Folge: Die Mitarbeiter in der Produktion, allen voran der Produktionsleiter, müssen sich von vertrauten Maßstäben verabschieden und sich einem Kulturwandel stellen. Das bedeutet, dass sie die neue Methode zumindest verstehen müssen. Immer wieder habe ich es erlebt, dass ein Unternehmen bei einem Constraint-Management-Projekt bereit war, hohe Summen für ein neues Softwaresystem auszugeben, die Vorbereitung der Mitarbeiter jedoch sträflich vernachlässigte. Richtig ist es, die Prioritäten genau umgekehrt zu setzen: zuerst die Mitarbeiter, dann – wenn überhaupt – die Software.

Das zweite zusätzliche Element ist das *Buffermanagement,* das ich gerne als Krönung des Constraint-Managements bezeichne. Mit diesem Instrument ist es möglich, die Bestände bis an die Grenze des Möglichen zu senken, dadurch die Lieferzeiten zu verkürzen – und dennoch alle versprochenen Auslieferungstermine zuverlässig einzuhalten. Das Buffermanagement hat das Zeug dazu, einen echten Wettbewerbsvorteil zu schaffen.

Die folgenden Kapitel beschreiben die Umsetzung des Constraint-Managements und weisen damit den Weg zur flexiblen Produktion. Dabei folge ich den fünf klassischen Schritten der Theory of Constraints, beziehe jedoch die beiden zusätzlichen Elemente mit ein:

*   *Schulungen* (Kapitel 5): Voraussetzung ist, die Mitarbeiter auf das Kommende vorzubereiten. Eine intensive Schulung ist unabdingbar.

- *Den Engpass aufspüren* (Kapitel 6): Das eigentliche Projekt startet mit Schritt 1 der Theory of Constraints, der Identifikation des Engpasses.
- *Alles dem Engpass unterordnen* (Kapitel 7): Gemäß Schritt 2 der Theory of Constraints gibt der Engpass für alle anderen Arbeitsgänge den Takt an.
- *Den Engpass erweitern oder beseitigen* (Kapitel 8): Wenn es die Auftragslage erfordert, werden Maßnahmen ergriffen, um den Durchsatz durch den Engpass zu erhöhen. Dies kann dazu führen, dass in der Produktion ein anderer Engpass entsteht. Kapitel 8 umfasst damit die Schritte 3 bis 5 der Theory of Constraints.
- *Buffermanagement* (Kapitel 9): Nun geht es darum, eine unschlagbare Performance zu erzielen und den Wettbewerb abzuhängen.

Zusammenfassung

Der Einsatz des Constraint-Managements kann selbst in einer aussichtslos erscheinenden Lage erfolgreich sein. Je komplexer die Produktion und je unübersichtlicher die Verhältnisse, desto mehr kann diese Methode ihre Stärken ausspielen.

Grundlage für die Umsetzung ist das »Fünf-Schritte-Programm«, in der englischen Literatur als die »five focusing steps« bezeichnet. In der Welt der Theory of Constraints bildet dieses Programm die Basis allen Handelns. Auch die nächsten Kapitel folgen den fünf Schritten – jedoch ergänzt um einige wesentliche Aspekte, die aus der praktischen Umsetzungserfahrung resultieren.

5 Vorbereitungen: Die Mitarbeiter an Bord holen

Der Stolz einer Produktion sind laufende Maschinen. Jede Minute, in der sich die Räder drehen, entstehen Werte für das Unternehmen – Wertschöpfung findet statt. Bis heute gilt diese Sichtweise in den meisten Fabriken als Wahrheit, als eine unumstößliche Gewissheit, aus der die Produktionsmitarbeiter ihr Selbstverständnis und Selbstbewusstsein schöpfen.

Wenn jetzt die Geschäftsleitung auftaucht und ein Vorhaben ankündigt, das dieser Gewissheit den Boden entzieht, ist das – gelinde gesagt – ein starkes Stück. Nun heißt es: Nicht die Produktion, sondern der Verkauf realisiert die Wertschöpfung. Auch das Bild von den pausenlos laufenden Maschinen bricht in sich zusammen – denn nicht mehr die höchstmögliche Effizienz jeder Produktionsressource ist jetzt der Maßstab, sondern der Durchsatz. Eine maximale Produktivität, bislang der angestrebte Idealzustand, gilt nun plötzlich als Ursache allen Übels. Da soll ein gestandener Produktionsleiter die Welt noch verstehen?

Ja, er muss. Und genau darin liegt das Hauptproblem für eine erfolgreiche Implementierung des Constraint-Managements. Zwar ist die Methode mit ihren fünf Schritten leicht nachvollziehbar, die tatsächliche Umsetzung erweist sich jedoch keineswegs als Spaziergang. Vor allem die erforderlichen Verhaltensänderungen sind so grundlegend, dass es unbedingt notwendig ist, die involvierten Führungskräfte und Mitarbeiter bereits vor dem eigentlichen Projektstart mit an Bord zu holen.

Nur wer die Philosophie und die Zusammenhänge der Theory of Constraints wirklich verstanden hat, wird das Projekt auch in schwierigeren Phasen weiter unterstützen. So kann es zum Beispiel passieren, dass das Projektteam den Engass im ersten Anlauf falsch bestimmt. Wie in Kapitel 6 dargestellt, ist das nicht weiter schlimm und ohne größere Probleme korrigierbar – vorausgesetzt, die beteiligten Mitarbeiter stehen hinter dem Projekt.

Bevor also die Projektarbeit mit der Identifikation des Engpasses wirklich beginnen kann, stehen noch zwei wichtige Aufgaben an. Erstens braucht es eine klare Entscheidung der Geschäftsleitung für das Constraint-Management – sprich: Das Führungsteam selbst muss von der Richtigkeit der Methode überzeugt sein und eine klare Vorstellung vom

Ziel und vom Ablauf des Projekts haben. Und zweitens kommt es darauf an, die Mitarbeiter für das Vorhaben zu gewinnen. Beispielhaft möchte ich im Folgenden unsere Vorgehensweise in den USA schildern.

Die Grundlagen schaffen

Zurück nach Detroit, in die Zentrale des weltweit tätigen Zulieferunternehmens. Wie in Kapitel 2 ausgeführt, forderte die Geschäftsleitung drastische Verbesserungen, um langfristig die Wettbewerbsfähigkeit zu sichern. Die Produktpalette des Unternehmens umfasste damals Achsen, Kupplungen, Getriebe, Bremsen und Kardanwellen für Lkws, Busse, Raupen, Bagger und diverse Militärfahrzeuge. Aus der Analyse der materialwirtschaftlichen Rahmenbedingungen ergab sich – zusammengefasst über alle 60 Werke – folgende Ausgangslage:

- Insgesamt produzierten die Werke weltweit über 350.000 verschiedene Endprodukte.
- Zusammen mit diversen Unterbaugruppen verwaltete das Unternehmen über 650.000 Stücklisten.
- Jede dieser Stücklisten hatte im Durchschnitt acht Ebenen, jede Ebene wiederum viele Unterbaugruppen.
- Insgesamt beschaffte das Unternehmen zirka 114.000 unterschiedliche Einkaufsteile von rund 1.100 Lieferanten; innerhalb des eigenen Werksverbundes bestanden viele Liefer- und Abnehmerbeziehungen.

Die logistischen Leistungen waren, wie bereits angedeutet, eher bescheiden. Der Kundenservicegrad lag im Schnitt bei 70 Prozent, der Lieferantenservicegrad unter 50 Prozent. Mit sechs Umschlägen pro Jahr fiel die Lagerumschlagshäufigkeit erheblich hinter die Leistung des Wettbewerbs zurück. Die Lieferzeiten schwankten je nach Komplexität der einzelnen Produkte zwischen etwa zwei Wochen und fünf Monaten. Die Materialdurchlaufzeiten waren sehr lang, in Extremfällen betrugen sie bis zu fünf Monate. Viele Kunden beschwerten sich über lange Lieferzeiten und gebrochene Lieferzusagen. Nicht zu Unrecht: Tatsächlich schoben wir permanent einen hohen Lieferrückstand vor uns her.

Entscheidung für die Theory of Constraints

Klar, dass wir uns in dieser Situation nach einer Superlösung sehnten, einem Befreiungsschlag, der uns alle Probleme vom Hals schaffte. Nachdem man uns Eliyahu Goldratts *Das Ziel* zur Pflichtlektüre gemacht hatte, schwebte uns ein Wunder vor, ähnlich wie es der Held dieses Romans vollbracht hatte.

Die Realität erwies sich demgegenüber als vergleichweise nüchtern. Die Suche nach der Superlösung bestand zunächst einmal darin, in einem mehrtägigen Workshop verschiedene Methoden zu analysieren und abzuwägen. Hierzu hatten wir alle Logistikleiter des Unternehmens in die Zentrale nach Detroit eingeladen. Von externen Fachleuten ließen wir uns alle relevanten Materialflusstechniken von Kanban bis Just in time präsentieren – und auch die zu dem Zeitpunkt noch relativ unbekannte »Theory of Constraints«.

Nach intensiven Diskussionen kristallisierte sich dann tatsächlich die Methode der Theory of Constraints als Favorit heraus. Im Falle unserer sehr komplexen Produktionsverhältnisse ließen die anderen Verfahren bestenfalls punktuelle Verbesserungen des Supply-Chain-Managements erwarten. So hätte zum Beispiel die bedarfsorientierte Just-in-time-Methode in einigen Bereichen sicherlich Verbesserungen bringen können. Wir bezweifelten jedoch, dass diese Methode über die ganze Wertschöpfungskette dauerhaft funktionieren würde. Zwischen zwei Fertigungsbereichen ja – aber als störungsfreie Versorgungsmethode unserer teilweise über acht Stufen laufenden Fertigung schien uns das Just-in-time-Prinzip dann doch zu fragil. Einen großen Nachteil dieser Methode sahen wir zudem darin, dass sie – einmal eingeführt – keine Impulse zu weiteren Verbesserungen mehr geben würde.

Dann also doch die Theory of Constraints. Keine der präsentierten Methoden bot auch nur ansatzweise so flächendeckend Lösungen, um die Materialwirtschaft und Logistik unserer Werke auf Dauer zu verbessern. Sicher: Die Methode war neu, lediglich einige kleinere Unternehmen hatten sie damals in der Praxis erprobt. Doch erschien uns die Theory of Constraints inhaltlich fundiert, logisch nachvollziehbar und auf unsere Organisation anwendbar. Zudem existierte für diese Methode bereits eine Software. So kam es, dass wir uns mehr und mehr für dieses neuartige Konzept erwärmten – bis wir uns am Ende einstimmig dafür entschieden, die Theory of Constraints künftig weltweit unserer Materialwirtschaft und Logistik zugrunde zu legen. Die Methode sollte zunächst in 18 Zulieferwerken für die Lkw-Industrie etabliert werden.

Natürlich gab es beträchtliche Risiken. Hierzu zählte die fehlende Erfahrung in der Handhabung der Theory of Constraints, vor allem aber die Reaktionen in den Werken vor Ort:

- Es war davon auszugehen, dass die jeweilige Werkleitung alles andere als begeistert sein würde. Sie würde wahrscheinlich befürchten, dass die geplanten Veränderungen Turbulenzen auslösen und damit den Lieferrückstand noch weiter erhöhen könnten. Anstatt zu kooperieren, würde mancher Werkleiter daher seine bisherige Vorgehensweise verteidigen.

- Eine weitere Gefahr sahen wir darin, dass die Projektbeteiligten in den Werken den neuen Weg nicht richtig verstehen. Das Projekt könnte dann bei der Umsetzung vor Ort scheitern, weil zum Beispiel der Werkprojektleiter ein falsches Ausführungsmodell entwickelt oder weil die Mitarbeiter in der Produktion die neue Vorgehensweise nicht einhalten.

Das Ausmaß der geplanten Veränderungen, die Komplexität des Umfeldes und die doch sehr erheblichen Risiken bei der Umsetzung – das alles flößte uns eine gehörige Portion Respekt vor der kommenden Aufgabe ein. Was mussten wir tun, um das Vorhaben zum Erfolg zu führen?

Entwicklung einer Vision

Nachdem die Entscheidung gefallen war, benötigten wir für uns selbst – also das Leitungsteam in der Zentrale in Detroit – keine Überzeugungsarbeit mehr. Ganz im Gegenteil: Nach den vielen Beiträgen und Diskussionen, die das Thema aus allen Blickwinkeln beleuchtet hatten, konnten wir den Start des Projekts kaum mehr erwarten. Der Gedanke elektrisierte uns, eine der ersten Firmen zu sein, welche die Theory of Constraints in großem Stil realisieren würde.

Zunächst mussten wir jedoch noch die Werkleiter, die Verantwortlichen in den Produktionsbereichen und viele andere Beteiligte für das Projekt gewinnen. Nun lassen sich Menschen von einem Vorhaben nicht einfach dadurch überzeugen, indem man sie mit Fakten und Details erschlägt. Im ersten Schritt kommt es vielmehr darauf an, die grundsätzliche Richtung, besser noch: eine Vision zu vermitteln. Erst wenn sich die Mitarbeiter mit der neuen Idee identifizieren, werden sie ihr Handeln daran ausrichten – und erst dann gewinnt ein Veränderungsprozess an Stabilität und Dynamik.

Also galt es zunächst, eine Vision zu entwerfen. Was wollten wir mit der Theory of Constraints erreichen? Wir wollten anders und besser sein. Wir wollten einen Unterschied gegenüber anderen industriellen Logistikorganisationen generieren. Unser Unternehmen sollte nicht nur zum Wettbewerb aufholen, sondern ihn überholen. Während wir diskutierten, rückte bald ein Faktor immer mehr in den Vordergrund: Schnelligkeit. Nur mit Schnelligkeit würde es möglich sein, den Kampf um Marktanteile zu gewinnen. Gelänge es nämlich, unsere Teile schneller durch die Supply-Chain zu schleusen, könnten wir unseren Kunden eine kürzere Lieferzeit anbieten. Eine Halbierung der Lieferzeit, so stellten wir fest, würde einen erheblichen Vorsprung bringen, sofern Preis und Qualität wettbewerbsfähig blieben.

Damit waren wir bei der entscheidenden Botschaft angelangt: »Wir schaffen für unsere Kunden einen klar erkennbaren und auch bewertbaren Vorteil, indem wir die Lieferzeiten halbieren und gleichzeitig die Liefertreue verbessern.« Hieraus formulierten wir die Vision – und tauften unser Projekt »Mt. Fomthaca«. Das »Mt« ist die englische Abkürzung für Mountain, Berg. Die einzelnen Buchstaben des Berges, den wir bezwingen wollten, standen für unsere Vision: **M**ake **t**he **F**low **o**f **M**aterial **t**hrough **H**VS (= Heavy Vehicle Systems = Lkw-Division) **a c**ompetitive **A**dvantage – was übersetzt so viel bedeutet wie: Gestalte den Materialfluss durch unsere Werke zu einem Wettbewerbsvorteil.

Erstellung eines Standardprojektplans

Im nächsten Schritt – noch immer als Vorbereitung für den eigentlichen Projektstart – entwickelten wir einen Standardablaufplan. Wir wollten das Projekt von Detroit aus zentral steuern, um so die Implementierung innerhalb relativ kurzer Zeit in allen 18 Werken erfolgreich vollziehen zu können. Zur Steuerung wurden vier Regionalmanager für die Regionen USA, Europa, Asien und Südamerika bestimmt, zu denen ich selbst als Zuständiger für Europa zählte. Die vier Manager fungierten als Bindeglied zwischen dem Gesamtverantwortlichen des Projekts, dem Vice President Materials & Logistics, und den Werkleitungen. Allein schon die Schaffung dieser Positionen erregte hohe Aufmerksamkeit für das Projekt.

Im Groben gab die Theory of Constraints die Vorgehensweise vor, sodass der Ablauf mit seinen Hauptschritten feststand (siehe folgende Tabelle). Für die Einzelheiten waren dann aber noch viele Treffen des Leitungsteams erforderlich.

Unser Ziel war, für die Einführung und Anwendung der Theory of Constraints einen Standardprojektplan zu entwickeln, der in allen 18 Werken weltweit ohne Wenn und Aber angewendet werden konnte. Der Plan sollte den Werken als Vorgabe für ihre individuellen, stärker ins Detail gehenden Projektpläne dienen. Mit der Festlegung der Standardabläufe wollten wir verhindern, dass die einzelnen Werke unterschiedliche Vorgehensweisen entwickelten, die sich im Laufe der Zeit womöglich

Standardablauf für die Implementierung des Constraint-Managements

Prozessschritt	Inhalt
Projekt Kick-off	• Erarbeitung des Projektplans • Bildung der Teams/Benennung der Key-User • Freigabe des Projekts
Schulung	• Vorstand/Geschäftsführung • Projektinvolvierte Angestellte • Produktionsmitarbeiter • Betriebsrat
Analyse Ist-Zustand	• Produktionslayout • Materialfluss • Kapazitätsstruktur • Controlling/Leistungskennzahlen • Qualität der Bewegungs- und Stammdaten
Drum-Buffer-Rope Modelling	• Identifikation Engpass • Identifikation Materialflusskontrollpunkte • Fertigmeldungen alt – neu/Stücklisten • Definition der Buffer • Dimensionierung der Buffer • Schutzkapazitäten • Matrialfluss neu – Fifo
Buffermanagement	• Kick-off – Projektplan • Auswahl und Schulung Buffermanager • Präsentation und Freigabe Buffermanagement
Controlling	• Definition der neuen Kennzahlen • Unterweisung in die neuen Kennzahlen

verselbstständigen würden. Aus Headquarter-Sicht legten wir Wert darauf, die Kontrolle über die einzelnen Anwendungen zu behalten.

Doch noch ein Aspekt sprach für die Standardisierung: Einheitliche Abläufe boten den enormen Vorteil, dass wir auf einfache Weise positive Erfahrungen oder Verbesserungen bei einem Werk auf alle anderen Werke übertragen konnten.

Die Mitarbeiter schulen

Vision und Projektablauf waren erarbeitet. Nun kam es darauf an, alle Beteiligten zu informieren, zu überzeugen, vielleicht sogar für das Projekt zu begeistern. Denn klar war: Unser Erfolg hing in erster Linie von der Motivation der Mitarbeiter ab, die in das Projekt involviert sein würden. Ohne ihren Rückhalt hätten wir nicht den Hauch einer Chance, das Constraint-Management nach unseren Vorstellungen zu realisieren und dauerhaft am Leben zu halten. Wir mussten es schaffen, die Mitarbeiter auf unsere Seite zu bringen. Und das bedeutete zunächst einmal, ihnen zu erklären, wohin die Reise überhaupt gehen sollte.

Hierzu organisierten wir intensive Inhouse-Schulungen für alle Mitarbeiter, die in irgendeiner Weise vom Projekt berührt sein würden – vom Werkleiter bis zum Arbeiter an der Maschine. Als Regionalmanager übernahmen wir die Schulungen weitgehend selbst, nachdem wir zuvor ein intensives Training absolviert hatten. Das Training hatte eine Beratungsfirma durchgeführt, die auf die Anwendung der Theory of Constraints spezialisiert war. Auch Ablauf und Inhalt der Schulungen hatte dieses Beratungsunternehmen entwickelt, ebenso begleitete es die ersten Schulungen vor Ort in den Werken.

Die Schulungskonzept bestand aus drei Teilen, die auf die verschiedenen Führungsebenen zugeschnitten waren: Ein *zweitägiges Seminar für die Werkleitung* stellte den Einfluss des neuen Systems auf die zukünftigen Betriebsergebnisse in den Mittelpunkt. Ein ebenfalls *zweitägiges Seminar für die mittlere Führungsebene* wandte sich an Führungskräfte aus Produktion, Einkauf, Verkauf, EDV, Finanzen und Controlling sowie Materialwirtschaft und Logistik. Hier ging es in erster Linie um die Ausführung des Constraint-Managements. Das dritte Programm bestand aus einem *zweistündigen Seminar für alle Produktionsmitarbeiter*. Themen waren hier zum Beispiel die Bedeutung des Engpasses, die Zusammenhänge zwischen einer stillstehenden Anlage und dem Engpass oder die Einflussfaktoren auf die Durchlaufgeschwindigkeit des Materials durch die Fertigung.

Wie gesagt: Als oberste Projektverantwortliche hatten wir zu Beginn mächtig Respekt vor den kommenden Aufgaben. Je weiter wir jedoch mit den Schulungen vorankamen, desto mehr schwanden die Sorgen. Es gelang uns recht schnell, die meisten Mitarbeiter zu Anhängern der »Theory of Constraints« zu machen. Kaum jemand drückte sich um die Inhouse-Schulung und auch während der Schulung erlebten wir nur sehr selten, dass ein Teilnehmer Langeweile oder Desinteresse signalisierte. Viele machten sogar während der Pausen weiter, um noch schnell einen

Theory-of-Constraints-Simulationslauf zu fahren – in der Hoffnung, das bisherige Ergebnis noch einmal zu übertreffen.

Dieser Simulationslauf war ganz klar der Renner unserer Schulungen. Es handelte sich hierbei um eine Software, mit der jeder Teilnehmer die Effekte des Constraint-Managements durchspielen konnte. Das Programm simulierte eine mehrstufige Produktion. Aufgabe war, diese Produktion so zu steuern, dass ein möglichst hoher Gewinn entstand. Im ersten Lauf sollten die Teilnehmer die Produktion auf herkömmliche Weise steuern, also für jede einzelne Anlage eine möglichst hohe Produktivität anstreben. Danach setzten die Teilnehmer in mehreren Durchläufen Schritt für Schritt die Prinzipien des Constraint-Managements ein. Die Ergebnisse waren ebenso beeindruckend wie überzeugend: Fast immer schafften es die Teilnehmer, den Gewinn erheblich zu verbessern.

Inhaltlich ging es bei den Schulungen jedoch um weit mehr als um Simulationsläufe und das Erlernen einiger Fakten. Wir forderten von den Produktionsverantwortlichen eine grundlegend neue Einstellung:

- weg von der Auslastungsoptimierung der Gesamtkapazität, hin zur Durchsatzsteigerung am Engpass,
- weg von der Optimierung der Losgrößen, hin zur Optimierung des Durchsatzes,
- weg von der Leistungsmessung an allen Arbeitsplätzen, hin zur Durchsatzmessung am Engpass,
- weg von der Suboptimierung einzelner Kapazitäten, hin zu angemessenen Schutzkapazitäten,
- weg von einer auftragsneutralen Produktion, hin zur Produktion nach Auftrag.

Niemand kann erwarten, dass gestandene Produktionsleute eine solche Kehrtwende ohne Weiteres vollziehen und die gestern noch gültigen Wahrheiten von heute auf morgen einfach über Bord werfen. Tatsächlich mussten wir immer wieder die Erfahrung machen, dass auch eine erfolgreich »erstürmte Festung« wieder in alte Verhaltensmuster zurückfallen kann. Um das neue System langfristig zu etablieren, war es erforderlich, solche Rückzugstendenzen zu erkennen und bei Bedarf mit erneuten Schulungsmaßnahmen gegenzusteuern. Erst allmählich verstanden wir, was unsere externen Trainer gemeint hatten, als sie von einem notwendigen »Kulturwandel« gesprochen hatten.

Zusammenfassung

Bevor die eigentliche Projektarbeit mit der Identifikation des Engpasses beginnen kann, stehen noch zwei Aufgaben an. Erstens muss die Geschäftsleitung sich klar für das Constraint-Management entscheiden; sie muss von der Richtigkeit der Methode überzeugt sein und zudem eine klare Vorstellung vom Ziel und vom Ablauf des Projekts haben. Zweitens kommt es darauf an, die involvierten Führungskräfte und Mitarbeiter durch intensive Schulungen vorzubereiten – denn eine erfolgreiche Umsetzung setzt ein tiefes Verständnis der Prinzipien und der Philosophie des Constraint-Managements voraus.

6 Ermittlungen: Den Engpass aufspüren

Ungläubig starrten wir auf Operation Nummer 4, die Stirnräderfräsmaschinen: Das also sollte der Engpass sein?! Vor den Anlagen lungerten zehn Arbeiter, elf der zwanzig Maschinen standen still.

Bei Operation Nummer 4 handelte es sich um den vierten Arbeitsgang für die Herstellung von Lkw-Achsen in einem Werk in Ohio, USA. Insgesamt bestand der Herstellprozess dort aus acht Arbeitsgängen:

1. Heißverformen der angelieferten Blechzuschnitte
2. Schweißen der verformten Blechzuschnitte
3. Bohren der geschweißten Baugruppe
4. Fräsen der Getriebestirnräder
5. Vormontage des Achsgetriebes
6. Montage des Achsgetriebes in die geschweißte Baugruppe
7. Lackieren
8. Endmontage der Achse

Die Suche nach dem Engpass hatte intensive Diskussionen ausgelöst, bis sich das Projektteam dann auf Schritt 2, das Schweißen der verformten Blechzuschnitte, festlegte. Nach einiger Zeit stellte sich jedoch heraus, dass man sich wohl geirrt hatte. Denn an einer anderen Stelle der Prozesskette, eben vor Arbeitsgang Nummer 4, staute sich immer mehr Material.

Ausgerechnet Nummer 4! Jedes Mal, wenn wir dort vorbeigeschaut hatten, lief höchstens die Hälfte der Maschinen. Es schien offensichtlich, dass es hier Kapazitäten ohne Ende gab. Niemand war je auf die Idee gekommen, dass Nummer 4 der Engpass sein könnte.

Nach einigen Recherchen konnten wir das Rätsel lösen. Nicht die Kapazität der Fräsanlagen war das Problem, sondern deren zeitintensives Rüsten. Wie wir feststellten, gab es schlichtweg zu wenig Umrüster. Daher die Stillstände. Die Anlagen waren so komplex, dass die Ausbildung eines zusätzlichen Umrüsters sechs bis acht Monate dauern würde. Deshalb war es nicht möglich, den Durchsatz kurzfristig mit zusätzlichem Personal zu erhöhen. Es stimmte also tatsächlich: Operation 4 war der Engpass.

Der Fall zeigt: Im Alltag einer turbulenten Produktion ist es nicht einfach, den Engpass zu finden. Wer denkt auf Anhieb an eine Einflussgröße wie das Umrüstpersonal? Beim Aufspüren des Engpasses leistet das Projektteam deshalb regelrechte Ermittlungsarbeit – vergleichbar der eines Detektivs, der anhand von Befragungen und Indizien einem Täter auf die Spur kommt.

Den Engpass identifizieren – dies ist Schritt 1 im Fünf-Schritte-Programm der Theory of Constraints. Ziel ist, die begrenzende Operation einer Prozesskette zu ermitteln, also quasi das schwächste Glied der Kette festzustellen. Die folgenden Abschnitte schildern das Vorgehen bei einem mittelständischen Zulieferer und fassen dann die in der Praxis bewährten Vorgehensweisen zusammen.

Ein Indizienprozess: Der Engpass ist das Bohrwerk

Die im zweiten Kapitel bereits vorgestellte mittelständische Maschinenfabrik, ein Hersteller von Baugruppen mit rund 400 Mitarbeitern, kämpfte mit ernsthaften Schwierigkeiten. Im Grunde brannte die Hütte lichterloh. Dem geschäftsführenden Inhaber stand jeden Tag der Schweiß auf der Stirn. Auf der einen Seite saßen ihm die Banken im Nacken, auf der anderen Seite drohte sein Hauptkunde mit dem Absprung, sollte sich der Lieferservicegrad nicht schnell und drastisch verbessern. Druck von allen Seiten also, den auch ich, der externe Berater, zu spüren bekam.

Nach einem Rundgang durch das Werk holte ich noch am ersten Tag die Verantwortlichen an einen Tisch: den Geschäftsführer, den Produktionsleiter, den Logistikleiter, den Disponenten und die Meister. Im Schnelldurchgang erläuterte ich die Methode des Constraint-Managements und stellte dar, welche Philosophie dahintersteht – und warum wir nun einen Engpass benötigen. Dann schickte ich alle nach Hause. »Morgen früh setzen wir uns wieder zusammen«, sagte ich, »und Sie teilen mir mit, welcher Arbeitsgang der Engpass ist.« Das war die direkte Art. In normalen Zeiten ist sie vielleicht weniger zu empfehlen, unter den gegebenen Umständen erschien sie angebracht.

Der Herstellungsprozess bestand aus acht Arbeitsgängen:

1. Brennen der benötigten Metallzuschnitte aus den Blechplatten
2. Mechanisches Bearbeiten der Metallzuschnitte, das heißt fräsen, kanten, bohren, kalt formen
3. Verschweißen der einzelnen Metallelemente zu einer Baugruppe
4. Sandstrahlen der geschweißten Baugruppe
5. Bohren der gestrahlten Baugruppe auf dem Bohrwerk

6. Eventuell noch einmal Sandstrahlen der Baugruppe
7. Lackieren der Baugruppe
8. Endmontage der Baugruppe

Am nächsten Morgen, neun Uhr. Die Runde traf sich wieder, jeder brachte seine Ideen ein. Eine lebhafte Diskussion begann, denn jeder hatte seine Vorstellungen vom Engpass. Einige meinten, die Schweißerei müsse es sein. Die sei nicht nur die wichtigste Einheit der Produktionskette, da liefen auch die meisten Leute herum, da sei das Chaos offensichtlich am größten. Dem setzte ich entgegen, dass dies kaum der Engpass sein könne, denn dieser Arbeitsgang sei nicht automatisiert: »Um bei Bedarf den Durchsatz zu erhöhen, genügt es, einige Facharbeiter dorthin abzustellen«, führte ich aus. »Eine wirkliche Begrenzung der Kapazität existiert hier deshalb nicht.«

Andere Teilnehmer der Runde plädierten für Arbeitsgang 1, das Brennen der Metallzuschnitte aus den Blechplatten. Aufgrund der Kompliziertheit des Prozesses müsse dies der Engpass sein, argumentierten sie. Arbeitsgang 1 entwickelte sich in der weiteren Diskussion zum Favoriten, fast alle Anwesenden glaubten, dies sei der Engpass. Tatsächlich hatte ich bei meinem Rundgang am Vortag festgestellt, dass dieser Schritt über hohe Kapazitäten verfügte und gerade erst eine dritte Maschine erhalten hatte. Auf Nachfrage musste der für den folgenden Arbeitsgang verantwortliche Meister dann auch einräumen, dass sein Bereich von Teilen aus Arbeitsgang 1 geradezu überflutet werde. Somit war klar: Nummer 1 dürfte kaum der Engpass sein.

Schließlich überführten wir Arbeitsgang Nummer 5 als den »Täter«. Die Indizien, die auf das Bohrwerk hindeuteten, waren am Ende der Diskussion erdrückend: störanfällige Anlagen, lange Rüstzeiten, Rüstungen werden nicht korrekt vorbereitet, jede Baugruppe wird zeitaufwendig auf die Anlage gespannt, langwieriger Arbeitsprozess, nicht genügend ausgebildetes Personal. Zudem stauten sich vor dem Bohrwerk in größerer Zahl halbfertige Baugruppen, die auf die Weiterverarbeitung warteten.

Es war eine Engpassbestimmung im Rekordtempo. Ein etwas gründlicheres Vorgehen ist sicherlich empfehlenswert, um das Risiko einer falschen Engpasswahl zu begrenzen. Vor allem eine Erkenntnis lässt sich jedoch festhalten: Beim Aufspüren des Engpasses spielen Beobachtungen in der Produktion und das Wissen der dort tätigen Mitarbeiter die entscheidende Rolle.

Den Engpass festlegen

In der Theorie ist es ganz einfach, den Engpass zu finden: Man loggt sich in das ERP-System ein, ruft Arbeitspläne und Stücklisten auf und vergleicht die Kapazitäten der einzelnen Operationen mit deren Auslastung. Der Engpass ist dann dort zu suchen, wo die Kapazität überlastet ist.

Das Problem ist nur: Die so ermittelten Ergebnisse stimmen mit der Praxis meistens nicht überein. Fast immer haben sich die in den Arbeitsplänen hinterlegten Taktzeiten im Laufe der Zeit verändert, die Arbeitspläne wurden jedoch nicht an die neuen Zeiten angepasst. Die Strategie des Theoretikers ist damit gescheitert, die Suche nach dem Engpass wird zur echten Herausforderung.

Genau diese Erfahrung machten wir auch bei unseren ersten Projekten in den USA, als wir die Theory of Constraints in 18 Werken umsetzten. Schnell merkten wir, dass die Angaben in den Arbeitsplänen zu ungenau waren, um hieraus Rückschlüsse auf den Engpass ziehen zu können. Wenn wir einen theoretisch eindeutig identifizierten Engpass präsentierten, schüttelte der Produktionsleiter fast immer ungläubig den Kopf und machte uns auf eine ganz andere Anlage aufmerksam: Diese sei veraltet, stehe immer wieder still, hier liege der eigentliche Engpass, egal was die Arbeitspläne aussagten.

In keinem der 18 Werke gab es zu Projektbeginn Einigkeit über den Engpass. Umso wichtiger war es, eine einigermaßen zuverlässige Vorgehensweise zu entwickeln. Einen einheitlichen Weg, sprich: eine abhakbare Checkliste, für die Ermittlung des Engpasses gibt es jedoch nicht. Es ist eher eine Kombination aus verschiedenen Annäherungen an das Problem, die am Ende zum Ziel führt.

Drei Annäherungen an den Engpass

Grundsätzlich gibt es drei Möglichkeiten, den Engpass zu bestimmen – plus eine radikale Variante. *Möglichkeit eins* ist der bereits erwähnte theoretische Weg. Anhand der Artikelstammdaten, Stücklisten und Arbeitspläne ermittelt das Projektteam für jede einzelne Operation ein Kapazitätsbelastungsprofil. Im zweiten Schritt überprüft es die Operationen mit den höchsten Belastungen vor Ort in der Fabrik. Liegt die errechnete Kapazitätsbelastung über 100 Prozent, müssten sich große Mengen an Material vor der Operation stauen. Ist dies nicht der Fall, sind die Daten im EDV-System offensichtlich unzutreffend.

Nun muss das Projektteam entscheiden, ob es die Daten im System korrigiert und ein neues Kapazitätsbelastungsprofil erstellt. Das ist jedoch nur sinnvoll, wenn die Daten insgesamt vertrauenswürdig erscheinen. Weichen die im System hinterlegten Taktzeiten stark von den tatsächlichen Zeiten ab, dürften die Korrekturarbeiten sehr aufwendig sein. Das Projektteam sollte sich dann auf die pragmatischeren Ansätze (Möglichkeiten zwei und drei) verlegen.

Möglichkeit zwei besteht darin, erfahrene Produktionsleute wie den Produktionsleiter, die Meister oder den Disponenten nach ihrer Einschätzung zu fragen. Sicher: Die subjektiven Empfindungen einzelner Mitarbeiter müssen nicht unbedingt der Realität entsprechen – auch hier ist eine gewisse Vorsicht geboten. Dennoch führen die Antworten meist auf die richtige Spur.

Zu den ersten Kandidaten, die wir in den 18 Werken in den USA befragten, zählten die »Terminjäger«. Gemeint sind damit die Fertigungssteuerer oder Disponenten, die zusammen mit der Produktion das Produktionsprogramm erstellen und einsteuern. Dabei lässt sich immer wieder folgendes Phänomen beobachten: Disponent und Produktionsleiter haben sich auf ein Produktionsprogramm geeinigt. Die tatsächliche Produktion weicht dann jedoch vom Programm ab – mit der Folge, dass Aufträge nicht termingerecht fertiggestellt werden. Diese Situation macht den Disponenten zum Terminjäger. Er läuft los, sucht in den Fabrikhallen die halbfertigen Produkte, streitet sich mit dem Produktionsleiter und drückt die fälligen Aufträge dann doch noch durch die Produktion.

Hieraus lässt sich eine ganz einfache Praktikerregel ableiten: Der Engpass ist da, wo der Terminjäger als Erstes hinläuft. Wenn er von seinem Schreibtisch aufsteht und mit hochrotem Kopf in die Produktion eilt, sucht er aufgrund leidvoller Erfahrungen meistens eine ganz bestimmte Operation auf. Intuitiv weiß er, dass hier die halbfertigen Teile der verspäteten Auslieferung festhängen. Für den Constraint-Manager ist das ein starkes Indiz dafür, dass genau hier der Engpass liegt.

Die *dritte Möglichkeit* bezieht sich auf Beobachtungen in der Produktion. Hohe Materialbestände vor einem Arbeitsgang sind ein Hinweis auf einen möglichen Engpass. Die Vorgehensweise liegt ganz einfach darin, bei einem Rundgang durch die Produktion festzustellen, vor welchen Arbeitsgängen der Berg an Material besonders groß ist – und dann diese Operationen mit den regelmäßig höchsten Materialbeständen näher zu untersuchen.

Die radikale Variante

Bleibt noch eine *vierte Möglichkeit*, die radikale Variante. Umgesetzt habe ich diese Vorgehensweise noch nicht, doch liegt es in der Logik des Constraint-Managements, dass auch dieser Weg funktioniert.

Diese vierte Möglichkeit lautet: Erklären Sie einen Arbeitsgang zum Engpass – willkürlich, ohne jede vorherige Prüfung. Ist die Wahl falsch, wird sich das bald von selbst herausstellen. Es besteht dann noch genügend Zeit, den Irrtum zu korrigieren. In dieser Robustheit liegt einer der besonderen Vorzüge des Constraint-Managements. Der korrekte Engpass taucht am Ende quasi von selbst auf (mehr hierzu im nächsten Abschnitt »Irren ist erlaubt«).

Dass ich von dieser einfachen Methode dennoch abrate, hat einen Grund. Die in das Projekt involvierten Mitarbeiter haben zu diesem Zeitpunkt die Philosophie des Constraint-Managements meistens noch nicht verinnerlicht. Sie werden die Wahl eines falschen Engpasses wahrscheinlich als Flop interpretieren. Die Gefahr ist deshalb groß, dass sie sich vom Projekt abwenden, bevor es richtig begonnen hat.

Typisch ist doch folgende Situation: Die Geschäftsleitung beschließt, eine Veränderung einzuführen, ohne dass die zweite Führungsebene und die betroffenen Mitarbeiter davon wirklich überzeugt sind. Deren Tenor ist dann: »Der Chef war auf einem Seminar und hat eine neue Idee. Warten wir mal ab, was dabei herauskommt.« Der Projektleiter hat es dann vorwiegend mit veränderungsunwilligen Skeptikern zu tun, die nur darauf lauern, dass etwas schiefgeht. Auch ein korrigierbarer Fehler, wie eben die Wahl eines falschen Engpasses, kann in dieser Gemengelage den Erfolg des ganzen Projekts gefährden.

Irren ist erlaubt

Noch einmal zurück in das Lkw-Achsen-Werk in Ohio. Wie geschildert, fahndeten wir lange vergeblich nach dem Engpass und legten uns zunächst auf das Schweißen der verformten Blechzuschnitte fest. Ein Irrtum, wie sich dann herausstellte. Doch woran erkannten wir den Fehler? Im Grunde war es ganz einfach: Während vor dem Arbeitsgang »Schweißen« nach einer gewissen Zeit das Material knapp wurde und eine Unterauslastung dieses angeblichen Engpasses absehbar war, staute sich das Material vor dem »Fräsen der Stirnräder« – dem tatsächlichen Engpass.

Sobald das Projektteam einen Engpass bestimmt hat, ganz gleich ob es der richtige oder falsche ist, tritt das Projekt wie geplant in seine nächste Phase: Alle Arbeitsgänge der Produktionskette werden der Engpassoperation untergeordnet. Das Material durchläuft nun im Takt des festgelegten Engpasses die Produktionskette. War der Engpass falsch gewählt, tritt bald der tatsächliche Engpass zum Vorschein: Es ist die Operation, die dem Takt nicht folgen kann und vor der sich deshalb das Material staut. Liegt diese Operation in der Kette vor dem aktuell gültigen Engpass, wird dieser zudem bald unterversorgt sein. Genau das darf im Constraint-Management jedoch nicht passieren: Im Unterschied zu allen anderen Operationen hat der Engpass keinen Leerlauf.

Es ist Aufgabe eines Produktionsteams, auf solche Anzeichen zu achten. Produktionsleiter, Disponent und die Meister treffen sich täglich an der Engpassoperation zu einer kurzen Lagebesprechung. Anhand des Fertigungsprogramms stellen sie fest, welche Baugruppen den Engpass planmäßig passiert haben, welche Chargen nun anstehen, und können auf diese Weise beurteilen, ob der Materialfluss den Engpass wie geplant passiert. Stellt das Team fest, dass das Material vor dem Engpass ausgeht und ein Stillstand droht, deutet das darauf hin, dass der Engpass falsch gewählt wurde.

Wann genau der Irrtum zutage tritt, hängt davon ab, welche Bestände sich bei Inkrafttreten des Constraint-Managements in der Produktion befinden. Mit dem Start der neuen Produktionsweise werden die Materialbestände abgesenkt. Je nach Ausgangslage kann es dann zwei Wochen oder zwei Monate dauern, bis die Bestände aufgebraucht sind und der eigentliche Engpass sichtbar wird. Doch selbst wenn die Produktion über längere Zeit nach einem falschen Engpass getaktet ist, stabilisiert sich die Lage insgesamt. Die Bestände gehen zurück, der Lieferservicegrad verbessert sich.

Somit lässt sich festhalten: Wenn das Constraint-Management angelaufen ist, tritt der richtige Engpass nach einer gewissen Zeit automatisch zutage – und zwar so rechtzeitig, dass eine Korrektur ohne größere Nachteile möglich ist. Das setzt jedoch voraus, dass die Mitarbeiter die Prinzipien des Constraint-Managements verstanden haben und den Materialfluss an der Engpassoperation achtsam verfolgen.

Wiederum macht sich eine gute Schulung vor Projektbeginn bezahlt. Wenn die gesamte Mannschaft die Philosophie des Constraint-Managements verstanden hat und weiß, dass man einen Engpass zunächst vor allem dafür benötigt, um den Materialfluss zu synchronisieren und die Bestände abzusenken – wenn sie das wirklich begriffen hat, sieht sie einen falsch gewählten Engpass in einem anderen Licht. Ein falsch gewählter Engpass ist dann kein Flop, sondern einfach nur ein Meilenstein auf dem Weg zur neuen, flexiblen Produktion. Für die Produktionsverantwortlichen gilt dann tatsächlich die entspannende Gewissheit: Irren ist erlaubt!

Es gibt nur einen Engpass

In der Theorie leuchtet es unmittelbar ein, in der Praxis löst es heftige Diskussionen aus: das Prinzip, dass es nur einen Engpass gibt. Immer wieder erlebte ich Projektverantwortliche, die felsenfest davon überzeugt waren, dass es in ihrem Werk mehrere Engpässe gleichzeitig gibt. In einem Fall legte uns der örtliche Projektleiter 22 verschiedene Engpässe dar. Zugegeben: Von den 18 Standorten des Gesamtprojekts war die Produktion dieses Werkes die bei Weitem komplexeste. Überall dort, wo mehrere Materialströme zusammenfließen, sah der Projektleiter einen Engpass – und konnte diese Auffassung auch recht gut begründen. Dennoch widersprach seine Argumentation dem grundlegenden Prinzip des Constraint-Managements: Es gibt genau einen Engpass, an dem sich alle anderen Operationen ausrichten, ganz gleich wie komplex die Fabrik ist.

Wir schlitterten mit diesem Projektleiter von einer Diskussion in die nächste. Er führte ständig neue Argumente an, um seine 22 Engpässe zu rechtfertigen, bis hin zu der Behauptung, dass ohne deren Akzeptanz die pünktliche Lieferung an die Kunden gefährdet sei. Was lässt sich gegen dieses Argument noch anführen? So gaben wir, die Projektverantwortlichen im oberen Führungskreis, uns schließlich geschlagen.

Hinter unserem Rückzieher stand das Kalkül, dass sich der tatsächliche Engpass früher oder später von selbst herausstellen müsste. Wenn die Theory of Constraints richtigliegt, dann müsste der störrische Projektleiter im Laufe der Zeit die Anzahl der Engpässe von sich aus reduzieren. Wir sprachen das Thema daher nicht mehr an, sondern harrten der Dinge. Und tatsächlich: Ein Engpass nach dem anderen verabschiedete sich. Wir beobachteten das Geschehen mit einer gewissen Genugtuung. Immerhin bestätigte sich auch in diesem Fall, nämlich dem Fall einer höchst komplexen Produktion, dass jede Fertigungsprozesskette nur *einen* Engpass hat.

In einem Punkt hatte der unbelehrbare Projektleiter allerdings recht: Es kann in einer Produktionskette durchaus kritische Operationen geben. Zwar sind – entsprechend dem Prinzip des Constraint-Managements – auch diese Operationen dem *einen* Engpass unterzuordnen, das heißt, auch sie müssen sich nach dessen Taktvorgabe ausrichten. Es kann jedoch sinnvoll sein, an den kritischen Stellen Kontrollpunkte einzurichten, um einen sauberen Durchfluss und eine pünktliche Auslieferung sicherzustellen (mehr hierzu in Kapitel 7).

Zusammenfassung

Den Engpass identifizieren – darin liegt der erste Schritt im Fünf-Schritte-Programm der Theory of Constraints. Grundsätzlich gibt es drei Möglichkeiten, den Engpass zu bestimmen:

- Anhand der Artikelstammdaten, Stücklisten und Arbeitspläne aus dem ERP-System ermittelt das Projektteam für jede einzelne Operation ein Kapazitätsbelastungsprofil.
- Das Projektteam nutzt den Erfahrungsschatz der Praktiker in der Produktion und befragt insbesondere Produktionsleiter, Meister und Disponenten.
- Das Projektteam beobachtet die Verhältnisse in der Produktion und nimmt die Operationen mit den regelmäßig höchsten Materialbeständen näher unter die Lupe.

In der Regel lässt sich der Engpass durch eine Kombination der drei Möglichkeiten recht treffsicher bestimmen.

Die Wahl eines falschen Engpasses lässt sich im Nachhinein ohne größere Probleme korrigieren. Wenn das Constraint-Management angelaufen ist und sich die Produktion an einem falschen Engpass ausrichtet, tritt der tatsächliche Engpass nach einer gewissen Zeit automatisch zutage.

7 Neustart: Alles dem Engpass unterordnen

Die Anwendung des Constraint-Managements lässt sich mit drei Worten beschreiben: Drum – Buffer – Rope.

Die *Drum*, zu Deutsch Trommel oder Pauke, steht für den Engpass. Sie ist der Taktgeber für die übrige Prozesskette. Man kann sich das bildlich-akustisch in etwa so vorstellen: Jedes Mal, wenn die Drum eine Charge bearbeitet hat, ertönt ein Paukenschlag – als Signal für die Materialein-speisung, die Teile für eine neue Einheit nachzuschieben. Der *Buffer* ist die Zeit, die dem Material für den Durchlauf von der Einspeisung bis zum Engpass zur Verfügung steht. Der *Rope,* zu Deutsch das Seil, symbolisiert die enge Verbindung von der Drum zur Materialeinspeisung. Das Seil überträgt den Fertigungsplan mit einem Zeitversatz vom Engpass direkt an die Materialfreigabe.

Auffallend ist hier vor allem eine Besonderheit: Das Drum-Buffer-Rope-Modell kommt mit einem einzigen Plan aus, nämlich dem Fertigungsplan für den Engpass; alle anderen Arbeitsgänge richten sich hieran aus. In der traditionellen Produktionssteuerung wird dagegen für jede Operation ein eigener Fertigungsplan entworfen. Dieses Vorgehen ist nicht nur aufwendig, sondern birgt auch ein hohes Unsicherheitspotenzial. Denn wenn Maschinenstillstände oder abreißende Materialflüsse zur Nichteinhaltung eines Plans führen, wirken sich diese Störungen auf alle nachfolgenden Pläne aus.

Demgegenüber gestalten sich Steuerung und Abläufe im Constraint-Management erheblich einfacher und robuster. Einfacher heißt: Wo bisher sieben oder acht Mitarbeiter an sieben oder acht Plänen herumge-bastelt haben, steuert nun eine einzige Person mit nur einem Plan die gesamte Produktion. Und robust bedeutet: Das Risiko, dass Störungen bis zum Ende der Produktionskette durchschlagen und so den Lieferservice-grad verschlechtern, ist deutlich kleiner geworden – und zwar deshalb,

- weil sich die Produktionsverantwortlichen nicht mehr um alle Produkti-onsstufen kümmern müssen, sondern ihre Energie auf einen einzigen Arbeitsgang konzentrieren können, nämlich die Engpassoperation,

- weil die kritische Engpassoperation, die bislang ja noch unbekannt war, jetzt die ihr gebührende Aufmerksamkeit erfährt,
- weil die Zumessung eines ausreichenden Buffers sicherstellt, dass Störungen abgefangen werden.

Drum, Buffer, Rope – die drei Begriffe beschreiben den zweiten Schritt des Fünf-Schritte-Programms der Theory of Constraints. Ziel dieses Schritts ist, alle Arbeitsgänge dem Engpass unterzuordnen. Oder präziser formuliert: Der Materialfluss wird mit den Möglichkeiten des Engpasses synchronisiert, indem immer nur so viel Material in die Fertigungskette gegeben wird, wie die Engpassoperation gerade verarbeitet hat. Die folgenden Abschnitte stellen das Drum-Buffer-Rope-Modell näher vor und beschreiben die Vorgehensweise bei der Einführung.

Das Drum-Buffer-Rope-Modell

Das Drum-Buffer-Rope-Modell bildet die neue Welt des Constraint-Managements ab. Das Zusammenspiel der wesentlichen Elemente des Modells lässt sich an folgendem Schaubild darstellen (Abbildung 7.1).

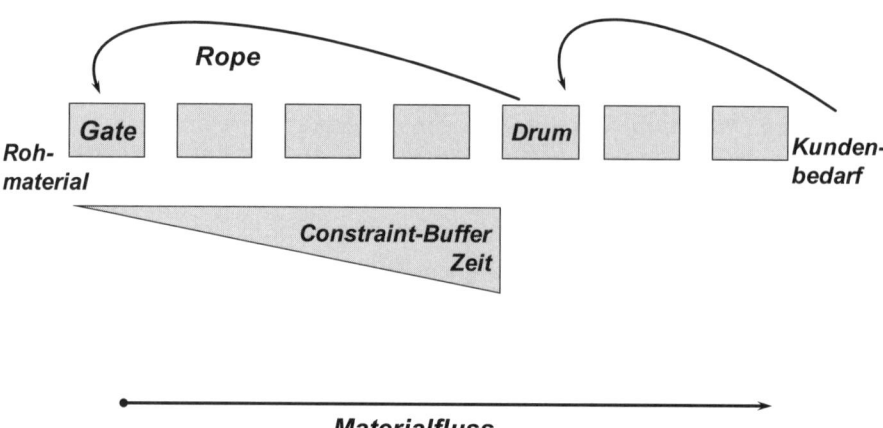

Abbildung 7.1: Das Drum-Buffer-Rope-Modell

Ausgangspunkt ist der *Kundenbedarf* – denn im Constraint-Management erfolgt die Produktion auftragsbezogen. Als Erstes gilt es deshalb, den Kundenbedarf mit den Möglichkeiten des Engpasses zu synchronisieren. Nur dann ist es auch möglich, mit den Kunden zuverlässige Liefertermine zu vereinbaren. In der Abbildung beschreibt der Pfeil vom »Kundenbedarf« zum »Drum« diesen Zusammenhang.

Die *Drum* ist innerhalb des Herstellungsprozesses die Operation mit der geringsten Kapazität. Es handelt sich um den im ersten Schritt der Theory of Constraints ermittelten Engpass (siehe Kapitel 6), der die Leistung des gesamten Herstellungsprozesses beschränkt und daher den Takt vorgibt. Die Drum ist unmittelbar mit der Materialeinspeisung verbunden, was durch den *Rope*, also das Seil, ausgedrückt wird. Es verbindet die Engpassoperation mit der Materialeinspeisung (in der Abbildung durch den Pfeil vom »Drum« zum »Gate« gekennzeichnet). Das Seil überträgt die Vorgaben des Engpasses auf die Materialfreigabe und stellt damit sicher, dass neues Material exakt im Takt des Engpasses nachgeschoben wird.

Die beiden Pfeile in der Abbildung stehen damit für die Synchronisierung der Produktion sowohl mit dem Kundenbedarf als auch mit den Möglichkeiten des Engpasses: Die Auftragslage bestimmt die Auslastung des Engpasses (Kundenbedarf → Drum), während dieser wiederum den Takt für den Rest der Produktion vorgibt, indem er die Materialeinspeisung am Gate steuert (Drum → Gate).

Der *Buffer* oder »Puffer« hat die Aufgabe, die Engpassoperation vor einer Materialunterdeckung zu schützen. Das ist deshalb so wichtig, weil jede Störung der Engpassoperation sich unmittelbar auf den Gesamtdurchsatz der Fertigungskette auswirkt. Verlorene Zeit am Engpass kann – sofern dieser voll ausgelastet ist – nie wieder aufgeholt werden.

Definiert ist der Buffer als die veranschlagte Zeit, die ein Teil von der Einspeisung in den Produktionsprozess bis zur Ankunft beim Engpass benötigt (in der Abbildung durch das Dreieck dargestellt). Der Buffer wird somit stets in Zeiteinheiten wie Stunden, Schichten oder Tagen ausgedrückt. Er sollte so dimensioniert sein, dass er die normale Durchlaufzeit von der Freigabe bis zum Eintreffen vor der Engpassoperation abdeckt und zudem die üblicherweise auftretenden Störungen abfängt. Die hohe Kunst des Constraint-Managements wird später darin liegen, einen zunächst großzügig bemessenen Sicherheitspuffer behutsam zu verkleinern und so die Bestände in der Fertigung auf das wirklich notwendige Maß zu reduzieren. Beim Thema Buffermanagement (Kapitel 9) komme ich hierauf ausführlich zurück.

Doch schon jetzt, mit der Einführung des Drum-Buffer-Rope-Modells, sinken in der Regel die Bestände und die Produktion gelangt in ruhigeres Fahrwasser. Wenn das Material gemäß den Vorgaben des Engpasses korrekt eingespeist wird und der Buffer ausreichend dimensioniert ist, entsteht ein gleichmäßiger Materialfluss, der exakt nach Plan verläuft und eine termingerechte Auslieferung der Aufträge ermöglicht. Hinzu kommt, wie bereits ausgeführt, eine drastische Vereinfachung des Planungsprozesses: Während früher jede einzelne Operation der Prozesskette geplant wurde, genügt jetzt ein einziger Plan für alle.

Vor allem aber erlangt das Unternehmen eine Flexibilität, von der es bislang nur träumen konnte. Der Disponent ist nun in der Lage, den Fertigungsplan jeden Tag an veränderte Kundenwünsche anzupassen. Unantastbar sind lediglich die Aufträge, bei denen die Produktion bereits begonnen hat – das heißt, für die Durchlaufzeit von der Einspeisung bis zum Engpass steht der Plan unverrückbar fest. Beträgt diese Durchlaufzeit zum Beispiel fünf Tage, kann der Disponent den Plan ab Tag sechs jederzeit verändern, ohne dadurch Störungen zu verursachen und vereinbarte Auslieferungstermine zu gefährden.

Vom Engpassplan zum Neustart

Wenn der Engpass identifiziert ist, kann das Projektteam sogleich das Drum-Buffer-Rope-Modell umsetzen und damit den Neustart der Produktion in die Wege leiten. Dies erfolgt in drei Hauptschritten:

- *Engpassfertigungsplan.* Das Projektteam erarbeitet für die Engpassoperation einen Fertigungsplan, der auf deren Kapazität abgestimmt ist.
- *Materialfreigabeplan.* Aus dem Fertigungsplan leitet das Projektteam den Materialfreigabeplan ab. Hierbei handelt es sich um exakt den gleichen Plan, der lediglich zeitlich nach vorne verschoben wird.
- *Neustart der Produktion.* Der Engpassfertigungsplan wird in Kraft gesetzt.

Nach diesem Schema sind wir in der Praxis bei allen Projekten vorgegangen: Wir entwickelten einen Fertigungsplan für den Engpass, der zugleich – mit der entsprechenden zeitlichen Verschiebung – den Materialfreigabeplan abbildete. Danach ließen wir das Material fließen.

Den Plan entwerfen

Üblicherweise entsteht der Engpassfertigungsplan unter der Federführung des Projektleiters, der hierzu einige wenige Spezialisten aus der Produktion an den Tisch holt. Dazu zählen der Disponent, meist auch der Logistikleiter – und in jedem Fall der Produktionsleiter, der den Plan am Ende akzeptieren und umsetzen muss. Später, wenn das Constraint-Management in den Normalbetrieb übergeht, übernimmt die Fertigungssteuerung die Aufgabe, den Plan zu pflegen.

Um die neue Produktionsplanung aufzustellen, setzten wir im Falle der 18 US-Werke eine spezielle Software als Hilfsmittel ein. Der in Kapitel 4 vorgestellte deutsche Maschinenbauer begnügte sich dagegen mit einer Tabellenkalkulation, die ein in Excel versierter Mitarbeiter binnen einer halben Stunde angelegt hatte. Wie die Erfahrung zeigt, ist eine einfache Excel-Lösung in der Regel absolut ausreichend (mehr zum Thema EDV-Unterstützung am Ende dieses Kapitels).

Ein wesentlicher Aspekt bei der Planung ist die Art und Weise, in der das Material die Prozesskette durchlaufen soll. Im Constraint-Management geschieht dies nach der Fifo-Methode. Der Begriff bedeutet »first in, first out«, was ganz einfach besagt: Die Chargen werden bei jedem Arbeitsgang in der Reihenfolge ihres Eintreffens bearbeitet. Das Teil, das zuerst ankommt, wird auch als Erstes bearbeitet. Auf diese Weise durchläuft das Material die gesamte Produktion von der Einspeisung bis zur Endmontage.

Nicht zuletzt muss sich das Projektteam beim Entwerfen des Engpassfertigungsplans mit der Dimensionierung des Buffers befassen – also der Zeit, die das Material für den Weg bis zum Engpass benötigt (siehe unten Abschnitt »Den Sicherheitspuffer festlegen«).

Das Drum-Buffer-Rope-Modell tritt in Kraft

Der Engpassfertigungsplan ist modelliert, nun kann er in Kraft treten. Indem das Material nach diesem Plan in die Produktion eingespeist wird, erwacht die Drum-Buffer-Rope-Methode zum Leben.

Was so einfach klingt, bereitet in der Praxis häufig einige Schwierigkeiten. Die Ausgangssituation ist in vielen Unternehmen sehr unübersichtlich, überall in den Werkhallen stapeln sich Bestände. Wie soll man in einer solchen, von halbfertigen Teilen überschwemmten Produktion den neuen Fertigungsplan umsetzen? Jede Einspeisung von weiterem Material würde das Chaos eher noch vergrößern.

Grundsätzlich sind hier zwei Lösungen denkbar:

- *Der Betrieb lässt die Produktion tendenziell leerlaufen.* Das Projektteam stoppt die Materialeinspeisung und wartet ab, bis die Bestände weitgehend aufgebraucht sind. Entscheidend ist, die Situation genau zu verfolgen und zum richtigen Zeitpunkt mit der Materialeinspeisung nach dem neuen Plan einzusetzen.
- *Der Betrieb räumt die Produktion frei.* Alles Material wird übers Wochenende aus den Hallen gefahren und irgendwo separat zwischengelagert. So lässt sich das neue Verfahren sofort in Kraft setzen

und die Produktion kann nach dem neuen Materialeinspeiseplan anlaufen.

Die zweite Methode haben wir häufig diskutiert, jedoch nie angewandt. Zu groß erschien der Aufwand. Zudem fehlte meistens der Platz, um die Bestände außerhalb des Produktionsbereichs zu lagern.

So beschlossen wir auch im Falle der Maschinenfabrik, die Produktion ansatzweise leerlaufen zu lassen. Wie in Kapitel 4 geschildert, hatte in diesem Unternehmen das »Blechschneiden« (Produktionsschritt 1) in der Vergangenheit massenweise Teile produziert, die nun überall herumlagen. Also stellten wir die Laserschneidmaschine ab und senkten auf diese Weise die Bestände. Natürlich durften wir die Maschine nicht so lange aussetzen, bis die Teile komplett aufgebraucht waren – denn dann wäre die Produktion zum Erliegen gekommen. Es galt daher, die Entwicklung der Bestände aufmerksam zu verfolgen, um die Blechschneidemaschine rechtzeitig wieder anzuschalten.

Nach zwei Wochen war es so weit. Wir ließen Arbeitsgang 1 wieder anlaufen und setzten zugleich den neuen Fertigungsplan in Kraft. Die Bestände in der Produktion waren inzwischen so weit abgesunken, dass es kein Problem mehr war, den Materialfluss über den Freigabeplan zu steuern und so auf die Kapazität des Engpasses abzustimmen.

Umgang mit unausgelasteten Kapazitäten

Nach der Theory of Constraints ist es logisch und alle Beteiligten haben es bei den Schulungen auch so gelernt: Sobald sich eine Produktion am Engpass ausrichtet, hat dies zwangsläufig zur Folge, dass alle dem Engpass vor- und nachgelagerten Operationen nicht mehr zu 100 Prozent ausgelastet sind. Viele Jahre waren Werkleiter und Meister auf höchstmögliche Produktivität getrimmt. Wie sollen sie jetzt gutheißen, dass Maschinen auch stillstehen und Mitarbeiter tatenlos davor herumstehen?

Entgegen allen Erwartungen kommen diese in der Theorie zwangsläufigen Stillstände in der Praxis gar nicht vor. Der Grund liegt vermutlich in einer Schutzreaktion der Produktionsmitarbeiter. Wer nichts zu tun hat, so ihr Gedanke, wird nicht gebraucht und früher oder später entlassen. Nichtstun verbindet sich für sie mit der Sorge um den Arbeitsplatz. Um gar nicht erst in die dumme Lage zu kommen, tatenlos herumzustehen, arbeiten sie bewusst oder unbewusst langsamer. Wie in Kapitel 10 dargestellt wird (Abschnitt »Verhaltensmuster 3: Nichtstun darf nicht sein«), birgt der langsamere Arbeitsrhythmus der Mitarbeiter auf längere Sicht Risiken für die Funktionsfähigkeit des Constraint-Managements.

Während die Produktionsmitarbeiter langsamer werden, lösen die Unterauslastungen der Nicht-Engpassoperationen beim Management ganz andere Reaktionen aus. »Jetzt wissen wir, wo wir zu hohe Kapazitäten haben«, erklärte mir kürzlich ein Werkleiter. »Lassen Sie uns die jetzt abbauen, auf diese Weise sparen wir Geld.« So naheliegend diese Idee war, widersprach sie doch der Philosophie des Constraint-Managements – denn auch der Abbau von Kapazitätsspitzen führt zu einer Harmonisierung der Kapazitäten. Während die Anhänger eines »Engpassmanagements« die Harmonisierung durch das Abschaffen der Engpässe anstreben und so die Kapazitäten auf ein höheres Niveau hin angleichen möchten (siehe Kapitel 2), läuft der Vorschlag des Werkleiters darauf hinaus, die Kapazitäten nach unten hin anzugleichen.

Ob die Engpässe eliminiert oder die überschüssigen Kapazitäten beseitigt werden – beide Strategien führen tendenziell zu einer gleichmäßigen Kapazitätsauslastung. Wie im zweiten Kapitel (Abschnitt »Der Fluch der Harmonisierung«) dargelegt, hat dies eine hohe Störanfälligkeit der Fertigungskette zur Folge, denn in einer ausgeglichenen Kapazitätsstruktur können Durchsatzverluste aufgrund von Maschinenausfallzeiten zeitlich nicht mehr aufgeholt werden.

Im Constraint-Management haben die Produktionsverantwortlichen deshalb die Aufgabe, die unterausgelasteten Kapazitäten in den Nicht-Engpassoperationen gegen die Begehrlichkeiten des Managements zu verteidigen. Sie müssen deutlich machen, dass diese Kapazitäten als »Schutzkapazitäten« benötigt werden – um den Engpass vor Materialversorgungsstörungen zu bewahren – und es deshalb ein Fehler wäre, sie nun aus Einsparungsgründen abzubauen.

Die Wahrung freier Kapazitäten in den Nicht-Engpassoperationen hat zudem den Vorteil, dass Spielräume bestehen, um die Maschinen umzurüsten. Die Zeit ist hier vorhanden, die Frequenz der Umrüstungen zu erhöhen. Anders stellt sich die Lage beim Engpass dar, der – sofern genügend Aufträge vorhanden sind – voll ausgelastet ist. Hier bedarf es deshalb einer effizienten Rüststrategie, die zum Beispiel darin liegen kann, ähnliche Produkte zu Rüstfamilien zusammenzufassen (mehr hierzu in Kapitel 8). Insgesamt strebt das Constraint-Management möglichst kleine Lose an, nimmt also häufige Umrüstungen vor, um auf diese Weise die Lieferzeiten zu reduzieren und die Produkte schneller auf den Markt zu bringen.

Diese Rüstpolitik des Constraint-Managements steht im Gegensatz zur traditionellen Denkweise, die nach hoher Produktivität strebt und Umrüstungen möglichst vermeiden möchte, weil sie als unproduktive Zeit gelten. Meines Erachtens ist diese Sichtweise nicht mehr zeitgemäß. Besonders bei variantenreichen Abnehmermärkten wäre es falsch, sich der Notwendigkeit einer flexiblen Produktion und damit auch kleinerer Lose zu verschließen. Bestandteil einer solchen Produktionsweise sind jedoch auch die Rüstvorgänge, die daher als produktive Zeit betrachtet werden sollten. Unproduktiv sind Stillstände, wenn Material fehlt, eine Maschine defekt ist oder Personal ausfällt – nicht jedoch die Vorbereitungen auf die nächste Charge.

Den Sicherheitspuffer festlegen

Es ist immer wieder das gleiche Bild. Teile fehlen, die Fertigungspläne geraten durcheinander, Ausliefertermine platzen. Mal liegt es daran, dass Lieferanten nicht pünktlich liefern, mal fällt eine Maschine aus, mal wird ein Mitarbeiter krank – die Ursachen sind vielfältig. Natürlich kommen solche Ausfälle auch in der Welt des Constraint-Managements vor. Die Frage, wie sich Störungen abfangen lassen, spielt auch hier eine zentrale Rolle. Aus dem Blickwinkel des Constraint-Managers geht es dabei vor allem darum, die Materialverfügbarkeit am Engpass zu sichern.

Eine wichtige Aufgabe liegt deshalb darin, einen ausreichenden Sicherheitspuffer festzulegen. Sie lässt sich als *erste Stufe des Buffermanagements* bezeichnen, die das Ziel hat, den Engpass zu schützen und dafür zu sorgen, dass dieser kritische Arbeitsgang niemals »arbeitslos« wird; denn ein Leerlauf im Engpass führt zwangsläufig zu verspäteten Auslieferungen. Die zweite Stufe des Buffermanagements hat dann das Ziel, die Bestände bis zur Grenze des Möglichen abzusenken (mehr hierzu in Kapitel 9).

Um ein häufiges Missverständnis auszuräumen: Mit »Buffer« sind nicht separate Pufferzeiten zwischen jeder einzelnen Operation gemeint, sondern die *gesamte* Zeit, die ein Teil vom Einspeisen in den Prozess bis zum Engpass benötigt. Der Buffer kann also eine ganze Reihe von Arbeitsschritten einschließen, im Beispiel oben (Abbildung 7.1) sind es vier Operationen. Die entscheidende Vereinfachung im Constraint-Management liegt ja genau darin, dass sich die Fertigungsplanung nicht mehr mit jeder einzelnen Operation in der Produktionskette auseinandersetzen muss, sondern sich im Wesentlichen nur noch um den Engpass kümmert. Insofern wären Bufferplanungen für jeden einzelnen Arbeitsschritt ein Rückfall in die Vor-Constraint-Ära.

Wie legt man nun konkret den Buffer fest – und zwar so, dass einerseits die Bestände nicht allzu hoch sind, andererseits aber doch noch hinreichend groß, um Störungen in der Kette zu vermeiden?

Wie schon bei der Bestimmung des Engpasses hat sich eine pragmatische Vorgehensweise bewährt. Das Projektteam trifft sich und schätzt die

Zeiten ab. Gemeinsam überlegen die Teilnehmer, wie viel Zeit ein Teil an den einzelnen Arbeitsgängen verbringt. Erste Anhaltspunkte geben die Arbeitspläne, die dann mit den Erfahrungswerten konfrontiert werden. Dabei ist zu beachten, dass die reine Bearbeitungszeit nur ein Bruchteil der Durchlaufzeit ausmacht. In dem Werk in Ohio hatten wir zum Beispiel eine Durchlaufzeit von sechs bis sieben Wochen. Die Touchtime, also die reine Bearbeitungszeit, betrug eineinhalb Tage.

Das Beispiel macht deutlich: Wenn man die Arbeitszeiten der Arbeitspläne addiert, kommt man auf eineinhalb Tage. Würde man den Buffer nun aber auf zwei Tage setzen, wäre das Chaos in der Produktion vorprogrammiert – denn die Erfahrung belegt, dass der tatsächliche Durchlauf bei etwa sechs Wochen liegt. Entscheidend ist also nicht so sehr die reine Bearbeitungszeit, sondern das Lagern, Transportieren, Suchen und Verteilen in der Produktion.

Gelegentlich höre ich den Vorschlag, für die Bestimmung des Durchlaufs exakte Zeiten zu erheben. Hintergrund ist, dass es in einer Produktion normalerweise keine Ablaufbeschreibungen gibt, bei denen zum Beispiel hinterlegt ist, wann der Stapler eine Gitterbox aufnimmt und wie lange er benötigt, um sie am nächsten Arbeitsplatz wieder abzusetzen. Für die Zwecke des Constraint-Managements halte ich eine detaillierte Erhebung der Abläufe nicht nur für überflüssig, sondern auch für den falschen Weg. Das Streben nach Perfektion birgt nämlich die Gefahr, den Sicherheitspuffer am Ende zu knapp zu bemessen. Stattdessen empfehle ich, den Buffer sorgfältig abzuschätzen und einen eher großzügigen Sicherheitsaufschlag hinzuzurechnen. Ein vorsichtiges Zurückfahren der Bufferzeit ist später immer noch möglich und auch erstrebenswert.

Im Falle der mittelständischen Maschinenfabrik bildeten wir einen kleinen »Expertenkreis«, dem unter anderem der Produktionsleiter und der Logistikleiter angehörten. Zunächst diskutierten wir jeden einzelnen Prozessabschnitt, dann nahmen wir uns die Transportzeiten zwischen den Operationen vor. Hieraus ergab sich am Ende eine Durchlaufzeit von zehn Tagen. Zur Sicherheit gaben wir noch zwei Tage hinzu und legten den Buffer auf zwölf Tage fest. Unser Vorgehen war weit entfernt von jeder mathematischen Präzision. Hätten wir jedoch erst noch versucht, den Stapler zu beobachten und Zeiten zu erfassen, wäre das Unternehmen vermutlich pleite gewesen, bevor es von den Vorzügen des Constraint-Managements hätte profitieren können.

Wie schon bei der Ermittlung des Engpasses erweist sich das Constraint-Management als sehr robuste Methode. Korrekturen sind im Nachhinein immer noch möglich. Wenn das System angelaufen ist, tritt ein falsch dimensionierter Buffer – ebenso wie ein falsch gewählter Engpass –

ziemlich schnell zutage. Es besteht dann die Möglichkeit, sich mithilfe der zweiten Stufe des Buffermanagements (siehe Kapitel 9) systematisch an eine optimale Unterordnung des Materialflusses unter den Engpass heranzutasten. Mit anderen Worten: Im Constraint-Management gibt es keinen perfekten Start, doch im weiteren Verlauf lässt sich die Produktion sehr wohl einem Idealzustand annähern.

Das Motto lautet daher: Anfangen! Legen Sie in ein oder zwei Teamsitzungen die Bufferzeit fest und starten Sie die neue Produktionsweise. Spätestens nach einigen Wochen zeigt sich dann, wie das System arbeitet – und es besteht die Möglichkeit, den Prozess nachzujustieren. Die Einführung des Constraint-Managements ist keine Punktlandung, sondern ein Annäherungsprozess.

Kontrollstationen einbauen

Wenn der Engpass den Takt angibt, wenn das Material dementsprechend korrekt eingespeist wird und zudem die Bufferzeiten ausreichend dimensioniert sind, entsteht ein gleichmäßiger Produktionsfluss. Die Aufträge werden exakt nach Plan produziert und termingerecht fertiggestellt. Soweit die Theorie.

In der Praxis sind die Produktionsstrukturen manchmal jedoch so komplex, dass trotzdem Unregelmäßigkeiten auftreten – etwa dann, wenn bei einer Montage mehrere Materialflüsse zusammentreffen. In solchen Fällen kann es sinnvoll sein, an kritischen Stellen der Produktionskette den einen oder anderen Kontrollpunkt einzurichten. So lässt sich prüfen, ob die Materialflüsse sich nach Plan bewegen, und es besteht die Möglichkeit, gegebenenfalls korrigierend einzugreifen.

Ein solcher Kontrollpunkt erhält einen eigenen Plan, der sich aus dem Engpassfertigungsplan ableitet. Wie beim Materialfreigabeplan handelt es sich auch hier lediglich um einen zeitlich verschobenen Plan – eine Art Fahrplan, der die Ankunftszeiten der Teile angibt. Wie schon beim Engpass trifft sich dann auch bei den Kontrollpunkten ein Steuerungsteam zu einer kurzen täglichen Besprechung, um festzustellen, ob die Chargen planmäßig eintreffen. Anhand des »Fahrplans« kann das Team Verspätungen erkennen, bei Bedarf nach den Ursachen forschen und korrigierend eingreifen.

Es bleibt also dabei: Der Engpass gibt den Takt an – er bestimmt Einspeisung und Materialfluss. Die kritischen Operationen sind demgegenüber lediglich Kontrollstationen, über die sichergestellt wird, dass die Materialflüsse die Fertigung planmäßig durchlaufen. Diese »Secondary Drums« oder »Drums der zweiten Ebene«, wie wir die Kontrollstationen in den USA nannten, haben somit keinerlei Steuerungsfunktion. Wie alle anderen Operationen ordnen sie sich dem Takt des Engpasses unter.

Ein Buffer für jede Kontrollstation

Hat sich das Unternehmen dafür entschieden, im Fertigungsprozess eine oder mehrere solcher Kontrollstationen einzurichten, muss es nun auch das Buffermanagement erweitern und zwischen den Stationen jeweils einen Buffer definieren. Der Buffer bezeichnet also den Zeitraum, den das Material zum Durchlauf zwischen zwei kritischen Operationen üblicherweise benötigt. Das Buffermanagement sorgt jetzt also nicht nur dafür, dass der Engpass niemals stillsteht, sondern schützt auch die anderen kritischen Operationen vor Materialunterdeckungen.

In Analogie zum Fahrplan entsprechen die Buffer den Fahrzeiten: Um die Ankunftszeiten der Chargen an den Kontrollstationen benennen zu können, muss das Projektteam die Fahrzeiten zwischen den Stationen festsetzen – und zwar so, dass es möglichst nicht zu Verspätungen kommt. Die Fahrzeiten berücksichtigen deshalb nicht nur die Bearbeitungs-, Liege- und Transportzeiten, sondern enthalten auch einen angemessenen Sicherheitszuschlag.

Ein Buffer lässt sich somit als Soll-Durchlaufzeit zwischen zwei als kritisch deklarierten Operationen definieren. Die im System hinterlegten Soll-Werte ermöglichen einen regelmäßigen Soll-Ist-Abgleich zwischen geplanter und tatsächlicher Durchlaufzeit. Wenn der Buffer ausreichend dimensioniert ist, kann das Kontrollteam bei Abweichungen noch rechtzeitig eingreifen, um eine Versorgungsstörung der kritischen Operation zu vermeiden.

Strategisch klug platziert

Bleibt die Frage, wo genau eine solche Kontrollstation platziert werden sollte. Ganz einfach: Sie sollte strategisch klug platziert sein, um die wirklich kritischen Stellen in der Produktionskette abzusichern. Was das jedoch im Einzelfall heißt, hängt von der konkreten Produktionsstruktur ab. Im Constraint-Management wird hier zwischen drei unterschiedlichen Fertigungsstrukturen unterschieden – zwischen V-, A- und T-Materialflüssen.

V-Produktion

Bei der V-Produktion führen wenige Eingangsmaterialien zu einer hohen Variantenzahl. Die Menge der Endartikel ist groß, verglichen mit der

Menge der eingehenden Materialien. So stellte zum Beispiel das in Kapitel 1 genannte feinkeramische Werk aus wenigen Rohstoffen rund 6.000 verschiedene Artikel her. Das dominante Kennzeichen von V-Werken ist die Existenz von Divergenzpunkten, an denen sich der Materialfluss in mehrere Richtungen verzweigt – das heißt, ein Produkt wird in einer solchen Operation in mehrere verschiedene Produkte umgewandelt. Der Produktfluss ähnelt dadurch dem Buchstaben V, daher der Name V-Produktion.

Ein schönes Beispiel für Divergenzpunkte findet sich in der Stahlindustrie, wo Stahlplatten gerollt, gehärtet und nach unterschiedlichen Spezifikationen geschnitten werden. Um die Platten für den Rollprozess weich zu machen, werden sie zunächst ausgeglüht. Beim Rollprozess selbst kann ein Stück Stahl dann in unterschiedlichen Stärken hergestellt werden – was den Rollvorgang zu einem Divergenzpunkt im Produktflussdiagramm macht. Nach dem Rollvorgang folgt eine Hitzebehandlung, mit der das Material auf unterschiedliche Weise gehärtet wird. Auch hier liegt ein Divergenzpunkt. Schließlich wird der Stahl beim Schlitzvorgang in die gewünschten Breiten oder Streifen geschnitten – wiederum ein Divergenzpunkt.

Wie das Beispiel zeigt, kann die Menge der verschiedenen Produkte, die im Verlauf des Prozesses an den Divergenzpunkten entstehen, sehr groß sein. Dementsprechend groß ist die Gefahr, dass es zu Falschverteilungen von Material kommt.

A-Produktion

Im Gegensatz zur V-Produktion fließen bei einer A-Produktion viele Materialströme zusammen und münden am Ende in einem Produkt – zum Beispiel einem Flugzeug. Der Produktfluss ähnelt einem auf den Kopf gestellten V, daher der Name A-Produktion.

A-Produktionen werden dominiert von Operationen, bei denen zwei oder mehr Materialströme zusammenfließen: Verschiedene Komponententeile werden zu einem Produktteil zusammenmontiert – daher werden diese Operationen auch Montagepunkte genannt. Um etwa ein Flugzeug zu bauen, werden viele der verschiedenen Komponenten zuerst in Submontagen miteinander verbunden. In einer Montage werden zwei oder mehr Teile kombiniert, um ein neues Teil zu schaffen. Nach nur wenigen Montagevorgängen nimmt im Materialfluss die Anzahl der verschiedenen Produkte also dramatisch ab.

T-Produktion

Bei der T-Produktion findet in der Endmontage eine wahre Variantenexplosion statt. Der Materialfluss ähnelt hier dem Buchstaben T: Ein Strang führt hinauf bis zur Endmontage – und geht dann in die Breite. In T-Produktionen wird eine relativ kleine Anzahl an Komponenten kombiniert, um eine große Anzahl an verschiedenen Fertigprodukten herzustellen. T-Produktionen finden sich in Unternehmen, die aus einer Reihe von Komponenten Produktfamilien mit vielen Varianten herstellen oder im Extremfall auch nahezu identische Produkte in vielen Verpackungsvarianten anbieten.

T-Produktionen gibt es typischerweise in auftrags- und montageorientierten Umgebungen. Im Regelfall muss das Unternehmen kurze Kundenlieferzeiten erfüllen, hat aber relativ lange Beschaffungs- und Verarbeitungszeiten der Komponenten. Das Hauptproblem von T-Produktionen liegt in der Fehlverteilung der gemeinsam benötigten Komponenten im Bereich der Endmontage.

Secondary Drums

Wie lassen sich im Constraint-Management diese unterschiedlichen Strukturen in den Griff bekommen? Die Experten der Theory of Constraints haben sich mit diesem Thema in zahlreichen, teilweise komplizierten Ausarbeitungen ausgiebig befasst. Die zentrale Erkenntnis bleibt immer dieselbe: Es kommt darauf an, die »Secondary Drums« an den strategisch richtigen Punkten zu setzen. Im Falle einer T-Produktion ist das offensichtlich. Der kritische Punkt liegt hier bei der Endmontage. Bei einer A- und V-Produktion stellt sich die Situation deutlich schwieriger dar – und es gibt Produktionsexperten, die hierzu ganze Bücher publiziert haben.

In der Praxis fehlt die Zeit für theoretische Auseinandersetzungen. Meistens zeigt sich relativ schnell, dass die Materialeinspeisung und die Endmontage neuralgische Punkte sind. Bei der Materialeinspeisung ist das der Fall, wenn Zulieferer erfahrungsgemäß immer wieder unpünktlich liefern und ein rechtzeitiges Nachfassen erforderlich erscheint. Die Endmontage kann ein kritischer Punkt sein, wenn mehrere Materialströme aus unterschiedlichen Richtungen zusammenfließen. Denn das Endprodukt lässt sich nur montieren, wenn alle halbfertigen Teile vorhanden sind. Eine Kontrolle an dieser Stelle kann dafür sorgen, dass die Teile zum richtigen Zeitpunkt eintreffen.

Bei den 18 Werken in den USA stuften wir die Endmontage durchweg als kritische Operation ein. Hier liefen die verschiedenen Baugruppen aus den Vorfertigungen sowie diverse Zukaufteile zusammen. Sie alle mussten pünktlich eintreffen, um planmäßig mit der Montage einer bestimmten Charge beginnen zu können. Wir setzten hier sogar zwei Kontrollpunkte: Zum einen banden wir die erste Operation der Endmontage in die Planungsprozedur des Constraint-Managements ein. Zudem deklarierten wir in den meisten Werken auch noch die letzte Operation der Endmontage, nämlich die Fertigmeldung des Endprodukts, als kritische Operation. Auf diese Weise sicherten wir den Kundenliefertermin ab.

Beispiele wie diese zeigen, dass eine komplexe Fertigung zwei oder mehr Kontrollpunkte haben kann. Im Falle des mittelständischen Maschinenbauers, dessen Fertigung vergleichsweise einfach strukturiert war, kamen wir hingegen ohne jede Kontrollstation aus.

Generell lässt sich sagen: Ein gut eingeführtes Constraint-Management kommt mit wenigen oder sogar ganz ohne Kontrollstationen aus. Die Anzahl der Secondary Drums innerhalb eines Unternehmens lässt sich als Indikator interpretieren, der anzeigt, wie gut die Produktionsverantwortlichen das Constraint-Management beherrschen. Ein störungsfreier, auf die Kapazität des Engpasses abgestimmter Materialfluss, dessen einzige kritische Operation der Engpass selbst ist, stellt somit den höchsten Ausführungsgrad des Constraint-Managements dar. Dagegen hat ein Unternehmen, das sehr viele Kontrollstationen hat und diese durch Buffer absichern muss, noch einen langen Weg vor sich. Die Potenziale des Constraint-Managements sind dann noch längst nicht ausgeschöpft.

IT-Unterstützung

Herkömmliche Fertigungsplanungen stützen sich vorwiegend auf Absatzvorhersagen, nach denen dann produziert wird. Anschließend ist es Aufgabe des Vertriebs, die produzierten Mengen in den Markt zu drücken. Die traditionelle »Schubmethode« macht jedoch immer weniger Sinn, denn in Zeiten dynamischer Märkte werden Vorhersagen zusehends unsicherer. Aus dem Bedarf des vergangenen Jahres lässt sich kaum noch auf das schließen, was im nächsten Jahr geschehen wird. Weitaus effektiver ist es daher in vielen Fällen, die Produktion am wirklichen Kundenbedarf, das heißt am konkreten Auftragseingang, zu orientieren.

Da diese Erkenntnis allmählich an Boden gewinnt, bietet die Informationstechnologie zunehmend auch Lösungen an, die eine Abkehr von der Schubmentalität ermöglichen. Dieser Trend kommt dem Constraint-Management entgegen, zählt es doch zu dessen Grundprinzipien, die Produktion direkt mit dem Auftragseingang zu verknüpfen. Die Anforderungen an eine Software, die das Constraint-Management unterstützt, lassen sich wie folgt zusammenfassen:

- Eine Kundenanfrage geht beim Unternehmen ein und wird sofort mit dem »Füllstand« des Engpasses abgeglichen: Passt der Auftrag noch hinein?
- Wenn ja, kann die Ausführung des Auftrags sofort starten und es steht fest, dass er die Produktion in einer festen Zeit (zum Beispiel in 15 Tagen) durchlaufen hat. Der Kunde erhält umgehend die Nachricht: »Wir können in 15 Tagen liefern.« Zugleich belegt das Programm die entsprechende Kapazität im Engpass.
- Wenn die Kapazität des Engpasses für den Auftrag im Augenblick nicht ausreicht, ermittelt das Programm, um wie viele Perioden der Auftrag nach hinten verschoben werden muss. Das Programm reserviert die Kapazität und informiert den Kunden über den Liefertermin.
- Das Programm erstellt regelmäßig den aktuellen Fertigungsplan für den Engpass, den es (mit den entsprechend versetzten Zeiten) an die Materialfreigabe übermittelt.

Die gegenwärtigen Programme zur Ressourcenplanung, die sogenannten ERP-Systeme, erfüllen diese Anforderungen noch nicht. Sie gehen im Kern auf die MRP-Konzepte der Siebzigerjahre des vergangenen Jahrhunderts zurück und sind nach wie vor der klassischen Produktionsweise verhaftet. MRP steht für »Material Requirement Planning« – und genau darin liegt auch die zentrale Funktion: die Materialbedarfsplanung auf der Basis von Absatzprognosen. Es besteht jedoch die Möglichkeit, auf das ERP-System eine Constraint-Management-Software draufzusatteln.

Steuerung über Excel-Tabelle

Constraint-Management erfordert kein aufwendiges Softwareprojekt – ganz im Gegenteil. Wic zu Beginn des Kapitels ausgeführt, reduziert das Constraint-Management den Steuerungsaufwand in der Produktion drastisch, weil alle Operationen sich nur noch nach einem einzigen Plan, dem Engpassplan, richten. Dementsprechend vereinfachen sich auch die Anforderungen an die Softwareunterstützung.

In den USA hatten wir bei unseren Projekten diesen Vereinfachungseffekt noch unterschätzt und deshalb entschieden, gleich zu Beginn eine spezielle Software einzusetzen. Wir glaubten damals, unsere Fertigungen seien zu komplex, um das Constraint-Management ohne ein solches Programm etablieren zu können. Die Folge davon war, dass die IT-

Einführung mehr und mehr die Projektarbeit dominierte. Es traten die üblichen Tücken und Hürden eines Softwareprojekts auf, die das eigentliche Thema, die Implementierung des Constraint-Managements, in den Hintergrund drängten. Das war schade und dem Projektfortschritt sehr abträglich.

Seit dieser Erfahrung rate ich davon ab, die Einführung des Constraint-Managements durch eine gleichzeitige Softwareeinführung zu belasten. Zunächst genügt es, mit einer einfachen Tabellenkalkulation wie Excel zu arbeiten. Später, wenn das System stabil läuft, ist es dann immer noch möglich, das Constraint-Management durch ein eigenes Subprogramm an das vorhandene ERP-System anzubinden. Heute bin ich überzeugt, dass man selbst die komplexen Fertigungen der US-Werke mit einer Excel-Liste hätte steuern können.

Im Falle der mittelständischen Maschinenfabrik war aufgrund des immensen Zeitdrucks ohnehin nicht an eine langwierige Softwareeinführung zu denken. Die Situation, die ich dort vorfand, dürfte für viele mittelständische Hersteller typisch sein: Das Unternehmen arbeitete mit der Unternehmenssoftware SAP. Als ich jedoch die Produktionsplanung sehen wollte, führte der Produktionsleiter mir seine Excel-Tabellen vor. Es handelte sich um ein Subsystem, das er sich selbst aufgebaut hatte. Eigentlich sollte er ja mit SAP planen, räumte der Produktionsleiter ein. Doch in seinen Augen versagte dieses übergeordnete System bei der Produktionssteuerung.

Damit lag es nahe, die bisherigen Excel-Tabellen einfach durch eine neue Excel-Planung zu ersetzen. Die erforderlichen Informationen aus den Arbeitsplänen und anderen Dokumenten entnahmen wir aus dem SAP-System, wie es der Produktionsleiter bisher auch gemacht hatte. Der Unterschied war nur, dass wir jetzt lediglich die Daten für die Engpassoperation benötigten. Abbildung 7.2 zeigt, wie ein solcher Constraint-Plan mithilfe einer einfachen Tabellenkalkulation erstellt werden kann.

Integration von Constraint-Management ins IT-System

Auch wenn eine Excel-Tabelle meistens völlig ausreicht, kann es natürlich trotzdem sinnvoll sein, die Produktionssteuerung in die vorhandene Unternehmenssoftware einzubinden. Das lässt sich jedoch in Ruhe nachholen, sobald sich die neue Produktionsweise eingespielt hat – also zum Beispiel nach einem Jahr. Insofern bleibt die Softwareintegration dann doch ein wichtiges Thema des Constraint-Managements.

Drum-Produktionsprogramm am 12.01.2011									
Anzahl Schichten = 3 / Start Programm = 06.00 Uhr									
Buffer = 6 Arbeitstage									
Lfd. Nr.	Teilenr. fertige	Fertigungs- los	Bedarfs- menge - netto	Rüst- familie	Plan- rüstzeit	Soll- Startzeit	Fertigmeld- ung i.O.Teile	Nach- arbeit	Aus- schuss
1.	461125	70	65	46	10	6.00	66	3	1
2.	461321	110	100	46	10	7:20	104	4	2
3.	460975	120	110	46	10	9:10	109	6	5
6.	340890	85	80	34	5	11:15	80	3	2
7.	340896	160	150	34	5	12:30	152	5	3
8.	340893	170	160	34	5	15:00	158	7	5
4.	381576	100	95	38	15	17:50	95	2	3
5.	381476	130	125	38	15	20:20	125	1	4
9.	270680	60	55	27	10	0:50	54	2	4
10.	271250	45	40	27	10	2:30	41	2	2
11.	271460	85	80	27	10	3:00	80	2	3

Abbildung 7.2: Beispiel Constraint-Plan

Wie bereits erwähnt, konzentrieren sich die gängigen MRP-Systeme auf die Materialnachschubversorgung, während Planung und Steuerung der Kapazitäten eine untergeordnete Rolle spielen. Die unzureichende Kapazitätseinsatzplanung führt in der Praxis immer wieder zu unangemessen hohen Materialbeständen entlang der gesamten Lieferkette – mit allen daraus resultierenden negativen Folgeerscheinungen. Hierzu zählen zum Beispiel ungenaue Materialbestellungen, die häufig über den tatsächlichen Bedarf weit hinausgehen.

Demgegenüber benötigt das Constraint-Management eine Software, die den Fokus auf die Engpassoperation richtet und zunächst die real verfügbaren Kapazitäten der einzelnen Fertigungsressourcen und deren Einsatz erfasst. Erst wenn die Kapazitätsplanung erfolgt ist, darf hierauf abgestimmt die Materialbedarfsplanung erfolgen, die – wie schon gesagt – die Domäne der traditionellen MRP-Systeme ist.

Bei unseren Projekten in den USA setzten wir eine Constraint-Management-Software ein, die genau diese Anforderungen erfüllte. Sie fokussierte sich zuerst auf die Kapazitäten und deren Nutzung, besonders die der Engpassoperation. Hieraus ergab sich ein tatsächlich ausführbarer Fertigungsplan, auf dessen Grundlage das Programm die Materialbedarfsplanung durchführte und abschließend das gesamte Planungsergebnis an das übergeordnete MRP- beziehungsweise ERP-System transferierte.

Dieser Transfer ist erforderlich, um aus dem übergeordneten System anschließend unter anderem die Aufträge an die Lieferanten oder die Versandaufträge zu generieren. Damit ist klar, dass die Constraint-Management-Software das übergeordnete ERP-System nicht ersetzen kann. Ihre Aufgabe beschränkt sich auf die Kapazitätsplanung und die darauf abgestimmte Materialbedarfsplanung. Um diese durchführen zu können, entnimmt sie dem ERP-System die dazu erforderlichen Informationen aus den Stücklisten, Arbeitsplänen und der Materialbestandsverwaltung. Das folgende Schaubild (Abbildung 7.3) verdeutlicht diese Zusammenhänge.

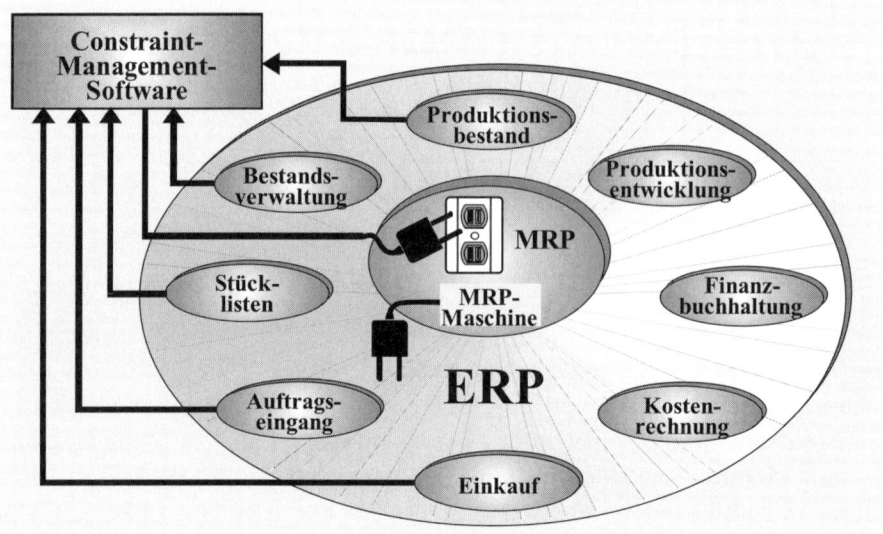

Abbildung 7.3: Integration der Constraint-Management-Software in das übergreifende ERP-System

ERP steht für »Enterprise Resource Planning«. In unserem Fall handelte es sich um ein Oracle-System, ebenso hätte es auch eine SAP-Software sein können. Wie die Abbildung zeigt, schalteten wir die MRP-Funktion aus. Bei der MRP-Software, dem »Material Requirement Planning«, handelt es sich um den Kern des ERP-Systems – und eben dieser steht im Widerspruch zum Constraint-Management: Der sogenannte MRP-Lauf hat das Ziel, alle Ressourcen möglichst voll auszulasten. Doch genau das soll ja in Zukunft, wenn sich die Produktion am Engpass ausrichtet, nicht mehr geschehen.

Wir zogen also quasi den Stecker aus der MRP-Maschine und schlossen stattdessen die Constraint-Management-Software an das ERP-System an. Das Gesamtsystem ERP mit zentralen Funktionen wie Einkauf, Finanzbuchhaltung, Kostenrechnung und Produktentwicklung lief also unverändert weiter. Lediglich dessen Kern, die MRP-Maschine, wurde ausgeschaltet und durch die Constraint-Management-Software ersetzt.

Wie gestalteten sich nun die Abläufe, als wir die neue Constraint-Management-Software einsetzten? Das System stellte jeden einzelnen Kundenauftrag als einen »Baustein« dar, der ein Kapazitätsbelastungsdiagramm für die Engpassoperation enthielt. Darin fanden sich alle relevanten Informationen wie Arbeitszeiten, Rüstungsdauer oder die zugesagten Auslieferungstermine. Anhand der vorhandenen Aufträge errechnete das System die Belastung der Engpassoperation, die dann meistens entweder eine Über- oder Unterauslastung anzeigte – das heißt, dieser erste Vorschlag des Systems lag entweder über oder unter den Möglichkeiten des Engpasses. Nur sehr selten brachte der erste vom System generierte Vorschlag genau die Auslastung des Engpasses, die wir erreichen wollten, nämlich zirka 95 Prozent. Um ungeplante Anlagenstillstände zu kompensieren, peilten wir keine hundertprozentige Auslastung an. So wollten wir sicherstellen, die zugesagten Kundenauslieferungstermine in jedem Fall einhalten zu können.

Doch wie gesagt: Nur selten brachte der erste Vorschlag die erhoffte Belastung der Engpassoperation von 95 Prozent. Wenn die errechnete Auslastung darunter lag, weil die Kundenaufträge mehr nicht hergaben, war dies in Ordnung – denn eines der Prinzipien der Theory of Constraints ist ja, nur so viel zu produzieren, wie der Markt tatsächlich abnimmt. In der Regel errechnete das System jedoch eine Überlastung der Engpassoperation.

Nun musste der Vorschlag manuell korrigiert werden. Der Fertigungssteuerer tat dies, indem er mit den Bausteinen des Systems, also den Kundenaufträgen, »spielte«. Eine Möglichkeit bestand darin, die Aufträge zeitlich nach hinten zu verschieben, ohne dabei jedoch die Kundenliefertermine zu gefährden. Eine andere Möglichkeit lag darin, Bausteine mit gleichem Anlagenrüstumfang zusammenzuführen, um auf diese Weise Zeit zu gewinnen. Eine dritte Möglichkeit war, Sonderschichten für die Engpassoperation einzuplanen.

So schob der Fertigungssteuerer die Bausteine hin und her, bis ihm das Kapazitätsbelastungsdiagramm den bestmöglichen Kompromiss anzeigte. Manchmal war es dann unvermeidlich, einen bereits zugesagten Auslieferungstermin zu verschieben. In diesem Fall wurde der Kunde umgehend darüber informiert. Erst jetzt erfolgte die Freigabe des Fertigungsprogramms.

Zusammenfassung

Der Ermittlung der Engpassoperation folgte nun der zweite große Umsetzungsschritt: die Ausrichtung der gesamten Produktion am Engpass. Der Materialfluss wird mit den Möglichkeiten des Engpasses synchronisiert, indem immer nur so viel Material in die Fertigungskette gegeben wird, wie die Engpassoperation gerade verarbeitet hat. Der Engpass ist einerseits an den Auftragsbestand gekoppelt, andererseits bestimmt er die Materialeinspeisung.

Ein entscheidendes Anliegen des Constraint-Managements liegt darin, dass die Engpassoperation stets ungestört läuft. Hierzu dimensionieren die Produktionsverantwortlichen die Durchlaufzeit von der Materialeinspeisung bis zum Engpass (den sogenannten Buffer) so großzügig, dass verspätete Materiallieferungen, Maschinenausfälle oder andere Störungen abgefangen werden.

Wie schon bei der Ermittlung des Engpasses sind spätere Korrekturen möglich: Ein zu hoch dimensionierter Buffer lässt sich im Nachhinein ohne Probleme zurückfahren. Constraint-Management, so zeigt die Praxis, benötigt keinen perfekten Start. Mit Inkrafttreten der neuen Produktionsweise beginnt vielmehr ein Annäherungsprozess an eine ideale Produktion.

8 Expansion: Den Engpass erweitern oder beseitigen

Die Theory of Constraints hat ein Idealbild. Es lässt sich als Verbesserungsprozess beschreiben, der sich das Ziel setzt, möglichst viel Geld zu verdienen, und das Unternehmen auf einen stabilen Wachstumspfad führt. Dieser Verbesserungsprozess funktioniert wie folgt:

• Das Unternehmen organisiert seine Produktion nach den Prinzipien des Constraint-Managements und ordnet alle Operationen dem Engpass unter. Hieraus resultieren erhebliche Verbesserungen, die sich vor allem in einem verbesserten Lieferservice ausdrücken. Dies wiederum führt zu einem Anstieg der Nachfrage.
• Der steigenden Nachfrage passt sich das Unternehmen an, indem es den Durchsatz an der Engpassoperation durch Optimierungsmaßnahmen und gegebenenfalls durch eine Kapazitätserweiterung erhöht.
• Die Kapazitätserweiterung des Engpasses führt dazu, dass ein anderer Arbeitsgang in der Produktion zum Engpass wird.
• Das Spiel beginnt von Neuem: Jetzt richtet sich die Produktion am neuen Engpass aus, der ebenfalls optimiert und erweitert wird – so lange, bis an einer anderen Stelle der Prozesskette wieder ein neuer Engpass auftritt, der nunmehr dem Verbesserungsprozess unterworfen wird.

Dieser Prozess schafft nicht nur effiziente Strukturen, sondern ermöglicht es dem Unternehmen auch, sich durch kürzere Lieferzeiten, höhere Flexibilität und bessere Qualität vom Wettbewerb abzuheben. Das Unternehmen erlangt den Ruf, auch anspruchsvolle Aufträge zuverlässig, schnell und pünktlich auszuführen. Hieraus resultiert ein Wettbewerbsvorteil, der für die notwendige Nachfrage sorgt, um die Engpassoperation voll auszulasten und den Expansionskurs fortzusetzen – so jedenfalls die Idealvorstellung der Theory of Constraints.

Die größte Gefahr sieht Eliyahu M. Goldratt, Begründer der Theory of Constraints, in der menschlichen Trägheit der Mitarbeiter, die es versäumen könnten, den permanenten Erneuerungsprozess mit ausreichender Energie voranzutreiben. Der Mensch dürfe nicht zum Engpass werden, warnt er deshalb. Notwendig sei vielmehr ein hellwaches Team, das nach den Regeln des Constraint-Managements agiert und rechtzeitig erkennt, wenn im Verlauf des Expansionsprozesses ein neuer Engpass den bisherigen ablöst.

Das Idealbild spiegelt sich auch in den fünf Umsetzungsschritten der Theory of Constraints wider (siehe Kapitel 4). Nachdem im ersten Schritt der Engpass identifiziert wurde und im zweiten Schritt alle Operationen dem Engpass untergeordnet wurden, folgt nun die Installation des Verbesserungsprozesses, bestehend aus:

- Schritt 3: Den Engpass in seiner jetzigen Form höchstmöglich ausnutzen.
- Schritt 4: Die Kapazität des Engpasses erhöhen.
- Schritt 5: Den Menschen nicht zum Engpass werden lassen.

Die Realität sieht freilich weit nüchterner aus als die Idealvorstellung der Theory of Constraints. Vor allem die Prämisse, dass die Nachfrage stets die Kapazitäten des Engpasses übersteigt, ist – zumal in gesättigten Märkten – sehr optimistisch. Es ist keineswegs garantiert, dass die Einführung des Constraint-Managements und die damit verbundenen Verbesserungen tatsächlich so viel zusätzliche Nachfrage erzeugen, dass der bestehende Engpass sie nicht mehr bewältigen kann. Oft machten wir die gegenteilige Erfahrung: Nachdem wir mit der Einführung des Constraint-Managements den Materialfluss von allem überflüssigen Ballast befreit hatten, reichte die vorhandene Kapazität bei Weitem aus, um die vorliegenden Aufträge zu bearbeiten.

Bevor ein Unternehmen daher die Kapazität des Engpasses erhöht, sollte es einen Blick auf den augenblicklichen und langfristig zu erwartenden Auftragsbestand werfen. Liegt er unter der Leistung des Engpasses, sind weder Optimierungsmaßnahmen noch gar Erweiterungen erforderlich. Jede Investition in eine Kapazitätserhöhung wäre Geldverschwendung.

Bleibt also die Feststellung: Das in diesem Kapitel vorgestellte Idealbild setzt voraus, dass die Nachfrage dauerhaft die Kapazität des Engpasses übersteigt. Nur wenn das der Fall ist, wenn das Unternehmen also schon längere Zeit nach den Vorgaben des Constraint-Managements agiert und dennoch mit permanenten Lieferrückständen kämpft, ist es sinnvoll, die im Folgenden beschriebenen Schritte zu gehen: den Engpass bestmöglich ausnutzen und gegebenenfalls auch dessen Kapazität zu erhöhen.

Den Engpass höchstmöglich ausnutzen

Angenommen, das Constraint-Management hat sich eingespielt. Die Engpassoperation produziert nach Plan, der interne Materialfluss ist ihr untergeordnet und die Auftragslage lässt eine noch höhere Produktion zu. Dann ist es an der Zeit, die Möglichkeiten des Engpasses besser auszunutzen – sprich: dessen Leistungsfähigkeit mit möglichst einfachen Mitteln zu verbessern.

Im Grunde greift das Unternehmen nun auf das bekannte Repertoire an Strategien, Instrumenten und Maßnahmen zurück, die für eine Optimierung der Produktion zur Verfügung stehen. Man verbessert die Abläufe, minimiert Stillstände oder optimiert die Rüstvorgänge. Es kommt zum Einsatz, was oft aus vergangenen Projekten bereits vertraut ist – jedoch mit einem entscheidenden Unterschied: Alles Bemühen konzentriert sich jetzt allein auf die Engpassoperation. Alle Kräfte werden an der Stelle gebündelt, an der sich tatsächlich ein Effekt für den Geschäftserfolg erzielen lässt, denn nur Verbesserungen im Engpass erhöhen den Durchsatz und damit – da ja die Nachfrage vorhanden ist – auch den Umsatz. Der Engpass ist der entscheidende Hebel, den es zu optimieren gilt.

In der Praxis gibt es eine ganze Reihe von Möglichkeiten, an diesem Hebel anzusetzen und die Leistungen des Engpasses zu verbessern. Sie lassen sich in fünf Punkten zusammenfassen:

- *Störungen vermeiden.* Ein erstes Maßnahmenbündel hat das Ziel, Stillstände in der Engpassoperation aufgrund von Störungen zu vermeiden. Hierzu zählt zum Beispiel die vorbeugende Instandhaltung an den Maschinen und Anlagen der Engpassoperation, um das Risiko von Ausfällen so weit wie möglich zu begrenzen. Weitere Maßnahmen können darauf ausgerichtet sein, Anlagenstillstände aufgrund von Materialmangel auszuschließen.
- *Pausen überbrücken.* Der Einsatz von Springern und ein auf die Engpassoperation bezogenes Arbeitsschichtmodell können dafür sorgen, dass die Anlagen auch während der Pausenzeiten weiter produzieren. Ziel ist, die Maschinen der Engpassoperation von den Arbeitszeiten des Personals zu entkoppeln und 24 Stunden am Tag zu nutzen. Der Effekt ist in der Regel beachtlich: Die durchschnittliche reine Arbeitszeit pro Tag in einer ausgelasteten Fabrik im Dreischichtbetrieb liegt heute bei 21 bis 22 Stunden. Eine Erhöhung auf 24 Stunden entspricht fast einer halben zusätzlichen Schicht, die bislang nicht genutzt wurde. Ein enormes Potenzial zur Durchsatzsteigerung.

- *Ausschuss aussortieren.* Im Engpass dürfen keine mangelhaften Teile verarbeitet werden. Jedes fehlerhafte Teil, das die Engpassoperation durchläuft, beansprucht dessen Kapazität, kann später jedoch nicht in den Verkauf gehen – und verringert somit den Durchsatz. Entscheidend sind daher Vorkehrungen, um Ausschussteile bereits vor dem Engpass abzufangen und auszusortieren.
- *Fertigung auslagern.* Eine weitere Möglichkeit, den Engpass zu entlasten, besteht darin, einen Teil der Fertigung an einen Subunternehmer auszulagern. Auch sollte geprüft werden, ob sich bestimmte Arbeitsinhalte der Engpassoperation möglicherweise intern, also an eine Nicht-Engpassoperation des eigenen Unternehmens verlagern lassen.
- *Rüstfamilien bilden.* Weniger Rüstzeiten erhöhen den Durchsatz. Strategien, um die Rüstzeiten zu verringern, sind daher eine weitere Option, den Engpass besser auszunutzen. So konnten wir in den Lkw-Zulieferwerken in den USA durch die Bildung von Rüstfamilien die Rüstzeiten deutlich reduzieren. Im Kern geht es darum, die Chargen im Produktionsplan so zu kombinieren, dass in der Engpassoperation möglichst oft verwandte Teile aufeinander folgen, die wegen der Ähnlichkeit des vorher bearbeiteten Teils nur eine geringe Rüstzeit benötigen. Im Unterschied dazu ist der Rüstumfang vergleichweise hoch, wenn die aufeinander folgenden Lose sehr unterschiedlich sind.

Die Kapazität des Engpasses erhöhen

Wenn die Optimierungsmaßnahmen nicht ausreichen und die Auftragslage weiterhin einen höheren Durchsatz erfordert, wenn also der Marktbedarf dauerhaft nicht gedeckt werden kann, sollte das Unternehmen die nächste Expansionsstufe prüfen: eine Erhöhung der Kapazität des Engpasses. Während die bisherigen Maßnahmen darauf ausgerichtet waren, das vorhandene Personal und die bestehenden Anlagen in der Engpassoperation bestmöglich auszunutzen, stehen nun echte Investitionen an. Jetzt besteht das Ziel darin, zum Beispiel durch die Anschaffung einer neuen Maschine die Kapazität des Engpasses zu erweitern.

Für einen Unternehmer ist diese Situation im Grunde nichts Neues, steht er doch vor einer klassischen Investitionsentscheidung. Er muss abschätzen, wie sich die Marktlage in den kommenden Jahren entwickelt, und baut hierauf seine Investitionsrechnung auf. Wenn sich die Investition voraussichtlich rechnet, wird er sie tätigen und die Kapazität des Engpasses erweitern. Andernfalls verzichtet er darauf. Stattdessen kann er dann zum Beispiel die Dienste eines Subunternehmens in Anspruch nehmen und so zusätzliche Fixkosten vermeiden.

Im Vergleich zu Investitionen in der Vor-Constraint-Zeit besteht jedoch ein großer Vorteil: Der Unternehmer muss zwar entscheiden, *ob* er investiert – die Frage jedoch, *wo* er investiert, hat ihm das Constraint-Management abgenommen. Nur eine Erweiterung der Engpassoperation erhöht den Durchsatz und damit den Umsatz. Damit steht fest: Wenn investieren, dann nur hier!

In einer Nicht-Constraint-Produktion fehlt diese Klarheit. Wenn sich hier die Aufträge stauen und die Liefertermine permanent verzögern, ist den Verantwortlichen zwar klar, dass sie investieren sollten. Es besteht jedoch die Gefahr, dass diese Investition dann in eine Nicht-Engpassoperation erfolgt und damit wirkungslos verpufft.

Wie leicht es zu solchen Fehlentscheidungen kommt, erlebte ich bei einem mittelständischen Heizungshersteller. Im Zuge eines Constraint-Management-Projekts hatten wir die Endmontage als Engpass identifiziert. Als wir das Ergebnis präsentierten, wandte der Geschäftsführer sich ebenso verwundert wie entsetzt an seinen Produktionsleiter: »Haben Sie nicht gerade eine Maschine in diesem Bereich abgebaut?« In der Tat: Der Produktionsleiter hatte wenige Monate zuvor ausgerechnet eine Maschine der Engpassoperation stilllegen lassen und verkauft. Der Fall zeigt, wie selbst erfahrene Produktionsleute bei Kapazitätsentscheidungen danebenliegen können, wenn sie den tatsächlichen Engpass nicht kennen.

Das Ende des bisherigen Engpasses

Nun geschieht etwas Bemerkenswertes, was das Constraint-Management weiterhin auf Trab hält: Der Engpass verschwindet und wird durch einen neuen ersetzt. Die Konsequenzen sind weitreichend, denn die gesamte Produktion muss sich jetzt am neuen Engpass ausrichten. Ein neuer Constraint-Management-Zyklus beginnt – denn auch dieser neue Engpass wird irgendwann wieder abgelöst.

Wie kommt es zum Ende des bisherigen Engpasses? Ob nun die Engpassoperation besser ausgenutzt oder erweitert wird, beides erhöht den Durchsatz. Im gleichen Maße werden auch die anderen Operationen der Fertigungskette zusätzlich in Anspruch genommen, denn sie müssen nun entsprechend mehr Aufträge verarbeiten. Die Folge ist, dass die dort vorhandenen überschüssigen Kapazitäten sinken. Zwangsläufig stößt irgendwann eine dieser Operationen an ihre Kapazitätsgrenze und wird damit zum Engpass der gesamten Prozesskette.

Das Produktionsteam sollte die Augen offenhalten, um den Engpasswechsel möglichst schnell zu erkennen. Ein starkes Indiz hierfür ist, wenn sich vor einem bislang unauffälligen Arbeitsgang plötzlich das Material staut. Sobald der neue Engpass identifiziert ist, erstellt der Fertigungssteuerer für diese Operation einen Fertigungsplan und richtet die Materialeinspeisung daran aus. Die Produktion hat einen neuen Leuchtturm.

Unternehmen auf Expansionspfad

Ein Leuchtturm ist nicht für die Ewigkeit gebaut – zumindest in der Idealvorstellung der Theory of Constraints. Denn wie gesagt: Diese geht von einem permanenten Verbesserungsprozess aus, bei dem sich alle Maßnahmen auf den jeweiligen Engpass konzentrieren, dessen Kapazität dadurch wächst und der deshalb nach einer gewissen Zeit durch einen neuen »Leuchtturm« abgelöst wird.

Damit verbunden ist ein zweifacher Effekt: Zum einen verbessert das Unternehmen Schritt für Schritt die Abläufe in der Produktion, indem es die jeweilige Engpassoperation, auf die es im Augenblick ankommt, optimiert. Zum anderen greifen die Vorteile des Constraint-Managements, zu denen niedrige Bestände, zügige Durchläufe und pünktliche Auslieferungen zählen. Mit jedem neuen Engpasszyklus steigt also die Effizienz der Produktion ebenso wie die Kapazität. Das Unternehmen bewegt sich auf einem Expansionspfad.

Damit dieser Prozess dauerhaft funktioniert, so fordert die Theory of Constraints im fünften Umsetzungsschritt, gilt es zu verhindern, »dass die Mitarbeiter zum Engpass werden«. Am meisten sei der Entwicklungsprozess durch die generelle Tendenz des Menschen gefährdet, Komfortzonen zu wahren und in eine gewisse Trägheit zu verfallen. Daran ist sicher richtig, dass Constraint-Management letztlich einen Kulturwandel erfordert, den alle Beteiligten vollziehen müssen. Dies erfordert viel Kommunikation, intensive Schulungen, aber auch die richtigen Anreize (siehe Kapitel 12) und vor allem einen langen Atem.

Um es noch einmal zu betonen: Prämisse für den geschilderten Verbesserungs- und Expansionsprozess ist eine steigende Nachfrage, die sicherstellt, dass der Engpass die beschränkende Operation bleibt. Liegt die Nachfrage unter der Kapazität des Engpasses, sind Maßnahmen zur Kapazitätserweiterung sinnlos. Möglicherweise ist der Leuchtturm dann doch für die Ewigkeit gebaut.

Zusammenfassung

Nachdem der Engpass das Kommando in der Produktion übernommen hat, folgt nun die weitere Ausgestaltung des Constraint-Managements. Zum einen besteht die Möglichkeit, den Engpass in seiner jetzigen Form besser auszunutzen, etwa durch längere Maschinenlaufzeiten oder vorbeugende Instandhaltungsmaßnahmen. Zum anderen lässt sich der Durchsatz erhöhen, indem in neue Maschinen und Anlagen investiert und so die Kapazität des Engpasses erweitert wird.

Früher oder später führen diese Maßnahmen dazu, dass ein anderer Arbeitsgang in der Produktion zum Engpass wird. Nun beginnt ein neuer Constraint-Zyklus: Die Produktion richtet sich am neuen Engpass aus, der ebenfalls optimiert und erweitert wird – so lange, bis wieder eine andere Stelle der Prozesskette zum Engpass wird. Es entsteht ein Verbesserungs- und Expansionsprozess, der das Idealbild der Theory of Constraints widerspiegelt.

Die Realität sieht jedoch meistens wesentlich nüchterner aus: Oft reicht die vorhandene Kapazität des Engpasses problemlos aus, um die Nachfrage zu befriedigen.

9 Buffermanagement: Den Wettbewerb abhängen

Bestände überall. Wenn ich eine traditionell geführte Produktion besuche, bietet sich immer wieder das gleiche Bild. Halbfertige Teile stapeln sich, Material in jeder Ecke. Manchmal ist es schier unmöglich, dazwischen noch den Weg zu den einzelnen Arbeitsplätzen zu finden. Da Bestände nicht nur Platz benötigen, sondern auch Liquidität binden und den Durchsatz behindern, stehen sie im Visier von Geschäftsleitung und Controlling. Der Tenor ist eindeutig: Bestände werden gehasst, man möchte sie am liebsten ausrotten.

Als Verfechter der Theory of Constraints sehe ich das etwas differenzierter. Um den Materialdurchfluss abzusichern, ist ein gewisses Maß an Beständen notwendig. Das gilt zumindest so lange, wie die Kapazitäten in der Fertigungskette nicht harmonisiert sind – was sie nach meiner Überzeugung auch nie sein werden (siehe Kapitel 2, Abschnitt »Der Fluch der Harmonisierung«). Ein Minimum an Beständen ist meistens allein schon erforderlich, um unterschiedliche Kapazitäten der Lieferanten oder der Lkws auf dem Transport abzufedern. Bestände sind also grundsätzlich nichts Schlechtes. Das Problem ist nur: Die meisten Firmen haben zu viel davon. Das macht sie träge und verlängert die Lieferzeiten. Denn je mehr Material in einer Produktion lagert, desto mehr Zeit braucht erfahrungsgemäß ein Los, um seinen Weg durch das Bestandsmeer zu finden.

Hieraus lässt sich folgern: Ein effektives Bestandsmanagement muss die Bestände zwar radikal reduzieren, darf aber nicht übers Ziel hinausschießen. Die Grenze, bis zu der die Bestände ungestraft sinken können, ist in der traditionellen Produktion jedoch nur schwer erkennbar. Es besteht die Gefahr, das Bestandsniveau so weit abzusenken, dass Bereiche der Fertigungskette unterversorgt sind und der Produktionsfluss abreißt – mit negativen Auswirkungen für Termine und Lieferservice.

Wie dieses Kapitel zeigen wird, bietet das Constraint-Management demgegenüber eine Möglichkeit, die Spielräume für Bestandssenkungen voll auszureizen, ohne dabei die Liefertermine zu gefährden. Damit stehen die Chancen hervorragend, den Wettbewerb in Sachen Schnelligkeit und Servicegrad klar zu übertreffen.

Die Krönung des Constraint-Managements

Bereits mit der Einführung des Constraint-Managements verschwindet ein großer Teil der überflüssigen Bestände aus der Fertigungskette. Wie in Kapitel 7 ausgeführt, lässt man vor Inkrafttreten des Drum-Buffer-Rope-Prinzips die Produktion in der Regel leerlaufen: Das Projektteam stoppt die Materialeinspeisung und wartet ab, bis die Bestände weitgehend aufgebraucht sind. Erst dann setzt das Constraint-Management den neuen Fertigungsplan auf und startet mit der Materialeinspeisung im Rhythmus des Engpasses. Von nun an folgt die Materialfreigabe exakt dem Plan der Engpassoperation; es wird nur noch die Menge in das System eingegeben, die tatsächlich verarbeitet wird.

Das Bild hat sich gewandelt: Wer eine nach dem Drum-Buffer-Rope-Prinzip geführte Produktion betritt, muss sich keinen Weg mehr durch chaotisch durcheinanderliegende Bestände bahnen. Lediglich vor dem Engpass und gegebenenfalls vor den »Secondary Drums«, den zuvor definierten kritischen Operationen, stapeln sich gewisse Materialbestände. Vor allen anderen Arbeitsgängen stehen nur die Teile des Loses, das gerade abgearbeitet wird.

Das ist bereits ein enormer Fortschritt, keine Frage. Das Optimum ist damit jedoch noch längst nicht erreicht. Wie geschildert wurden die Bufferzeiten bei der Einführung des Constraint-Managements relativ großzügig festgelegt, um Störungen in der Fertigungskette auszuschließen und die Versorgung des Engpasses zu garantieren (siehe Kapitel 7). Somit bestehen durchaus noch Spielräume, um den Buffer – also die Durchlaufzeit von der Materialfreigabe bis zum Eintreffen vor der Engpassoperation – und damit die Bestände weiter zu reduzieren.

Hier setzt nun das im Folgenden beschriebene Buffermanagement an. Das Verfahren erlaubt, Bestände und Lieferzeiten auf ein Minimum zu verkürzen, ohne die sichere Versorgung des Engpasses zu gefährden. Die Methode findet sich in keiner Beschreibung der Theory of Constraints, sondern hat sich im Zuge der praktischen Umsetzung in unseren Werken in den USA herausgebildet. Wir standen damals unter dem Druck, die Lieferzeiten drastisch zu verkürzen. Wie geschildert (siehe Kapitel 5), hatten wir unser Projekt »Mt. Fomthaca« getauft, was unsere Vision ausdrückte: »Make the Flow of Material through HVS a competitive Advantage«, wobei HVS »Heavy Vehicle Systems« bedeutete, sich also auf die Lkw-Division des Unternehmens bezog.

Unser ehrgeiziges Ziel war also, den Wettbewerb durch kürzere Lieferzeiten zu schlagen. Der Lkw-Markt in den USA hatte damals insgesamt noch recht lange Lieferzeiten, wobei unsere Werke mit drei bis vier

Monaten der Konkurrenz um etwa drei bis vier Wochen hinterherhinkten. Da wir wussten, dass die Abnehmer großen Wert auf kurze Lieferzeiten legten, stand dieser Aspekt bei der Gestaltung der Materialflüsse im Vordergrund. Eine Halbierung der Lieferzeit, so stellten wir fest, würde den gewünschten Vorsprung bringen.

So lässt sich erklären, warum wir unser Augenmerk ganz besonders darauf richteten, den Durchsatz zu beschleunigen. Dabei stießen wir zwangsläufig auf den Stellhebel »Buffer«. Wir entdeckten nach und nach die Möglichkeiten des Buffermanagements, das sich als erstaunlich mächtiges und effektives Werkzeug herausstellte. Es erlaubte uns, die Lieferzeiten *bis an die Grenze des Möglichen* zu senken – und erwies sich damit als das ultimative Tool, um den Wettbewerb abzuhängen. Zu Recht kann man das Buffermanagement als die Krönung des Constraint-Managements bezeichnen.

Am Buffer drehen: Constraint-Management für Fortgeschrittene

Im Constraint-Management spielt der Buffer eine zentrale Rolle. Wie ausgeführt ist der Buffer die Zeit, die ein Teil für den Durchlauf von der Einspeisung bis zum Engpass benötigt. Aufgabe des Buffers ist in erster Linie, die Materialversorgung des Engpasses sicherzustellen. Er hat dafür zu sorgen, dass die Engpassoperation immer arbeiten kann – denn davon hängt der Durchsatz durch die gesamte Fertigungskette ab. Den Buffer hat das Projektteam bei der Einführung des Constraint-Managements abgeschätzt und relativ großzügig festgelegt – etwa nach dem Motto: »Lasst uns fünf statt vier Tage sagen, um sicher zu sein, dass der Engpass immer versorgt ist.« Diese erste Stufe des Buffermanagements ist in Kapitel 7 dargestellt.

Ein ganz anderes Ziel verfolgt nun die zweite Stufe. Buffermanagement wird jetzt als Instrument genutzt, um Störungen im Materialfluss systematisch zu erkennen und zu beseitigen. Diese zweite Aufgabe könnte man auch als Constraint-Management für Fortgeschrittene bezeichnen – setzt sie doch voraus, dass sich das Drum-Buffer-Rope-Prinzip eingespielt hat und die täglichen Besprechungen am Engpass tatsächlich stattfinden. Erst dann sollte das Produktionsteam anfangen, bewusst am Buffer zu drehen, um die Bestände zu senken und den Verbesserungsprozess einzuleiten.

Buffermanagement hat also zwei Funktionen. Einmal hat es die Aufgabe, die Funktionsfähigkeit der Engpassoperation abzusichern, zum anderen kann es dafür genutzt werden, die Gesamtorganisation der Fertigungskette kontinuierlich zu verbessern. Um diese zweite Funktion geht es, wenn in diesem Kapitel von »Buffermanagement« die Rede ist.

Ausgangspunkt: Die tägliche Engpassbesprechung

Ausgangspunkt des Buffermanagements ist die tägliche Besprechung an der Engpassoperation. Auch wenn sie in der Regel nur wenige Minuten dauert, kommt ihr große Bedeutung zu – denn nur so ist es möglich, den Prozess zeitnah zu steuern. Wichtig ist auch, dass das Treffen nicht in einem Besprechungsraum abgehalten wird, sondern tatsächlich am Ort des Geschehens, also am Engpass stattfindet. So können die Teilnehmer jeden Morgen in Augenschein nehmen, ob das Material nach Plan angekommen ist.

Wird bei einer solchen Besprechung festgestellt, dass eine Charge nicht oder unvollständig eingetroffen ist, hat das Produktionsteam die Aufgabe, nach der Ursache zu suchen und die Störung abzustellen. Dann stellt sich zum Beispiel heraus, dass ein Lieferant zu spät geliefert hat, eine Maschine ausgefallen ist oder ein Qualitätsproblem aufgetreten ist.

Seine besondere Bewandtnis hat es, wenn über längere Zeit keine Störungen auftreten. Meist lässt sich das nämlich als Hinweis darauf interpretieren, dass der Buffer zu komfortabel bemessen ist. Anstatt die Hände in den Schoß zu legen und die reibungslosen Abläufe der Produktion dankbar zu genießen, hat das Produktionsteam nun die Aufgabe, den Buffer behutsam zu reduzieren, zum Beispiel von fünf auf vier Tage. Dahinter steht folgender Gedanke: »Wir strapazieren das System ganz bewusst und so lange, bis wieder erste Störungen auftauchen.« Taucht dann eine Störung auf, kann das Produktionsteam nun deren Ursachen aufspüren und beseitigen. Sobald die Produktion wieder störungsfrei läuft, kürzt das Team den Buffer erneut – das Buffermanagement geht in eine neue Runde.

Das Spiel lässt sich so lange weitertreiben, bis die Bestände das absolut notwendige Minimum erreicht haben. Sofern das Team täglich seine Besprechung am Engpass abhält, kann es den kritischen Punkt daran erkennen, dass einzelne Teile ohne ersichtlichen Grund später als im Plan vorgesehen beim Engpass eintreffen. Wenn sich trotz sorgfältiger Recherche keine Störungen in der Fertigungskette ausmachen lassen, ist das ein klares Indiz dafür, dass die letzte Buffersenkung zu weit gegangen ist. Das Produktionsteam gibt dem System dann wieder etwas Buffer zu, verändert ihn also zum Beispiel um einen halben Tag. Daraufhin läuft die Produktion wieder nach Plan, während zugleich die Gewissheit besteht, dass die Bestände sich nun nahe am Optimum bewegen.

Die täglichen Bufferbesprechungen am Engpass bleiben weiterhin notwendig. Buffermanagement ist ein kontinuierlicher Prozess, der von nun an das Ziel hat, das System im Optimum zu halten. Jederzeit können wieder Störungen auftauchen, zum Beispiel weil eine Maschine alt wird oder ein unzuverlässiger Lieferant hinzukommt. Möglicherweise muss das Produktionsteam den Buffer dann zunächst wieder ein wenig erhöhen. In jedem Fall sorgt es dafür, die Störung schnellstmöglich zu beseitigen.

Das Bestandsniveau behutsam absenken

Der grundlegende Zusammenhang, der hinter dem Buffermanagement steht, lässt sich wie folgt zusammenfassen: Bei eingespieltem Constraint-Management, wenn insbesondere der Plan zur Materialeinspeisung exakt eingehalten wird, bestimmt die Dimensionierung des Buffers den Materialbestand innerhalb der Produktion. Wird der Buffer sehr lang gewählt, ist der Bestand an Halbfabrikaten in der Produktion entsprechend hoch – wird er dagegen sehr kurz dimensioniert, ist der Bestand entsprechend niedrig.

Die praktische Relevanz dieses Zusammenhangs erkannten die Produktionsverantwortlichen in den US-Werken ziemlich schnell. Nachdem sie gelernt hatten, die Drum-Buffer-Rope-Methode einigermaßen sicher zu handhaben, entdeckten sie den besonderen Charme des Buffermanagements: Sie fingen an, das Bestandsniveau innerhalb der Produktion über die Dimensionierung des Buffers gezielt zu regulieren. Einige konnten der Versuchung nicht widerstehen, die Grenzen des Systems auszuloten, indem sie schrittweise die Bufferzeiten immer weiter reduzierten. Hierbei machten sie eine bemerkenswerte Erfahrung: Jedes Mal, wenn sie einen Schritt zu weit gegangen waren und den Bogen überspannt hatten, kamen die Warnhinweise immer noch rechtzeitig, um die zuletzt vorgenommene Bufferreduzierung wieder zurückzunehmen. In keinem Fall waren durch dieses Experimentieren am Buffer die Kundenliefertermine ernsthaft gefährdet.

Damit gewannen wir eine grundlegende Erkenntnis: Es ist offensichtlich ohne Risiko möglich, solche »Grenzerfahrungen« zu machen und die Produktionskette auf diese Weise systematisch zu testen. So entstand die Idee, durch Absenken des Buffers bewusst Störungen zu provozieren und diese dann gezielt zu beseitigen. Von da war es nur noch ein kleiner Schritt, das Buffermanagement zu einem Werkzeug auszugestalten, mit dem sich systematisch die Bestände senken und der Materialdurchfluss verbessern lassen.

Um den Mitarbeitern das Prinzip zu erläutern, nutzten wir gerne die folgende Darstellung (Abbildung 9.1), die so oder ähnlich schon seit vielen Jahren verwendet wird, deren Ursprung aber nicht in den Erkenntnissen des Constraint-Managements liegt. Sie vermittelt die Botschaft, dass ein ausreichendes Bestandsniveau vorhandene Probleme in der Fertigungskette überdeckt und eine störungsfreie Produktion sicherstellt – so wie bei einem Fluss eine ausreichende Wasserhöhe vor den Untiefen schützt. Senkt man das Bestandsniveau jedoch ab, tauchen die vorhandenen Probleme auf und stören den gleichmäßigen Materialfluss.

Situation A
Das Bestandsniveau überdeckt die Probleme und ermöglicht eine reibungslose Produktion.

Situation B
Das Bestandsniveau ist abgesenkt, die Probleme kommen zum Vorschein.

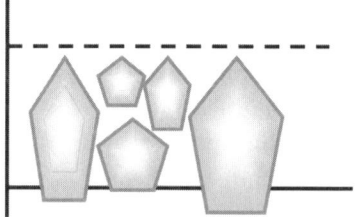 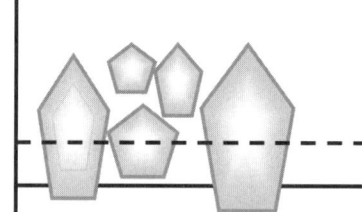

 Bestandsniveau

Probleme

Abbildung 9.1: Eine Absenkung des Bestandsniveaus fördert die Probleme einer Produktion zutage

Das Buffermanagement stellt eine Methode dar, um das Bestandsniveau abzusenken und die bislang überdeckten Probleme zutage zu fördern. Man kann diese Probleme nun entweder eliminieren oder – wenn das zu aufwendig erscheint – durch Anheben des Buffers wieder verschwinden lassen. Auch hier passt das Bild des Flusses: Indem man den Wasserspiegel absenkt, tauchen die Unebenheiten des Flussbettes aus dem Wasser. Damit der Fluss wieder ungestört fließt, kann man entweder diese Unebenheiten abtragen oder den Pegel anheben.

Durch Absenken des Bestandsniveaus werden also Probleme transparent, die bisher verborgen blieben. Man könnte auch sagen: Zu hohe Bestände verdecken Organisationsdefizite wie zum Beispiel störanfällige Prozesse, unabgestimmte Kapazitäten, fehlende Flexibilität, hohe Ausschüsse oder mangelnde Liefertreue. Das Buffermanagement hat nun die Aufgabe, das Bestandsniveau behutsam abzusenken, bis die ersten Störungen auftreten. An die Oberfläche kommen zuerst die gravierenden Probleme, die den Materialdurchfluss besonders stark beeinträchtigen.

Genau hier liegt der große Vorteil der Methode: Das Buffermanagement ermöglicht, die wirklich relevanten Probleme zu identifizieren. Demgegenüber befasst sich das klassische Verbesserungswesen mit jedem Problem, das ein Mitarbeiter irgendwo in der Fertigungskette aufspürt.

Störungen beseitigen: Buffermanagement in der Praxis

Ich möchte Sie einladen, die Welt des Buffermanagements näher kennenzulernen – so wie wir sie in unseren Werken in den USA gelebt haben. Fünf Beispiele illustrieren, wie der Verbesserungsprozess im Alltag funktioniert. Zugleich vermitteln sie einen Eindruck davon, welches große Verbesserungspotenzial sich mit dieser Methode erschließen lässt. Der besondere Charme liegt hierbei, wie schon erwähnt, in der automatischen Priorisierung der Maßnahmen: Bei der täglichen Bufferbesprechung kommen ganz von allein die Störungen auf die Tagesordnung, die den Durchfluss in der konkreten Situation behindern und deshalb tatsächlich relevant sind.

Beispiel 1: Während der täglichen Bufferbesprechungen fällt uns auf, dass häufig mehr Teile von einem Los vor dem Engpass eintreffen, als es laut Fertigungsplan sein sollte.

- Da alle Teilnehmer der Besprechung, vom Produktionsleiter bis zum Vorarbeiter, im Constraint-Management geschult sind, ist man sich einig: Dieser Zustand ist unhaltbar, denn die zu viel gefertigten Teile haben negative Folgen für den gesamten Materialfluss. Vor allem wird die Kapazität der Engpassoperation missbraucht, weil mehr Teile produziert werden, als für die Auslieferung notwendig sind. Das führt zu erhöhten Beständen mit allen daraus entstehenden negativen Folgen. Wir beschließen deshalb, dem Phänomen auf den Grund zu gehen und das Problem ein für allemal abzustellen.
- Wie die Nachforschungen ergeben, ist die Materialeinspeisung durch den Wareneingang in die Produktion der Übeltäter. Dort herrscht ein

großes Durcheinander, weil zu viele Mitarbeiter damit befasst sind, die Produktion mit Zukaufteilen zu versorgen. Der Einfachheit halber geben die Mitarbeiter des Wareneingangs immer den vollständigen Inhalt einer Verpackungseinheit in die Produktion, anstatt sich an die vorgesehene Menge des Einspeiseplans zu halten. Dazu müssten sie die jeweilige Verpackung öffnen, die tatsächlich benötigte Menge abzählen, diese dann in einen passenden internen Transportbehälter setzen und so in die Produktion geben.

- Dieser Mehraufwand, so behaupten die Mitarbeiter, sei nicht mehr leistbar, dafür sei die Überlastung zu groß. Außerdem habe man es ja schon immer so gemacht und bislang habe sich keiner daran gestört. Wie diese Äußerungen zeigen, haben einige Mitarbeiter des Wareneingangs die Schulung im Constraint-Management offenbar nicht durchlaufen oder deren Botschaften nicht verstanden.

- Als Sofortmaßnahme setzen wir im Wareneingang zwei weitere Mitarbeiter ein. Weiterhin initiieren wir das Projekt »Reorganisation des Wareneingangs«, um einerseits stabile, anforderungsgerechte Abläufe zu generieren, andererseits aber auch mindestens die zwei zusätzlichen Mitarbeiter wieder einzusparen. Darüber hinaus bieten wir eine Constraint-Schulung an, die speziell auf die Belange des Wareneingangs abgestimmt ist.

Beispiel 2: Während der täglichen Bufferbesprechungen ist aufgefallen, dass immer eine ganz bestimmte Art von Materiallosen zu spät vor dem Engpass erscheint.

- Wieder ist sofort klar: Wir müssen diese Erscheinung näher untersuchen, um das verspätete Eintreffen der Materiallose abzustellen.

- Die Nachforschungen führen uns diesmal zum Teilprozess 3 der dem Engpass vorgelagerten Prozesskette. An dieser Stelle wird eine Unterbaugruppe verbaut, die ein Subunternehmer fertigt. Der Fertigungsschritt ist ausgelagert, weil das zur Fertigung notwenige Equipment im Unternehmen nicht vorhanden ist. Wie sich herausstellt, fehlt jetzt genau diese Unterbaugruppe zur Weiterbearbeitung. Weitere Recherchen ergeben, dass die Abrufe an den Subunternehmer korrekt sind, sowohl was die Mengen als auch was die Liefertermine betrifft. Doch die Lieferungen sind nicht eingetroffen.

- Um die Ursache zu klären, suchen wir den Subunternehmer vor Ort auf. Bei der Besichtigung der Produktion stellen wir fest, dass genau der Bereich, der unsere Unterbaugruppen fertigt, heillos überlastet ist. Überall stehen halbfertige Teile herum – und in einer Ecke entdecken wir auch unsere sehnlichst erwarteten Teile. Wie der Geschäftsführer in einem anschließenden Gespräch zugibt, hat das Unternehmen seine Kapazitäten falsch eingeschätzt und in den zurückliegenden Wochen zu viele neue Aufträge angenommen. Daraufhin habe man die vorhandenen Kapazitäten nach eigenem Ermessen den verschiedenen Kunden zugeteilt.

- Der Geschäftsführer des Subunternehmens zeigt sich erstaunt darüber, dass wir es neuerdings mit unseren Abrufen so genau nehmen, das sei doch bislang nicht der Fall gewesen. Wir nutzen diese Bemerkung, um ihn eingehender über unser neues Produktionssystem zu informieren. Er zeigt sich beeindruckt und signalisiert Interesse an unseren Erfahrungen: Möglicherweise könnte das Constraint-Management auch etwas für seine eigene Fabrik sein? Auf jeden Fall kann er nun nachvollziehen, dass wir Lieferunregelmäßigkeiten künftig nicht mehr akzeptieren können.

Beispiel 3: An der täglichen Bufferbesprechung nimmt ausnahmsweise auch der Vertriebsleiter teil. Er berichtet von einem Kunden, der sich bei ihm über Lieferverzögerungen beschwert hat.

- Diese Information erstaunt uns doch sehr, denn wir halten unsere Constraint-Pläne seit einiger Zeit exakt ein. Demnach dürfte es eigentlich nicht zu Lieferverzögerungen kommen.
- Eine Recherche im Vertrieb bringt uns auf die richtige Spur: Wir stoßen auf einen Kunden, der verschiedene Produkte von uns bezieht und die Angewohnheit hat, seine Abrufe relativ kurzfristig telefonisch zu ändern. Die einen Produkte möchte er früher geliefert haben, während er dafür andere zurückstellt. Der für diesen Kunden verantwortliche Mitarbeiter des Vertriebs akzeptiert diese kurzfristigen Änderungswünsche auch heute noch, lange nach unserer Umstellung auf das Constraint-Management.
- Der Vertriebsmitarbeiter, mit dem Fall konfrontiert, zeigt sich irritiert: Diese Schnellschüsse seien doch früher möglich gewesen, warum heute nicht mehr? Sollte nicht mit den neuen Abläufen alles noch besser und flexibler werden? Mit diesem Einwand hat er ja eigentlich recht. Wir hatten in der Vor-Constraint-Ära eine ausgeprägte Kompetenz im Troubleshooting. Unsere früheren Terminjäger schafften es meistens, ein brandeiliges Fertigungslos innerhalb kürzester Zeit durch die Produktion zu drücken. Aber zu welchem Preis: Alle anderen Aufträge litten unter diesen Schnellschüssen, viele gerieten deswegen in Lieferrückstand.

- Das Gespräch mit dem Vertriebsmitarbeiter bringt schließlich ein Versäumnis zutage, das auf die Einführung des Constraint-Managements zurückgeht. Damals gab es zwar auch Schulungen für den Vertrieb, doch ein wichtiger Aspekt im Zusammenhang mit dem Buffer wurde nicht klar genug vermittelt: Eine Änderung der abzuarbeitenden Auftragsreihenfolge ist nicht mehr möglich, sobald sich ein Auftrag innerhalb des Buffers befindet, also die Materialfreigabe für diesen Auftrag bereits erfolgt ist. Die Phase wird im Constraint-Management als Frozen-Zone bezeichnet, in der keine Terminverschiebungen mehr möglich sind. Diese im Grunde marginale Einschränkung der Flexibilität muss der Vertrieb kennen, um mit sehr kurzfristigen Änderungswünschen der Kunden richtig umgehen zu können.
- Als Maßnahme führen wir eine weitere, relativ kurze Schulung für den Vertrieb durch, die diesen Aspekt besonders hervorhebt.

Beispiel 4: Während der täglichen Bufferbesprechungen stellen wir fest, dass seit Kurzem eine ganz bestimmte Baugruppe nicht mehr vor dem Engpass auftaucht, obwohl sie im Fertigungs- und Materialfreigabeplan aufgeführt ist.

- Der Fall beunruhigt uns, denn aufgrund der fehlenden Baugruppe droht eine Störung der Engpassproduktion – mit allen Konsequenzen für den Durchsatz und die daran hängenden Ausliefertermine.
- Die Nachforschungen ergeben sehr schnell, dass ein bestimmtes Teil, das zur Montage der Baugruppe notwendig ist, vom Wareneingang nicht in die Produktion gegeben werden kann – einfach deshalb, weil dieses Teil im Zukaufteilelager gar nicht vorhanden ist. Also wenden wir uns an die Materialdisposition und erfahren dort vom Disponenten, dass er dieses Teil gar nicht kennt und deshalb auch nicht bestellt hat.
- Der sehr erfahrene Disponent ahnt jedoch sofort, wo das Problem liegen könnte. Er ruft in der Produktentwicklung an und erfährt, dass besagtes Teil geändert worden ist, deswegen eine neue Teilenummer bekommen hat und dieses nun zu verbauen sei. Die Überprüfung der Dispositionsstückliste ergibt, dass diese aus irgendwelchen Gründen nicht angepasst worden ist. Die Produktion kannte aber diese Teileänderung und verbaute korrekterweise nicht mehr die alten Teile, die ihr vom Wareneingang geliefert wurden. Anzukreiden ist den Produktionsmitarbeitern dieses entsprechenden Teilprozesses aber, dass sie ihren verantwortlichen Meister darüber nicht informiert haben.

- Nun, da wir die Ursache kennen, liegt die Abstellmaßnahme auf der Hand: In den Ablauf der Produktentwicklung wird eine kurze Checkliste integriert, die sicherstellt, dass künftig alle relevanten Abteilungen Kenntnis von Veränderungen in der Produktentwicklung erhalten.

Beispiel 5: Bei den täglichen Bufferbesprechungen stellen wir fest, dass es immer wieder zu Unterbrechungen in der Versorgung der Engpassoperation kommt, obwohl im vorgelagerten Materialfluss keine außergewöhnlichen Störungen erkennbar sind.

- Als mittlerweile versierte Buffermanager ahnen wir, wie sich dieses Phänomen erklären lässt. Eine nochmalige Analyse der vorgelagerten Operationen bestätigt unseren Verdacht: Der Buffer ist zu kurz. Vor einer Woche haben wir die Bufferzeit um volle drei Tage reduziert, was offenbar zu viel war. Die Gegenmaßnahme ist ganz einfach: Wir entscheiden, den Buffer wieder um einen Tag zu verlängern. Das Problem ist gelöst, die Versorgung des Engpasses funktioniert wieder.

Die geschilderten Beispiele machen deutlich, dass sich die Störungen an einigen wenigen Symptomen erkennen lassen – nämlich der Art und Weise, wie das Material beim Engpass eintrifft. Es kann in einer zu kleinen oder zu großen Menge oder es kann zu früh, zu spät oder gar nicht ankommen. Aufgabe des Produktionsteams ist dann, jeweils die Ursache aufzuspüren und zu beseitigen.

Mit der Beseitigung der Störungen entstehen Spielräume, um den Buffer zu senken. So wirkt sich der Verbesserungsprozess unmittelbar auf die Gewinn- und Wettbewerbssituation des Unternehmens aus:

- Mit der Reduzierung des Buffers sinkt das Bestandsniveau innerhalb der Produktion.
- Die Gewinnsituation verbessert sich, weil nicht mehr so viel Kapital durch Material gebunden ist.
- Mit der Reduzierung der Bestände verkürzt sich die Materialdurchlaufzeit und damit auch die Lieferzeit an den Kunden – wodurch sich die Wettbewerbsposition des Unternehmens verbessert.
- Zugleich sorgt das Buffermanagement dafür, dass die Planvorgaben eingehalten werden. Maßstab ist hier, dass die Vorgaben des Fertigungsprogramms ebenso zu 100 Prozent erfüllt sind wie die Vorgaben des daraus abgeleiteten Materialfreigabeplans.

Auf den Punkt: Das neue Verbesserungswesen

Der mit dem Buffermanagement beschriebene kontinuierliche Verbesserungsprozess (KVP) hat nichts zu tun mit dem in Kapitel 8 geschilderten Prozess, der auf eine Optimierung der Engpassoperation abzielt. Im Constraint-Management kommen also zwei Verbesserungsprozesse zum Tragen, die ich zur Unterscheidung Buffer-KVP und Engpass-KVP nennen möchte.

Um den Unterschied noch einmal klar herauszustellen: Beim Engpass-KVP besteht das vorrangige Ziel darin, den Durchsatz des Engpasses mithilfe von Optimierungs- und Erweiterungsmaßnahmen zu erhöhen und auf diese Weise den Umsatz zu steigern. Dies setzt allerdings voraus, dass die Nachfrage die Möglichkeiten des Engpasses übersteigt. Von der Nachfrageentwicklung unabhängig ist dagegen der Buffer-KVP. Hier zielen die Verbesserungsmaßnahmen darauf ab, die Bestände zu reduzieren und die Durchlaufzeiten zu verkürzen. Der Buffer-KVP lässt sich deshalb völlig unabhängig von der Auslastung der Engpassoperation betreiben.

Beiden Verbesserungsprozessen ist gemeinsam, dass sie die Maßnahmen auf den jeweils wirkungsvollsten Punkt lenken. Im einen Fall sorgt der Verbesserungsprozess dafür, dass sich die Mittel auf die Engpassoperation konzentrieren, anstatt Zeit und Geld an einer anderen Stelle der Fertigungskette zu verschwenden. Im anderen Fall deckt das Buffermanagement genau die Störungen auf, die für den Materialdurchlauf kritisch werden können – das heißt, es setzt klare Prioritäten, um die einzelnen Verbesserungspotenziale gezielt abzuarbeiten. Schritt für Schritt werden die Ursachen der Probleme beseitigt, und zwar in einer Reihenfolge, die nach der jeweiligen Höhe des Einflusses auf das System geordnet ist.

Das Verbesserungswesen im Constraint-Management bündelt also alle Aktivitäten auf die Punkte hin, die für den Unternehmenserfolg entscheidend sind. Zum Zuge kommen nur Maßnahmen und Projekte, die entweder den Durchsatz erhöhen oder unmittelbar den internen Materialfluss verbessern. Hier liegt der große Unterschied zum traditionellen Verbesserungsprozess, der sich auf ein breit angelegtes Vorschlagswesen der Mitarbeiter stützt. Dessen großes Problem liegt darin, dass man unspezifisch an allen Ecken und Enden des Fertigungsprozesses nach Verbesserungsmöglichkeiten sucht und diese dann auch umsetzt. Zwangsläufig finden sich darunter dann auch Maßnahmen, die zum Gewinn des Unternehmens nichts beitragen. So ist jedes Projekt, das die Kapazität einer Nicht-Engpassoperation verbessert, in aller Regel hinausgeworfenes Geld.

Auch in den 18 Werken des US-Zulieferunternehmens gab es bereits lange vor Einführung des Constraint-Managements ein betriebsinternes Verbesserungsvorschlagswesen. Dahinter stand die Idee, das Wissen und die Kreativität der Mitarbeiter zu nutzen, um die Abläufe im Umfeld ihrer Arbeitsplätze kontinuierlich zu verbessern. Ohne Zweifel brachte dieses Verfahren auch viele wertvolle Vorschläge. Nur: Keineswegs jeden, der zahlreiche auf die gesamte Produktion verteilten Verbesserungen taugte dazu, einen Beitrag zum Geschäftserfolg des Gesamtunternehmens zu leisten.

Was nutzt zum Beispiel der Verbesserungsvorschlag eines Mitarbeiters, der darauf hinausläuft, durch eine an sich geniale Idee die Kapazität einer Nicht-Engpassoperation um 15 Prozent zu erhöhen? Nach der traditionellen Kostenrechnung mag sich ein solcher Vorschlag gerechnet haben, weil er in der Lage ist, die Produktivität dieser Operation zu verbessern. Aus dem Blickwinkel des Constraint-Managements ergibt sich dagegen eine völlig andere Bewertung. Hier kommt es auf die Leistung der gesamten Produktion an, nicht jedoch darauf, ein Teilsystem zu optimieren.

Das Constraint-Management stellt das traditionelle Verbesserungswesen auf neue Beine. Anders als bisher lassen sich Vorschläge daran bewerten, ob sie den Gewinn oder die Wettbewerbsposition verbessern. Mancher Vorschlag, der in einer produktivitätsorientierten Produktion viel Anerkennung fände, wird deshalb in der Constraint-Welt abgelehnt. Natürlich ist die Gefahr groß, dass solche Zurückweisungen auf Unverständnis stoßen, die Mitarbeiter demotivieren und das betriebliche Vorschlagswesen beeinträchtigen. Wieder wird deutlich: Eine fundierte Schulung ist im Constraint-Management ein eminent wichtiger Punkt. Nur dann können die Mitarbeiter verstehen, dass ihre Ideen weiterhin gefragt und wertgeschätzt sind – sofern diese Vorschläge eben nicht auf eine Kapazitätserhöhung an Nicht-Engpassoperationen hinauslaufen.

Zusammenfassung

Im Constraint-Management hat der Buffer zwei Funktionen. Zunächst dient er als Puffer, um die Materialverfügbarkeit an der Engpassoperation abzusichern. Darüber hinaus kann er genutzt werden, um die Gesamtorganisation der Fertigungskette kontinuierlich zu verbessern. Um diese zweite Funktion ging es in diesem Kapitel.

Das Buffermanagement setzt voraus, dass das Constraint-Management eingeführt ist und sich erfolgreich eingespielt hat. Nun ist es möglich, durch vorsichtiges Absenken des Buffers die Bestände zu reduzieren und auf diese Weise Schwächen im Materialfluss aufzudecken. Das Verfahren erlaubt,

- Störungen im Materialfluss systematisch zu erkennen und zu beseitigen und so neue Spielräume für Bestandssenkungen zu schaffen,
- die Bestände in mehreren Buffer-Absenkungsstufen bis auf das absolut Notwendige zu reduzieren,
- dadurch die Durchlauf- und Lieferzeiten bis an die Grenze des Möglichen zu verkürzen

und so die Gewinn- und Wettbewerbssituation des Unternehmens zu stärken. In der Praxis hat sich das Buffermanagement als mächtiges und effektives Werkzeug herausgestellt, um die Abläufe in der Produktion zu optimieren. Das Verfahren ermöglicht, Bestände und Lieferzeiten auf ein Minimum zu verkürzen, ohne die sichere Versorgung des Engpasses zu gefährden. Zu Recht kann man das Buffermanagement als die Krönung des Constraint-Managements bezeichnen.

Teil 3

Die Absicherung

10 Den Kulturwandel einleiten

Große Veränderungsprojekte scheitern vor allem aus einem Grund: Die Menschen halten am Alten fest oder fallen nach einiger Zeit, wenn der Veränderungsdruck aus der Projektphase nachlässt, in vertraute Verhaltensweisen zurück. Im Falle des Constraint-Managements ist das nicht anders. Verschärfend kommt hier jedoch hinzu, dass alle Beteiligten – Management, Führungskräfte und Mitarbeiter – einige Grundsätze über Bord werfen müssen, von denen sie bislang felsenfest überzeugt waren.

Ein Unternehmen muss Einsparpotenziale nutzen und Produktivitätsreserven mobilisieren – so hat man es gelernt. Einmal erkannte Überkapazitäten gilt es abzubauen, um Ressourcen zu sparen und den Gewinn zu erhöhen. Auch das erscheint selbstverständlich. Ebenso ist es eine eherne Wahrheit, dass die Produktion jede Möglichkeit nutzen muss, um die Produktivität der Maschinen und Anlagen ständig zu verbessern.

Vor diesem Hintergrund müssen die Verfechter des Constraint-Managements schier Unmögliches vermitteln: Vorhandene Leerkapazitäten werden nicht abgebaut, sondern zu bewahrenswerten Schutzkapazitäten erklärt. Die Produktivität, quasi der Lebensinhalt jedes Produktionsleiters, hat als Leitgröße ausgedient. Das zu begreifen und die Menschen dazu zu bewegen, im Alltag den neuen Maximen tatsächlich zu folgen – darin liegt die wohl größte Schwierigkeit für eine erfolgreiche Implementierung des Constraint-Managements.

Es genügt nicht, die neue Produktionsweise konzeptionell auf die Beine zu stellen und in Kraft zu setzen. Um das Erreichte zu sichern, bedarf es eines Kulturwandels auf allen Ebenen – von der Geschäftsführung bis zum Mitarbeiter an der Maschine. Dass sich dieser Wandel nicht von selbst vollzieht, konnten wir in der Praxis regelmäßig beobachten. Typische Verhaltensweisen aus »alten Zeiten« lebten auch nach der Umstellung auf das Constraint-Management weiter. Dabei fielen vor allem drei Muster auf:

- *Verhaltensmuster 1: »Wir bauen Überkapazitäten ab.«* Das Management sieht jede freie Kapazität einer Nicht-Engpassoperation sofort als Möglichkeit, Ressourcen einzusparen.
- *Verhaltensmuster 2: »Wir streben nach höchstmöglicher Produktivität.«* Für die Produktion sind nach wie vor die Produktivitätskennziffern maßgebend.

- *Verhaltensmuster 3: »Wir vermeiden Nichtstun.«* Gearbeitet wird auch, wenn eigentlich keine Arbeit vorhanden ist. Sprich: Die Mitarbeiter in den Nicht-Engpassoperationen arbeiten langsamer, um zeitweises Nichtstun zu vermeiden.

Alle drei Verhaltensmuster widersprechen dem Constraint-Management. Sie sind Relikte aus der Vor-Constraint-Ära, die sich hartnäckig halten und belegen, dass der Kulturwandel noch nicht vollzogen ist. In dieser Situation kommt es darauf an, die Menschen abzuholen und auch mental in die neue Welt zu führen. Um dabei mit den richtigen Maßnahmen anzusetzen, lohnt es sich, zunächst die drei Verhaltensmuster etwas näher zu betrachten.

Verhaltensmuster 1: Überkapazitäten abbauen

Es ist fast schon ein Reflex: Wenn sich eine Einsparmöglichkeit auftut, möchte man sie nutzen. So lässt sich auch erklären, warum die Wahrung der Schutzkapazitäten, wie sie das Constraint-Management fordert, besonders schwerfällt. Bezeichnend sind hier Diskussionen im Führungskreis, bei denen früher oder später einer der Beteiligten sich auf die überschüssigen Kapazitäten der Nicht-Engpassoperationen einschießt. Er wirft das Schaubild mit den unausgeglichenen Kapazitäten an die Wand und führt aus, an welchen Operationen man ein oder zwei Mitarbeiter abbauen oder eine Maschine verkaufen könnte. Er rechnet vor, welche Einsparungen sich so erzielen ließen: »Zwei Mitarbeiter weniger an Operation X, das macht pro Jahr 110.000 Euro.«

Keine Frage, das klingt überzeugend. Für die Beteiligten ist diese Argumentation nicht nur nachvollziehbar, sondern bewegt sich auch in vertrauten Bahnen eines klassischen Organisationsprojekts. Dieses beginnt bekanntlich mit einer Bestandsaufnahme, ermittelt die Optimierungspotenziale und leitet dann Maßnahmen ein, um diese Potenziale zu erschließen. Werden ineffiziente Abläufe oder überschüssige Kapazitäten aufgespürt, gilt es, diese zu beseitigen. Hat die Diskussion erst einmal diesen Punkt erreicht, geraten die Vertreter des Constraint-Managements in die Defensive. Alles dreht sich jetzt um Einsparungen. Nicht mehr von Schutzkapazitäten ist die Rede, sondern von Überkapazitäten, die man abbauen muss.

Damit gerät der Erfolg des Constraint-Managements in Gefahr. Der Abbau von Schutzkapazitäten führt dazu, dass sich die Kapazitäten tendenziell angleichen und das System störanfälliger wird (siehe Kapitel 2). Wer bei einer Nicht-Engpassoperation Maschinen oder Personal abbaut, entnimmt einem robusten Gefüge ein kleines Element und fängt an, dessen Stabilität auszuhöhlen. Je mehr ein Unternehmen auf diese Weise die Kapazitäten angleicht, desto störanfälliger wird das Gesamtsystem, was am Ende zu längeren und unpünktlichen Lieferzeiten führt. Darin liegt der markante Unterschied zur robusten Constraint-Produktion, die über ausreichend Schutzkapazitäten verfügt.

Wie real diese Gefahr ist, zeigte sich in den 18 Werken des US-Zulieferers. Zwar stand der Vorstand des Gesamtunternehmens hinter dem Konzept, zudem hatten wir uns viel Mühe gegeben, die Constraint-Philosophie über Schulungen zu vermitteln. Dennoch reagierten die Divisionsführer und Werkleiter immer wieder gleich: Sobald im Verlauf des Projekts die ungenutzten Kapazitäten der Nicht-Engpassoperationen identifiziert waren, erwachte ihr Wunsch, schnelle Einspareffekte zu erzielen. Unversehens drohte die Umsetzung des Constraint-Managements in ein Reorganisationsprojekt abzugleiten, bei dem es um kurzfristige Kosteneffekte ging.

Typisch waren die Meetings, bei denen nach vielleicht einer Stunde Diskussion ein Teilnehmer auf die Idee verfiel, man könnte doch Kapazitäten abbauen und Mitarbeiter aus der Produktion entlassen. Das widersprach dem Geist des Constraint-Managements – und war für den Projektverantwortlichen das Zeichen, nun energisch in die Diskussion einzugreifen. Nun galt es, die Anwesenden von der Notwendigkeit der Schutzkapazitäten zu überzeugen. Sie mussten verstehen, wie sehr ihre Vorschläge in die Irre führten und am Ende den Erfolg des gesamten Projekts gefährdeten. Es galt zu vermitteln, dass gerade die unausgeglichenen Kapazitäten es ermöglichen, die Produktion einfach und robust zu steuern.

Das Projekt durchläuft in einer solchen Situationen kritische Minuten. Es hat sich hier bewährt, die Diskussion von den kurzfristigen Einspareffekten wegzuführen und das Augenmerk auf die strategischen Vorteile des Constraint-Managements zu lenken. Denn dort liegen die wirklich großen und überzeugenden Wirkungen der Methode. Den anwesenden Führungskräften sollte aufgezeigt werden, dass durch eine Kombination aus hundertprozentigem Servicegrad, niedrigeren Beständen und schnellen Lieferungen echte Wettbewerbsvorteile zu erzielen sind. Constraint-Management eröffnet die Chance, dauerhaft mehr Geld zu verdienen, indem sich das Unternehmen besser am Markt positioniert.

Dem lässt sich natürlich entgegenhalten, dass diese Effekte nicht sofort eintreten. Bis der Markt wahrnimmt, dass das Unternehmen pünktlicher und schneller liefert, dauert es seine Zeit. Der Abbau von Kapazitäten hingegen schlägt sich bereits im nächsten Monat in der Bilanz nieder – eine durchaus verlockende Perspektive.

Es bleibt dabei: Constraint-Management verlangt gerade auf der Führungsebene meistens ein grundsätzliches Umdenken, eben einen Kulturwandel. Das erfordert nicht nur Überzeugungsarbeit, sondern auch eine organisatorische Verankerung des Constraint-Managements im Unternehmen. Hierzu gehören konsistente Zielvereinbarungen (Kapitel 11) ebenso wie die Ausrichtung der Strukturen und Funktionen am Constraint-Management (Kapitel 13). Empfehlenswert ist es, eine zentrale Führungsfigur wie etwa den Logistikleiter zum Experten und zur treibenden Kraft der neuen Methode zu machen.

Verhaltensmuster 2: Produktivität anstreben

Ein Produktionsleiter weiß um seine Rolle. Seine Fertigung steht tagtäglich im Rampenlicht. Sobald etwas Außergewöhnliches geschieht, sei es ein ungeplanter Maschinenausfall, ein Betriebsunfall oder ein Qualitätseinbruch, steht er in der Verantwortung und muss eine Erklärung abgeben. Er lebt in der ständigen Sorge, dass im nächsten Moment eine schwerwiegende Störung auftritt und die pünktliche Auslieferung an die Kunden gefährdet ist. Die meisten Produktionsleiter blicken daher ein wenig neidisch auf die anderen Abteilungen – deren Unzulänglichkeiten treten nur selten so markant ans Tageslicht.

Wie die meisten Abteilungsverantwortlichen denken auch die Produktionsleiter vor allem an ihre eigene Abteilung, auch wenn das nicht immer dem Unternehmen als Ganzem dient. Was damit gemeint ist, möchte ich an einigen Gewohnheiten verdeutlichen, die mir immer wieder aufgefallen sind. Ohne kritisieren zu wollen, möchte ich auf diese Verhaltensweisen aufmerksam machen, die der alten Kultur geschuldet sind – und deutlich machen, welchen weiten Weg die Produktionsverantwortlichen in vielen Unternehmen zurücklegen müssen, um in der neuen Welt des Constraint-Managements anzukommen.

> Ein Produktionsleiter bevorzugt große Lose und neigt dazu, auch über die geplante oder vorgegebene Menge hinaus zu produzieren.

Es kommt immer wieder vor, dass die Produktion sich nicht an das vereinbarte Fertigungsprogramm hält. Obwohl darin genau festgelegt ist, welche Produkte in welchen Mengen zu welcher Zeit produziert werden sollen, weicht die Umsetzung des Programms gelegentlich von der Vorgabe ab. Ein geplantes Produkt wird entweder gar nicht gefertigt oder – wenn es gefertigt wird – in einer größeren Menge als vorgegeben.

Hinter solchen Planverstößen steht das Motiv, eine möglichst hohe Produktivität zu erzielen. Die notwendige Umrüstung, um ein anderes Produkt herzustellen, geht als Anlagenstillstandszeit in die Rechnung ein. Während dieser Zeit können keine Teile hergestellt werden, das heißt, die Produktivität sinkt. Für die Produktionsverantwortlichen besteht daher ein hoher Anreiz, kleinere Lose gar nicht erst zu produzieren, bei anderen dagegen über das vereinbarte Ziel hinauszugehen.

> Ein Produktionsleiter schiebt gerne einen Lieferrückstand vor sich her. Das gibt ihm das Gefühl, genügend Arbeit für seine Mannschaft zu haben. Ausgehende Arbeit und nicht beschäftigte Mitarbeiter zählen zu seinen großen Sorgen.

Verkauf, Fertigungssteuerung und Logistik sind es gewohnt, mit vollem Einsatz daran zu arbeiten, einen Lieferrückstand zu beseitigen. Trotzdem schieben viele Unternehmen Lieferrückstände vor sich her. Das Erstaunliche daran ist, dass es gleichzeitig fast immer rein rechnerisch Überkapazitäten gibt. Dieser Umstand nährt permanent die Hoffnung, dass der Lieferrückstand in Kürze abgebaut sein wird – was dann aber nur sehr selten geschieht.

Wie lässt sich diese paradoxe Situation erklären? Wieder liegt die Ursache in der Innensicht, die in einer traditionellen Produktion vorherrscht. Sobald sich abzeichnet, dass die Auftragseingänge zurückgehen, neigt ein Produktionsleiter dazu, die Produktion etwas zurückzufahren. Auf diese Weise möchte er vorsorgen, dass ihm und seinen Leuten die Arbeit nicht unerwartet ausgeht. Indem er eine bestimmte, aus seiner Sicht noch erträgliche Lieferrückstandsmenge in Kauf nimmt, schafft er einen Arbeitspuffer, der die Beschäftigung für die nächsten Wochen sicherstellt. Dass einige Kunden durch dieses Verhalten länger auf ihre Produkte warten müssen, interessiert den Produktionsleiter nicht so sehr, liegt ihm doch die Fürsorge für seine Mitarbeiter näher. Die Folge ist ein schwelender Konflikt zwischen Vertrieb und Marketing auf der einen und Produktion auf der anderen Seite.

> Ein Produktionsleiter weist gerne auf die besondere Komplexität seiner Produktion hin. So wappnet er sich gegen eventuelle Anschuldigungen im Falle ungeplanter Produktionsausfälle oder Qualitätseinbrüche.

Produktionsanlagen und Produktionsprozesse sind häufig sehr komplex und daher auch störanfällig. Von einer Minute zur nächsten kann eine Anlage ausfallen oder die Qualität einbrechen. Zugesagte Liefertermine können dann in Gefahr geraten. Das kann im Extremfall Vertragsstrafen nach sich ziehen, die den erwarteten Gewinn bei Weitem übersteigen.

Klar, dass der Produktionsleiter unter hohem Druck steht. Im Falle einer Produktionsstörung steht er im Mittelpunkt des Geschehens. Er muss Fragen nach den Ursachen plausibel beantworten und – vor allem – das Problem schnell beseitigen. Das allgemeine Bewusstsein, dass es sich bei der betreffenden Fertigung um ein höchst komplexes Gebilde handelt, verbessert bei all dem sein Standing.

> Ein Produktionsleiter hält gerne ein oder zwei selbst erkannte Möglichkeiten der Produktivitätssteigerung zurück, um diese dann im Bedarfsfall als Trumpf aus dem Ärmel ziehen zu können.

In der klassischen Produktionswelt wird ständig nach Wegen gesucht, die Produkte kostengünstiger herzustellen. Die Möglichkeiten dafür sind jedoch im Laufe der Zeit immer mehr ausgereizt. Da der Marktdruck weiter steigt, sieht sich die Produktion trotzdem immer wieder mit der Forderung konfrontiert, die Kosten noch einmal zu reduzieren. Um für einen solchen Fall eine realisierbare Maßnahme parat zu haben, zeichnet sich ein guter Produktionsleiter dadurch aus, dass er ein bereits durchdachtes Konzept aus der Schublade holen kann.

Die geschilderten Verhaltensweisen entstammen aus einer Produktionswelt, in der die Produktivität der Leitgedanke ist. Die Auslastung der Maschinen und Anlagen ist für den Produktionsleiter der persönliche Leuchtturm, an dem er sich ausrichtet. An den Kennzahlen der Produktivität bemisst sich seine Leistung.

So ist nachvollziehbar, dass es sehr schwerfällt, im Constraint-Management nunmehr als neuen Leuchtturm den Engpass zu akzeptieren und als neues Maß der Dinge den Servicegrad anzuerkennen. Das zeigt sich zum Beispiel, wenn über Verbesserungsvorschläge der Mitarbeiter entschieden wird. Verteidigt der Produktionsleiter hierbei eine Idee, die das Ziel hat, die Ausfallzeiten einer Nicht-Engpassoperation zu reduzieren, dann ist klar: Er hat die neue Philosophie des Constraint-Managements noch nicht verinnerlicht.

Ebenso entlarvend ist es, wenn die Produktionsverantwortlichen wie in früheren Zeiten bei jeder kleinen Produktionsstörung hektische Aktivitäten entfalten. Während in einer klassischen Produktionsumgebung ein

Maschinenausfall schnell bedrohlich sein kann und deshalb sofort behoben werden muss, ist in der Constraint-Welt der Ausfall einer Maschine, sofern es nicht den Engpass betrifft, weit weniger dramatisch. Normalerweise sind dann genügend Schutzkapazitäten vorhanden, um gelassen reagieren und die Anlage in Ruhe reparieren zu können. Gerät die Produktion trotzdem in Panik, ist dies ein Indiz dafür, dass der notwendige Kulturwandel noch nicht stattgefunden hat.

Der wesentliche Ansatzpunkt, um die Spielregeln des Constraint-Managements zu verinnerlichen, ist die Vorgabe neuer Orientierungsgrößen. Für den Erfolg der Produktionsverantwortlichen darf künftig nicht mehr die Produktivität maßgebend sein – entscheidend sind vielmehr Durchsatz und Servicegrad (siehe Kapitel 12).

Verhaltensmuster 3: Nichtstun darf nicht sein

Nach Anlaufen des Constraint-Managements machten wir eine irritierende Beobachtung – und das in allen 18 Werken, die wir in den USA auf die neue Produktionsweise umgestellt hatten. Während der Projektphase modellierten wir die Constraint-Produktion und verfügten daher über ein genaues Bild, wie die Fertigung künftig aussehen sollte. Demnach war der Engpass ausgelastet, während alle anderen Operationen, die sich ja am Takt des Engpasses ausrichteten, zeitweise hätten stillstehen sollen – mal eine halbe, gelegentlich auch einmal eine ganze Stunde.

Planmäßige zeitweilige Stillstände – das war neu und würde für die Mitarbeiter ungewohnt sein. Was sollten sie in den freien Zeiten machen? Gab es Möglichkeiten, die Leerläufe für Weiterbildung oder Jobrotation zu nutzen? Das Thema beschäftigte uns. Wir diskutierten diesen Punkt intensiv und machten uns viele Gedanken, wie wir damit umgehen sollten. Als dann jedoch die Produktion angelaufen war, stellten wir zu unserer Überraschung fest: Die Stillstände blieben aus.

Wenn ein fest erwartetes Bild nicht eintritt, wird man stutzig. Die gesamte Fertigungskette schien gleichmäßig ausgelastet zu sein, obwohl wir genau wussten, dass die Kapazitäten unausgeglichen waren. Überall, auch in den Nicht-Engpassoperationen, lief die Produktion ohne Unterbrechungen; während des ganzen Tages wurde gleichmäßig gearbeitet. Nirgendwo sahen wir eine stillstehende Anlage. Die Realität widersprach eindeutig dem Bild, das wir bei der Modellierung der Constraint-Produktion gewonnen hatten.

Es blieb nur eine Erklärung: Die Mitarbeiter glichen die überschüssigen Kapazitäten aus, indem sie bewusst oder unbewusst langsamer arbeiteten. Bei näherem Hinsehen war dieses Verhalten auch nachvoll ziehbar. Schließlich kennt es ein Mitarbeiter nicht anders und hat es verinnerlicht, dass er arbeitet und hierfür bezahlt wird. Wenn nun die Produktion stillsteht, kann er sich nicht vorstellen, dass er fürs Nichtstun, selbst wenn es nur zehn oder zwanzig Minuten sind, Geld bekommt. Jahrelang ist ihm antrainiert worden, immer fleißig zu arbeiten. Schon aus Eigenschutz heraus strebt er deshalb danach, die Arbeit nicht ausgehen zu lassen – notfalls auch, indem er langsamer arbeitet.

Das Langsamerwerden der Mitarbeiter ist für die Produktion zunächst kein größeres Problem. Der Engpass ist die bestimmende Größe, die unter Beobachtung steht – und solange die Versorgung aus vorgelagerten Bereichen sichergestellt ist, stört es erst einmal nicht, wenn dort langsamer gearbeitet wird. Dennoch bereitete uns das Phänomen Kopfzerbrechen. Würde es möglich sein, bei Bedarf sofort wieder in den schnellen Arbeitsrhythmus zurückzukehren? Im Unterschied zum Leistungssportler, der aus eigenem Antrieb immer besser werden möchte, unterstellten wir beim Industriearbeiter als natürliche Reaktion, tendenziell in einen langsameren Rhythmus zu verfallen. Menschen werden gerne langsamer, aber nur ungern schneller.

Trifft das zu, sind die Folgen für das Produktionssystem auf längere Sicht gravierend. Wenn nämlich eine Beschleunigung nicht mehr ohne Weiteres möglich ist, arbeiten die Nicht-Engpassoperationen de facto an ihrer Kapazitätsgrenze, das heißt, die ursprünglich vorhandenen Schutzkapazitäten sind verloren gegangen. Hier liegt einer der kritischen Punkte in der Anwendung der Theory of Constraints: Die Selbstschutzmechanismen des Menschen führen zu langsamerem Arbeiten, wodurch unmerklich die Schutzkapazitäten verschwinden. Das Gesamtsystem tendiert zur Harmonisierung – mit allen damit verbundenen negativen Folgen (siehe Kapitel 2).

Diese Gefahr lässt sich ausschließen, wenn der Fertigungsplan auch in den Nicht-Engpassoperationen strikt befolgt wird. Anstatt in langsameres Arbeiten zu verfallen, muss die Mannschaft dann die zeitweisen Leerläufe akzeptieren. Oder um es mit den Worten Goldratts auszudrücken: In einer Nicht-Engpassoperation sollte das »Road-Runner-Prinzip« gelten. Wenn es Arbeit gibt, bleibt die Mannschaft mit voller Kraft dran. Gibt es gerade keine Arbeit, legt sie eine Pause ein – und hält sich für den nächsten Einsatz bereit.

Doch wie bringt man die Mitarbeiter dazu, dieses Prinzip zu beherzigen? Im Falle der US-Werke taten wir uns zugegebenermaßen sehr schwer. Trotz verschiedener Schulungen und Informationsveranstaltungen blieben die Mitarbeiter bei ihren alten Gewohnheiten und passten ihre Arbeitsgeschwindigkeit bewusst oder unbewusst an das jeweils vorhandene Arbeitspensum an. Wir sahen das kritisch, fanden aber lange Zeit keine Lösung.

Heute bin ich überzeugt, dass das »Road-Runner-Prinzip« eine Utopie bleibt, solange der Kulturwandel nicht wirklich vollzogen ist. Zu stark ist in den Mitarbeitern das Streben verwurzelt, einen Leerlauf zu vermeiden; zu sehr irritiert sie das wiederholte Nichtstun. Da es nun nicht möglich ist, hinter jeden Arbeiter einen Meister als Aufpasser zu stellen, kann die Lösung nur darin liegen, die Mitarbeiter wirklich zu überzeugen und über Anreize zu einer Verhaltensänderung zu bewegen. Wir diskutierten zum Beispiel, den Mitarbeitern in den entstehenden Pausen verschiedene Qualifikationsmöglichkeiten anzubieten.

Die Akzeptanz solcher Angebote setzt allerdings voraus, dass die Mitarbeiter ihre Einstellung ändern. Anstatt die Pausen als existenzbedrohende Leerläufe zu empfinden, müssen sie darin eine Chance sehen. Das geht nur, wenn sie die Zusammenhänge kennen. Sie müssen verstanden haben, dass Constraint-Management neue Spielräume eröffnet – und dass es nun darauf ankommt, die gewonnene Zeit zum Vorteil des Unternehmens, aber auch des einzelnen Mitarbeiters zu nutzen.

Den Kulturwandel einleiten – Umdenken auf allen Ebenen

Für die Promotoren des Constraint-Managements kann die Realität desillusionierend sein. Die neue Produktionsweise haben sie zwar in Kraft gesetzt, doch Monate später müssen sie noch feststellen: Der Werkleiter möchte Schutzkapazitäten abbauen, der Produktionsleiter bevorzugt große Lose, weil er seine Anlagen auslasten möchte – und die Mitarbeiter sorgen durch Langsamkeit dafür, dass ihnen die Arbeit nicht ausgeht.

Diese Verhaltensweisen sind Belege dafür, dass der notwendige Kulturwandel nicht stattgefunden hat. Das Constraint-Management wird im Unternehmen noch nicht gelebt, die Erfolge der neuen Produktionsweise sind deshalb gefährdet. Somit stellt sich die dringende Frage: Welche Maßnahmen gibt es, um den Kulturwandel einzuleiten und so das Constraint-Management abzusichern?

Zunächst ist klar: Das neue Managementsystem muss im Unternehmen akzeptiert sein, was wiederum voraussetzt, dass alle Beteiligten das System nachvollziehen können. Es gilt die bekannte Reihenfolge: Informieren, Verstehen, Akzeptieren. Dementsprechend erfordert Constraint-Management ein umfassendes Schulungskonzept, das auf die verschiedenen Führungsebenen zugeschnitten ist und auch die Produktionsmitarbeiter einschließt (siehe Kapitel 5).

Wie sich bei den Projekten in den US-Werken herausstellte, reichten diese Maßnahmen nicht aus. Obwohl alle Beteiligten die Philosophie des Constraint-Managements kennengelernt hatten, war es nicht gelungen, die alten Verhaltensweisen abzuschütteln. Als dann das neue System in Kraft trat, waren Irritationen deutlich spürbar: Mitarbeiter und Führungskräfte sahen sich mit den neuen Strukturen und Anforderungen des Constraint-Managements konfrontiert, hingen aber noch an den Gewohnheiten der Vergangenheit.

Was konnten wir über die Schulungen hinaus tun, um die Erfolge des Constraint-Managements abzusichern? Das Thema beschäftigte uns sehr, zumal es hierüber weder Literatur noch fertige Konzepte gab, an die wir uns halten konnten. Die folgenden Kapitel fassen daher die Ergebnisse intensiver Diskussionen zusammen und beschreiben die Maßnahmen, die wir in den Werken des Zulieferunternehmens in den USA umgesetzt haben. Unsere Absicherungsstrategie umfasste dabei folgende Kernpunkte:

- Konsistente Zielsetzung und Vermeidung von Zielkonflikten (Kapitel 11)
- Die richtigen Anreize durch andere Leistungskennzahlen setzen (Kapitel 12)
- Strukturen und Funktionen am Constraint-Management ausrichten (Kapitel 13)
- Psychologische Fallen vermeiden (Kapitel 14)
- Das Constraint-Management auditieren (Kapitel 15)

Zusammenfassung

Constraint-Management erfordert ein Umdenken auf allen Ebenen – bei der Geschäftsleitung ebenso wie bei Führungskräften und Mitarbeitern. Die folgende Übersicht verdeutlicht beispielhaft, welchen mentalen Weg die Beteiligten zurücklegen müssen:

Beteiligte	Verhaltensmuster traditionell	Verhaltensmuster Constraint-Welt
Management	Wir bauen jede Überkapazität ab, um Ressourcen zu sparen.	Wir achten auf ausreichende Schutzkapazitäten.
Produktionsleitung	Unser Leistungsmaßstab ist die Produktivität. Wir streben für alle Operationen der Fertigungskette die höchstmögliche Produktivität an.	Unser Maßstab ist der Kundenservicegrad. Wir streben einen Servicegrad von 100 Prozent an.

| Produktionsmitarbeiter | Wir werden für Arbeitsleistung bezahlt – also darf uns die Arbeit nicht ausgehen. | Pausen sind normal. Wir nutzen diese Zeit, um uns zu qualifizieren. |

Um diesen Kulturwandel zu vollziehen und so das Constraint-Management dauerhaft abzusichern, müssen alle Beteiligten das neue System zunächst verstehen und akzeptieren. Hierfür sind umfassende Schulungen erforderlich, die sich an Führungskräfte ebenso wie an die Produktionsmitarbeiter richten. Darüber hinaus kommt es jedoch noch auf weitere Maßnahmen an, die in den folgenden Kapiteln beschrieben sind.

11 Leitstern Gewinn: Zu viele Ziele verderben das Ergebnis

Was wäre, wenn ein Weitspringer nicht nur seinen persönlichen Rekord im Weitsprung brechen wollte, sondern gleichzeitig möglichst hoch springen, schneller als ein Sprinter laufen und dazu noch besonders schön springen wollte? Kann er all das schaffen? Er würde vermutlich scheitern. Kraft und Schwung, die er zum Hochspringen aufwendet, fehlen ihm für die Weite. Zwar muss er Anlauf nehmen, aber konzentriert er sich zu sehr auf Schnelligkeit, fehlt ihm die Konzentration beim Absprung. Und achtet er noch darauf, wie schön der Sprung aussieht, lenkt er sich selbst vom Weitsprung ab. Er hat sich zu viele Ziele auf einmal gesetzt – und wird das eigentliche Ziel nicht erreichen, noch weiter zu springen als bisher.

Ganz ähnlich ergeht es produzierenden Unternehmen. Wenn sie Ziele für das nächste Geschäftsjahr festlegen, sind die Ansprüche vielfältig: Produktivität steigern, Ausschuss reduzieren, Umsatz erhöhen, Kundenreklamationen senken, Bestände vermindern, Lieferzeit verkürzen, Kundenservicegrad verbessern, Einkaufspreise reduzieren, Anzahl der Lieferanten senken, Mitarbeiterzufriedenheit erhöhen – das alles und noch vieles mehr soll gleichzeitig erreicht werden. Es sind erstaunlich viele Ziele, die da zusammenkommen. Offenbar handelt die Geschäftsleitung hier nach dem Motto »Viel hilft viel« – eine Hoffnung, die sich bei näherem Hinsehen als trügerisch erweist. Viele dieser Ziele stehen im Konflikt miteinander, was am Ende manchmal sogar dazu führt, dass sich das Betriebsergebnis verschlechtert.

In vielen Unternehmen entdeckt man bei näherem Hinsehen Zielvereinbarungen, die sich aus unterschiedlichen strategischen Zielen ableiten. Die Qualitätssicherung arbeitet daran, die Fehlerraten zu minimieren, die Personalabteilung nimmt sich vor, die Mitarbeiterzufriedenheit zu verbessern, während Marketing und Vertrieb die Kundenzufriedenheit erhöhen wollen. Die Produktion wiederum strebt nach höchstmöglicher Produktivität ihrer Maschinen und Anlagen. Für nahezu jede Ressource, also jeden Mitarbeiter und jede Maschine, gibt es Ziele.

Der Verlierer ist das Unternehmen

Hinter den verschiedenen Einzelzielen steht die Absicht, aus jeder Ressource die maximale Leistung herauszuholen – in der Erwartung, dass dies auch die Leistung des gesamten Unternehmens maximiert und zum Gewinn des Unternehmens beiträgt. Übersehen wird jedoch, dass zwar jedes Ziel für sich genommen berechtigt sein mag, zwischen den Zielen jedoch häufig Konflikte bestehen, die den Gewinn reduzieren.

Verdeutlichen möchte ich diesen Zusammenhang mit einem »Klassiker«, der einem immer wieder begegnet – nämlich dem Konflikt zwischen Einkauf und Logistik.

Fallbeispiel: Konflikt zwischen Einkauf und Logistik

Der *Einkaufsleiter* hat mit seinem Vorgesetzten das Ziel vereinbart, in den nächsten drei Jahren die Einkaufspreise um 10 Prozent zu senken. Um dieses Ziel zu erreichen, enthält seine Strategie folgende Eckpunkte:

- Abschluss von langfristigen Rahmenverträgen mit höheren Einzelabnahmemengen,
- Global Sourcing,
- Forcierung der bereits begonnenen Umstellung der bisherigen Lieferkondition »frei Werk« auf »ab Werk«.

Die Transportkosten sind bislang in den Einkaufspreisen integriert und werden nicht separat in den Verträgen dargestellt. Mit der Umstellung der Kondition auf »ab Werk« berechnet der Lieferant seine Transportkosten separat. Für den Einkauf hat das den Vorteil, dass die Transportkosten nun in der Abteilung Logistik anfallen, in deren Verantwortungsbereich diese Kosten liegen.

Aufgrund des sehr hohen Einkaufsvolumens berichtet der Einkaufsleiter, der erst vor einem Jahr eingestellt wurde, direkt an den Geschäftsführer. Der Einkaufsleiter verfügt über ausgezeichnete Marktkenntnisse und ist sich ziemlich sicher, das vereinbarte Ziel zu erreichen. Insgeheim will er es sogar übertreffen, ohne jedoch zu übertreiben. Schließlich möchte er sein Pulver nicht ganz verschießen, sondern sich auch für die folgenden Zielperioden noch Potenziale bewahren.

Parallel dazu vereinbart auch der *Logistikleiter* Ziele für die nächsten drei Jahre. Sie sehen vor, dass er die Transportkosten für eingehendes Material in den nächsten drei Jahren um 7 Prozent senkt und die

Lagerumschlagshäufigkeit um drei Punkte erhöht. Die Strategie des Logistikleiters umfasst folgende Maßnahmen:

- Konzentration des Transportvolumens auf einen Spediteur,
- Reduzierung des Transportvolumens durch neu gestaltete Verpackungen,
- Reduzierung der angelieferten Einzellose,
- Modifikation der Planungsparameter, um eine bedarfsgerechtere Anlieferung zu erreichen.

Der Logistikleiter berichtet an den Produktionsleiter, mit dem er auch die Logistikziele vereinbart hat. Aufgrund seiner langjährigen Betriebserfahrungen bezweifelt er jedoch, dass die vereinbarten Ziele erreichbar sind. Er ist auch deshalb skeptisch, weil er über inoffizielle Informationswege von den Absichten des Einkaufs Wind bekommen hat. Insgeheim beginnt er schon, Argumentationsschienen aufzubauen, um später einmal das Nichterreichen seiner Ziele nachvollziehbar darstellen zu können.

Wie geht es nun weiter?

Der Einkaufsleiter konzentriert sich darauf, die Einkaufspreise zu reduzieren. Vor allem eine neue, weltweit angelegte Beschaffungsstrategie ist sehr erfolgreich. Gleichzeitig steigen die Transportkosten, weil die Verträge nun zunehmend »ab Werk« abgeschlossen werden – doch das tangiert nicht den Einkauf, sondern die Logistik. Da die Lieferanten ihren Sitz immer häufiger in weit entfernten Ländern haben, werden die Lieferungen unregelmäßiger, es kommt vermehrt zu Versorgungsstörungen in der Produktion und als Folge davon auch Richtung Kunden. Die Mengen pro Anlieferung werden aufgrund der höheren Entfernungen umfangreicher. Dadurch steigen auch die Materialbestände beträchtlich. Aber auch das sieht der Einkaufsleiter nicht als sein Problem an.

In der Logistikabteilung sind die Maßnahmen des Logistikleiters an sich durchaus geeignet, die Transportkosten wie vereinbart zu senken und die Lagerumschlagshäufigkeit zu erhöhen. Aber das vom Einkauf ausgehende Störfeuer, vor allem die stark steigenden Transportkosten und die größeren Anliefermengen, machen alle Anstrengungen zunichte.

Da die Dinge ihren Lauf nehmen und auch die Geschäftsleitung sich um diese Zielkonflikte nicht kümmert, sehen die Ergebnisse nach drei Jahren wie folgt aus: Der *Einkauf* erreicht eine 13-prozentige Reduzierung der Einkaufspreise; die vereinbarten Ziele sind damit deutlich übertroffen. Die Einkaufsabteilung steht glänzend da, der Einkaufsleiter erhält eine satte Gehaltserhöhung. Demgegenüber muss die *Logistik* hinnehmen, dass die Transportkosten um 8 Prozent gestiegen sind. Die Bestände haben sich erhöht und die Lagerumschlagshäufigkeit hat sich reduziert. Darüber hinaus haben die Versorgungsstörungen in der Produktion und bei den Kunden stark zugenommen. Obwohl die Logistik die ganze Zeit hart gearbeitet hat, um die negativen Einflüsse der neuen Beschaffungsstrategie einzudämmen, hat ihr Ansehen in den letzten Jahren stark gelitten. Die vereinbarten Ziele sind verfehlt, der Logistikleiter bekommt keine Gehaltserhöhung.

Zieht man über alle Effekte Bilanz, lässt sich festhalten: Der Verlierer ist das Unternehmen.

Das eigentliche Ziel wird übersehen

Wenn wie im geschilderten Fall der Einkaufsleiter und der Logistikleiter ihre eigenen Ziele verfolgen, wird ein gravierendes Problem deutlich: Das eigentliche Ziel unternehmerischer Tätigkeit gerät aus dem Blick. Während die Abteilungsleiter auf ihre Abteilungsziele fixiert sind, versäumen Geschäftsleitung und oberster Führungskreis, bei der Zielplanung darauf zu achten, welche Ziele miteinander konkurrieren und Konflikte verursachen. Stattdessen besteht die Neigung, jedem einzelnen Mitarbeiter möglichst viele Ziele vorzugeben – was die Gefahr von Widersprüchen noch verstärkt. Unterm Strich verschlechtern die so entstandenen Zielvorgaben nicht selten das Betriebsergebnis.

Ein Umdenken fällt enorm schwer, weil die Zielvorgaben einzeln gesehen absolut sinnvoll klingen. So kann zum Beispiel der Wechsel zu einem neuen Lieferanten, um den Einkaufspreis zu senken, aus Sicht des Einkaufs eine sinnvolle Maßnahme sein. Durch den Lieferantenwechsel können jedoch Folgekosten entstehen, die den Preisvorteil aufheben oder sogar übersteigen: Die Abnahmemenge ist höher, die Transportwege sind länger oder Reklamationen häufen sich, weil der neue Lieferant die geforderte Qualität nicht auf Anhieb bietet. Sogar die Produktion kann stillstehen, weil der neue Anbieter nicht pünktlich liefert. So hat der Einkauf dann seine Zielvorgaben zwar erfüllt, der Unternehmensgewinn ist aber trotzdem gesunken.

Ebenso kann es sinnvoll sein und einen Wettbewerbsvorteil verschaffen, eine höchstmögliche Qualität anzubieten. Zum Beispiel gilt in der Automobilindustrie die Fehlerrate, gemessen in »parts per million« (ppm), als wichtiger Indikator für die Qualität. Die Kennzahl gibt die Zahl der fehlerhaften Teile an, die ein Produzent bei einer Million gelieferter Teile wieder zurücknehmen muss. Käme das Unternehmen nun – etwas überspitzt formuliert – auf die Idee, die Anzahl von 100 Rücklieferungen auf null herunterzuschrauben, wäre das ganz im Sinne des Qualitätsziels. Doch der Aufwand, um dieses Letzte an Qualität herauszuholen, ist unverhältnismäßig hoch. Dic Qualitätssicherungskosten würden explodieren, die Gewinnziele des Unternehmens wären gefährdet.

Auch macht es Sinn, die Bestände zu senken, um so Kosten einzusparen. Zu niedrige Bestände gefährden jedoch den Materialfluss, sodass Störungen in der Fertigung auftreten und das Ziel eines hohen Kundenservicegrades gefährdet wird.

Ein Klassiker ist auch der Konflikt zwischen Kundenservicegrad und Produktivität: Die termingerechte Auslieferung kann oft nur durch häufigeres Anlagenumrüsten erreicht werden, was zwangsläufig die Produktivität verringert.

Die Beispiele ließen sich fortsetzen. Festzuhalten bleibt: Im Unternehmensalltag prägen oft viele – teilweise einander widersprechende – Ziele das Geschehen, während das eigentliche Ziel, der Beitrag zum Geschäftserfolg, übersehen wird. Von einem Zielsystem, wie es die Theory of Constraints erfordert, ist das Unternehmen noch weit entfernt.

Synchronisiertes Zielmanagement für mehr Gewinn

Welche Strategie gibt es, um ein konsistentes, auf das Gewinnziel ausgerichtetes Zielsystem zu schaffen? Entscheidend sind vor allem zwei Aspekte: Zum einen kommt es darauf an, dass Führungskräfte und Mitarbeiter hinter dem übergeordneten Ziel stehen. Sie müssen akzeptieren, dass sich alle Subziele konsequent dem Unternehmensziel des Möglichst-viel-Geld-Verdienens unterordnen. Zum anderen gilt es, die Interdependenzen mit den Zielen anderer Unternehmensbereiche zu beachten. Die Teilziele müssen mit Blick auf das übergeordnete Gewinnziel aufeinander abgestimmt sein. Gefragt ist also ein synchronisiertes Zielmanagement für mehr Gewinn.

Umdenken auf das Ziel »Gewinn«

Ein synchronisiertes Zielmanagement funktioniert nur, wenn alle Führungskräfte und Mitarbeiter vom übergeordneten Gewinnziel überzeugt sind und dieses Ziel gemeinsam unterstützen. Das erfordert ein Umdenken – in der Praxis oft ein schwieriger Schritt.

Der Widerstand kommt gelegentlich sogar aus der Geschäftsleitung, die neben dem Gewinn gerne weitere Unternehmensziele wie Kundenzufriedenheit oder Mitarbeiterzufriedenheit gleichrangig verfolgen möchte.

Meistens jedoch bereitet den Abteilungsleitern die konsequente Orientierung am Unternehmensziel »Gewinn« Probleme. Sie müssen sich zu dieser neuen Sichtweise oft erst noch durchringen – gilt es doch, auch Eitelkeiten und persönliche Einzelerfolge zugunsten des Gesamtziels zurückzustecken.

Wenn etwa der Produktionsleiter durch gute Produktivitätszahlen seine Erfolge belegen möchte, ist das nachvollziehbar. Doch tragen hohe Produktionsmengen nun einmal nur dann zum Unternehmensgewinn bei, wenn die produzierten Waren auch abgenommen werden. Ebenso ist es verständlich, wenn der Einkaufsleiter damit glänzen möchte, dass er die Einkaufspreise um 4 Prozent gedrückt hat. Damit die Einstandskosten unterm Strich jedoch tatsächlich sinken, braucht es eine Gemeinschaftsleistung von Einkauf und Logistik; die Einzelleistung des Einkaufsleiters tritt dadurch in den Hintergrund.

Die Ziele synchronisieren

Ein synchronisiertes Zielmanagement beginnt damit, das übergeordnete Gewinnziel festzulegen. Dieses kann zum Beispiel lauten: »Wir wollen das Betriebsergebnis um 5 Prozent verbessern.« Bei der Festlegung sollte man jedoch ehrgeizig sein, das anvisierte Ziel also ein Stück höher festlegen als das erwartete Ergebnis.

Vorbild kann hier wieder der Weitspringer sein. Nimmt sich der Athlet vor, 5 Zentimeter weiter zu springen, wird er dies mit einiger Anstrengung sicherlich auch schaffen. Steckt er sich aber das Ziel, 15 Zentimeter weiter zu springen, kann es sein, dass er trotz viel Training und enormer Anstrengung diese Marke nicht erreicht. Höchstwahrscheinlich wird er aber 5 Zentimeter deutlich übertreffen, vielleicht bei 10 oder sogar 12 Zentimeter landen. Die 15 zusätzlichen Zentimeter hat er damit zwar verfehlt, was ihn zunächst auch frustriert. Angesichts der durchaus beachtlichen Verbesserung kann er aber am Ende doch mit sich zufrieden sein.

Ganz ähnlich ergeht es einem Unternehmer, sofern er Inhaber seines Betriebs und daher sich selbst verantwortlich ist. Ihm geht es um ein möglichst gutes Ergebnis, also wird er sich nicht 5, sondern ehrgeizige 15 Prozent Gewinnsteigerung vornehmen. Wenn es dann trotz aller Anstrengung nur 10 Prozent werden, mag er darüber enttäuscht sein, doch weiß er auch, dass die Ursache seines Frusts ein besonders hoch gestecktes Ziel war. Dieses Ziel zu verfehlen mag zwar ärgerlich sein, ist letztlich aber keine Katastrophe.

Anders verhält es sich allerdings bei einem angestellten Geschäftsführer, der dem Inhaber oder seinen Aktionären gegenüber Rechenschaft ablegen muss. Ein verfehltes Ziel kann ihn die Bonuszahlung, vielleicht sogar die Karriere kosten. Anstatt deshalb sportliche 15 Prozent anzupeilen, wird er die sicher erreichbaren 5 Prozent als Ziel festlegen. Der Ansporn, Höchstleistungen zu erzielen, geht damit jedoch verloren. Während das inhabergeführte Unternehmen gute Chancen hat, ein Plus von 10 oder 12 Prozent zu erwirtschaften, dürfte das vom angestellten Geschäftsführer geleitete Unternehmen über bescheidene 5 Prozent kaum hinauskommen.

Hat die Geschäftsführung das Gewinnziel festgelegt, werden im nächsten Schritt die Abteilungsziele und die Ziele der einzelnen Mitarbeiter systematisch auf dieses Gesamtziel hin ausgerichtet. Dies schließt ein, dass die Einzelziele aufeinander abgestimmt werden. Konkret bedeutet das zum Beispiel: Es wird nicht mit dem Einkaufsleiter allein vereinbart, die Einkaufspreise zu senken, sondern Beschaffung und Logistik erhalten gemeinsam den Auftrag, die Materialkosten um einen bestimmten Prozentsatz zu senken. Sind alle Subziele definiert, ist es wichtig, dass die Abteilungsverantwortlichen abschließend noch einmal prüfen, ob die Ziele wirklich konfliktfrei sind und tatsächlich dem übergeordneten Unternehmensziel dienen.

Synchronisiertes Zielmanagement bedeutet also nicht einfach nur, die Subziele am übergeordneten Gewinnziel auszurichten. Vielmehr kommt es auch darauf an, die Zielkonflikte zu erkennen und mit Blick auf das übergeordnete Ziel zu managen. Jede Abteilung hat die Aufgabe, bei der Zielplanung die anderen Unternehmensbereiche zu berücksichtigen: Welche vor- und nachgelagerten Schritte sind ebenfalls betroffen? Wie lassen sich alle Auswirkungen absehen?

Bei der Festlegung der Subziele sollte das Prinzip »Weniger ist mehr« beherzigt werden. Mit einem Mitarbeiter sollten nicht – wie bisher in vielen Unternehmen üblich – möglichst viele Ziele vereinbart werden, sondern so wenige wie nötig. So lassen sich die Kräfte auf die wirklich wesentlichen Maßnahmen lenken, die dann tatsächlich auch spürbar zum übergeordneten Gewinnziel beitragen. Bei den verbleibenden Subzielen sollte dann jedoch strikt darauf geachtet werden, dass sie messbar sind, eine klare Ausgangsbasis haben und damit objektiv beurteilbar sind.

Die folgende Checkliste fasst die Vorgehensweise zusammen und kann dabei helfen, das synchronisierte Zielmanagement umzusetzen.

Zehn Schritte zum synchronisierten Zielmanagement

Ein Klima schaffen, in dem offen mit einzelnen Zielen umgegangen werden kann.	❑
Ein fundiertes Verständnis bei den Involvierten für das Synchronisieren der Ziele aufbauen.	❑
Das übergeordnete Unternehmensziel wird festgelegt: Steigerung des Gewinns um x Prozent.	❑
Jeder Bereichsverantwortliche richtet seine Zielvorschläge konsequent auf dieses Gesamtziel aus.	❑
Bei allen Zielen wird darauf geachtet, dass sie eine klare Ausgangsbasis haben, messbar und objektiv beurteilbar sind.	❑
In einem gemeinsamen Gespräch im Anschluss prüfen die Bereichsverantwortlichen die Wechselwirkungen zwischen den Zielen, insbesondere mögliche Konflikte mit dem Ziel der Gewinnsteigerung.	❑
Alle Ziele, die im Konflikt dazu stehen, werden nachgebessert.	❑
Wenn alle Konflikte aus den Bereichszielen entfernt sind, entwickeln die folgenden Hierarchieebenen ihre Subziele strikt nach den übergeordneten Zielen.	❑
Die Subziele werden geprüft und bei Konflikten ebenfalls nachgebessert.	❑
Grundsätzlich werden nicht so viele Ziele wie möglich vereinbart, sondern nur solche, die der Maximierung des Betriebsergebnisses dienen.	❑

Zusammenfassung

Ein erstes entscheidendes Element, um das Constraint-Management abzusichern und fest im Unternehmen zu verankern, besteht in der Sicherstellung des ersten Prinzips der Theory of Constraints: Es gibt nur ein übergeordnetes Ziel für ein Unternehmen – und dieses lautet »Möglichst viel Geld verdienen«. Der notwendige Kulturwandel kann nur innerhalb eines konsistenten Zielsystems stattfinden, das sich strikt an diesem übergeordneten Unternehmensziel ausrichtet.

Von einem Zielsystem, wie es die Theory of Constraints fordert, sind viele Unternehmen jedoch noch weit entfernt. Viele, teilweise einander widersprechende Ziele prägen das Geschehen, während das eigentliche Ziel, der Beitrag zum Geschäftserfolg, häufig übersehen wird. Notwendig ist daher ein auf das Gewinnziel ausgerichtetes synchronisiertes Zielmanagement. Nicht umsonst gab Eliyahu Goldratt seinem Bestseller den Titel *Das Ziel*.

12 Kennzahlen:
Die Anreize richtig setzen

Besonders eine Leistungskennzahl machte den Projektteams des amerikanischen Zulieferunternehmens regelmäßig schwer zu schaffen: die Produktivität. In den 18 Werken, die wir auf Constraint-Management umstellen sollten, galt »Produktivität« als Maßstab schlechthin. Vor allem die Produktionsleiter konnten sich über eine gute Produktivität profilieren, was sie auch stets mit aller Hingabe taten. Dass nun ausgerechnet diese Kennzahl nicht mehr gelten sollte, war für sie kaum nachvollziehbar. Heftige Diskussionen waren die Folge.

Die Kennzahl »Produktivität« stellt – allgemein formuliert – Aufwand und Erfolg einander gegenüber. Sie bezeichnet das Verhältnis zwischen den eingesetzten Produktionsfaktoren (Input) und dem Produktionsergebnis (Output). Bezogen auf die Produktion gibt die Produktivität somit Auskunft über die Effizienz von Produktionsprozessen. Je höher der Output ist, der mit den vorhandenen Mitarbeitern und Maschinen erzielt wird, desto höher ist die Produktivität. Die Vorgabe von Produktivitätszielen ist daher ein Ansporn, eine möglichst hohe Leistung dauerhaft zu erbringen. Um diesen Effekt noch zu verstärken, ist es üblich, die Produktivität durch leistungsorientierte Sonderzahlungen zusätzlich zu fördern. Die am Herstellungsprozess direkt beteiligten Mitarbeiter erhalten ab einer bestimmten Fertigungsmenge für jedes zusätzlich produzierte Teil einen Lohnzuschlag.

Das alles klingt auf den ersten Blick erstrebenswert, hat jedoch gefährliche »Nebenwirkungen« – wie bereits in Kapitel 1 (Abschnitt »Fehlgeleitet: Mit höchster Produktivität ins Abseits«) ausgeführt. Das Kernproblem liegt in einer tendenziellen Überproduktion: Losgelöst von der Nachfrage und den individuellen Kundenwünschen setzen die Produktionsverantwortlichen auf einen möglichst hohen Output. Um größtmögliche Produktivitäten zu erzielen, haben sie ein Interesse daran, dass sämtliche Maschinen rund um die Uhr in Betrieb sind und überwiegend große Lose die Umrüstzeiten kurz halten. Die Folge davon sind zwar gute Produktivitätszahlen, oft aber auch Überbestände mit allen negativen Begleiterscheinungen.

Die Nebenwirkungen des Produktivitätsstrebens beobachteten wir auch bei den Werken des US-Automobilzulieferers. Nicht selten ließ der Produktionsleiter mehr produzieren, als das Produktionsprogramm vorsah. Auf diese Weise reduzierte er die unproduktiven Umrüstungen der Anlage und konnte seine Leistungskennzahl »Produktivität« ein ganzes Stück schönen. Typisch war auch das Verhalten bei Produktionsstillständen: In einem solchen Fall entfaltete sich in der Produktion enorme Hektik. Die Aufregung war vor allem dann demonstrativ laut und im ganzen Werk unüberhörbar, wenn nicht ein technischer Defekt einer Anlage oder eines Werkzeugs zum Stillstand geführt hatte, sondern fehlende Teile. Dann lag die Schuld ja nicht im eigenen Bereich, sondern bei der Materialdisposition – was dann sehr schön als Begründung für eventuell schlechtere Produktivitätszahlen am Monatsende herhalten konnte.

Gegen allen Widerstand gaben wir eine neue Marschrichtung vor. Für die Produktion hieß es Abschied nehmen vom Primat der Produktivität. Im Sinne des Constraint-Managements ersetzten wir die Produktivität durch eine andere Leistungskennzahl, die das Augenmerk stärker nach außen, in Richtung Kunde und Markt lenken sollte: den Servicegrad. Vorrangiges Ziel sollte künftig ein hundertprozentiger Servicegrad in Bezug auf den Kunden sein. Das beinhaltete nicht nur eine pünktliche, sondern auch vollständige Auslieferung – und zwar ohne jede Ausnahme. Hieran hatten sich künftig alle Beteiligten, auch der Produktionsleiter, zu messen.

Die Umstellung auf das neue Kennzahlensystem verlief keineswegs reibungslos. Wir argumentierten, diskutierten und stritten. Wir verbannten die alten Kennzahlen aus den Berichten und auch von den Schautafeln in der Produktion. Und dennoch: Wie sich später herausstellte, schafften wir es nicht immer, die Leitkennziffer »Produktivität« aus den Köpfen der Menschen zu vertreiben. Einige Produktionsleiter führten ihre Produktivitätsstatistiken im Verborgenen weiter. Offensichtlich waren Unsicherheit und Angst, etwas Vertrautes loszulassen, enorm. Hier zeigte sich, wie schwer der Kulturwandel hin zur neuen Constraint-Management-Welt tatsächlich fällt.

Manchmal bedarf es erst einer Krise, um das Umdenken in Richtung »Servicegrad« tatsächlich in Gang zu setzen. Das erlebte ich kürzlich bei einem deutschen Automobilzulieferer. Das plötzliche Anspringen der Konjunktur nach der Rezession 2009 hatte einen unerwartet starken Nachfrageschub ausgelöst, der das Unternehmen in ernsthafte Schwierigkeiten stürzte. Die Produktion kam nicht mehr nach, viele Teile konnten nicht rechtzeitig ausgeliefert werden, sodass am Ende auch die Fahrzeugproduktion bei einem Hauptkunden in Verzug geriet. Dieser stufte den Zulieferer daraufhin in seinem internen Lieferantenrating zurück.

Erst jetzt, als der Zulieferer seine Existenz gefährdet sah, erhielt der Kundenservicegrad den gebührenden Stellenwert. Die Strategie bestand nun darin, den Engpass in der Produktion zu identifizieren und dessen Durchsatz zu erhöhen. Besser wäre es natürlich gewesen, diese Maßnahmen schon vor Eintreten der Lieferprobleme zu ergreifen. Die vorherrschende Orientierung an der Produktivität hatte jedoch dazu geführt, dass stattdessen an allen möglichen Stellen der Fertigungskette optimiert wurde. Die höheren Einzelproduktivitäten vergrößerten das Chaos noch zusätzlich, weil an Nicht-Engpassoperationen die Produktionsmengen anstiegen und sich dadurch das Material an anderer Stelle in der Fertigungskette umso mehr staute.

Kennzahlen dienen nicht nur dem Controlling. Ihre Bedeutung liegt auch darin, eine Verhaltensänderung im Unternehmen zu unterstützen. Wird die Leistung eines Mitarbeiters an einer neuen Kennzahl gemessen und beurteilt, hat dies zur Folge, dass dieser Mitarbeiter sein Verhalten danach richtet und dieses neue Verhalten mit der Zeit einübt und verinnerlicht. Damit sind Kennzahlen ein wichtiges Instrument, um einen Kulturwandel herbeizuführen.

Der dauerhafte Erfolg des Constraint-Managements hängt deshalb davon ab, die richtigen Leistungskennzahlen vorzugeben. Was damit in erster Linie gemeint ist, lässt sich in einem Satz zusammenfassen: An die Stelle der Produktivität tritt der Servicegrad. Das klingt harmlos, erschüttert jedoch das traditionelle Weltbild der Produktion.

Das neue Kennzahlen-Set

Wie sieht nun das neue Kennzahlen-Set aus? Wie in Kapitel 11 ausgeführt, kommt es bei der Absicherung des Constraint-Managements zunächst darauf an, ein Zielsystem zu etablieren, das sich strikt am übergeordneten Ziel, möglichst viel Geld zu verdienen, ausrichtet. Der nächste Schritt liegt nun darin, dieses Zielsystem anhand der richtigen Kennzahlen zu konkretisieren – anhand von Kennzahlen also, die mit dem übergeordneten Gewinnziel korrelieren. Untauglich hierfür sind die Produktivitätskennziffern, weil diese, wie ausgeführt, falsche Leistungsanreize setzen. Geeignet sind dagegen Kennziffern, die das »Durchsatz-Denken« fördern und vor allem eine pünktliche und vollständige Auslieferung sicherstellen.

Um das neue Kennzahlen-Set zu verstehen, ist es sinnvoll, sich die grundsätzlichen Unterschiede der beiden Kulturen noch einmal vor Augen zu führen:

Bisher: Produktivitäts-Denken	Neu: Durchsatz-Denken
Höchstmögliche Auslastung aller Kapazitäten	Durchsatzsteigerung an der Engpassoperation, Bewahrung von Schutzkapazitäten
Maximal mögliche Losgrößen	Losgrößen möglichst klein
Leistungsmessung an allen Arbeitsplätzen	Durchsatzmessung an der Engpassoperation
Fertigungsplanungen für jede Produktionsstufe	Gesamte Produktion richtet sich nach dem Fertigungsplan der Engpassoperation

Es geht also darum, einerseits die Anreize für das bisherige Produktivitäts-Denken abzuschalten, andererseits Kennzahlen für das neue Durchsatz-Denken vorzugeben. Dem bisherigen Denken entstammen zum Beispiel leistungsabhängige Prämien für alle direkten Mitarbeiter, die Erfassung der Anlageneffizienzen jeder einzelnen Operation und zahlreiche daraus resultierende Auswertungen und Beurteilungen. All das erweist sich für die neue Constraint-Welt als Störfeuer, das es einzustellen gilt. Stattdessen sind Anreize zu setzen, die den Lieferservicegrad sicherstellen und – sofern die Auftragslage dies erfordert – den Materialdurchsatz am Engpass fördern. Einige weitere Kennzahlen wie Lagerumschlagshäufigkeit und Materialbestände behalten auch im Constraint-Management ihre Bedeutung.

Die Leistungskennzahlen der neuen Constraint-Welt lassen sich in zwei Kategorien zusammenfassen:

1. *Servicegrad-Kennzahlen.* Für das Constraint-Management sind dies die wichtigsten Kennzahlen, denn sie stellen sicher, dass sich die gesamte Fertigungskette am Engpass ausrichtet und den Kunden vereinbarungsgemäß beliefert. Ziel ist ein jeweiliger Servicegrad von 100 Prozent, um somit die Voraussetzung zu schaffen, auch das Fertigungsprogramm zu 100 Prozent erfüllen zu können. Dies bedeutet zugleich einen Lieferrückstand von null.
2. *Wertmäßige Kennzahlen.* Hier geht es darum, Anreize zu setzen, um die Kosten zu senken und den Umsatz zu erhöhen – mithin also direkt das Gewinnziel zu beeinflussen. Kennzahlen dieser Kategorie sind vor allem Materialbestände und der Materialdurchsatz.

Ersatzlos gestrichen ist im neuen Kennzahlen-Set die Produktivität. Anstatt für jede einzelne Operation die Produktivität zu messen, wird nun der Materialdurchsatz an der Engpassoperation zur Orientierungsgröße.

Zugegeben: Auch hierbei handelt es sich natürlich um eine Produktivitätskennziffer. Der Materialdurchsatz bezieht sich auf die Leistungsfähigkeit des Engpasses, drückt somit dessen Produktivität aus. Wenn die Nachfrage vorhanden ist, muss der Engpass mit den gegebenen Ressourcen den höchstmöglichen Durchsatz schaffen – sprich: eine möglichst hohe Produktivität erzielen. Die entscheidende Größe ist in der Welt des Constraint-Managements jedoch nicht die Produktivität am Engpass, sondern der hundertprozentige Kundenservicegrad.

Kategorie 1: Servicegrad-Kennzahlen

Die Servicegrad-Kennzahlen betreffen nicht nur die Auslieferung, also den Service gegenüber dem Kunden. Eingeschlossen sind auch dem eigentlichen Versand vorgelagerte relevante »Lieferanten-Kunden-Beziehungen« der gesamten Wertschöpfungskette, angefangen bei den Zulieferern des Unternehmens, die den Wareneingang beliefern, über die Versorgung des Wareneingangs zur Produktion, die Versorgung der Engpassoperation bis zu definierten kritischen Operationen (Secondary Drums) und den Versandbereich selbst. Prinzipiell lässt sich für jede Abgabe einer Leistung an den nächsten internen Kunden der Servicegrad bestimmen.

An welchen Fertigungsstufen der Servicegrad dann tatsächlich gemessen wird, hängt von der Komplexität der Produktion ab. Grundsätzlich gilt die Überlegung, dass der Fertigungsplan des Engpasses an allen Operationen exakt eingehalten und deshalb an den kritischen Stellen kontrolliert werden sollte. Eine solche hundertprozentige Planerfüllung erfordert, dass

- die Produktion mit allen notwendigen Zukaufteilen und Rohmaterialien planmäßig versorgt wird,
- vor der kritischen Engpassoperation alle Teile rechtzeitig eintreffen,
- am Ende der Fertigungskette die Produkte wie geplant ausgeliefert werden können.

Im Constraint-Management gibt es daher mindestens drei Punkte, an denen auf jeden Fall eine »Messstation« eingerichtet werden sollte: bei der Einspeisung des Materials, bei der Materialversorgung des Engpasses und bei der Auslieferung.

Folgende Übersicht fasst die Servicegrad-Kennzahlen an verschiedenen Stufen der Fertigungskette zusammen:

Kennzahl	Lieferant	Kunde
Lieferantenservicegrad	Externe Zulieferer	Wareneingang
Planerfüllungsgrad Materialversorgung	Warenlager	Produktion
Servicegrad zum Engpass	Zulieferer der Engpassoperation	Engpassoperation
Servicegrad der Engpassoperation zum Warenausgang	Engpassoperation	Warenausgang
Kundenservicegrad	Warenausgang	Externer Kunde

Servicegrad heißt immer: Planerfüllung. Es geht darum, die Erwartungshaltung des Kunden zu 100 Prozent zu erfüllen – denn wer nicht wie versprochen liefert, stört die Abläufe beim jeweiligen Kunden.

Die meisten Industrieunternehmen sind von einer hohen Programmtreue weit entfernt, ein Servicegrad von 60 bis 70 Prozent ist keineswegs die Ausnahme. Das eine Mal fehlt Material, das andere Mal ist ein Mitarbeiter krank, dann fällt die Anlage aus, das Werkzeug muss repariert werden – es gibt ständig Gründe, sich nicht ans Programm zu halten. Die tiefere Ursache liegt jedoch darin, dass die Anreize falsch gesetzt sind und die Produktivität als Maß der Dinge gilt. Wie dadurch ein desaströser Servicegrad entstehen kann, habe ich im einleitenden Beispiel des feinkeramischen Betriebs geschildert (Kapitel 1).

Das Constraint-Management verlangt mit dem Ziel einer hundertprozentigen Planerfüllung eine radikale Neuorientierung, bietet zugleich aber auch eine realistische Möglichkeit, dieses Ziel umzusetzen. Mit der Konzentration auf den Engpass kommt das Constraint-Management mit einem einzigen Fertigungsplan aus und kann dadurch den Steuerungsaufwand drastisch reduzieren (siehe Kapitel 7). So besteht tatsächlich die Möglichkeit, eine vollständige Programmtreue und damit einen Servicegrad von 100 Prozent zu erreichen.

Im Folgenden gehe ich kurz auf die einzelnen Servicegrad-Kennzahlen ein. Gemeinsam ist ihnen, dass sie sich immer auf die Erfüllung der Planvorgaben beziehen. Zum Beispiel enthält der Materialfreigabeplan 100 Positionen, die zu einem bestimmten Zeitpunkt in die Produktion eingespeist sein müssen. Wenn davon dann nur 90 freigegeben sind, beträgt der Erfüllungsgrad – und damit der Servicegrad – 90 Prozent.

Lieferantenservicegrad

In der Regel liefert ein Lieferant seine Ware nicht direkt in die Produktion, sondern in ein Wareneingangslager, das als Puffer genutzt wird. Der Lieferantenservicegrad ist dann die für das Wareneingangslager relevante Kennzahl. Sie gibt an, inwieweit die Lieferanten planmäßig geliefert haben.

Die pünktliche Lieferung der bestellten Ware lässt in der Praxis häufig zu wünschen übrig. Im Falle des Constraint-Managements ist dies besonders problematisch, weil die Funktionsfähigkeit des Systems auf eine korrekte Einspeisung der Materialien angewiesen ist. Sprich: Das Wareneingangslager muss seine »Kunden«, nämlich die Produktion, mit einem Servicegrad von 100 Prozent bedienen. Wenn nach Plan ansteht, um 10 Uhr von Produkt 2011 zehn Teile einzuspeisen, dann muss dies um 10 Uhr tatsächlich so geschehen.

Dies wiederum bedeutet, dass auch die Lieferanten zuverlässig liefern sollten. Im Idealfall arbeiten sie ebenfalls nach den Prinzipien des Constraint-Managements und können so einen hundertprozentigen Servicegrad garantieren. Diese Annahme ist natürlich unrealistisch. Im Falle des amerikanischen Zulieferunternehmens luden wir die Lieferanten zu einem Treffen ein, um sie wenigstens über das Constraint-Management zu informieren. Die Lieferanten lieferten damals durchweg ziemlich unzuverlässig, auch weil unsere Werke in der Vergangenheit hier keine klaren Vorgaben gemacht hatten. Dies lag an der herkömmlichen Produktionssteuerung, bei der unklar war, wann die bestellten Materialien in welchen Mengen tatsächlich zum Einsatz kommen würden. Fällige Lieferungen laut Abruf wurden in der Hektik des Arbeitstages auch nicht angemahnt, wenn das Material in den nächsten Tagen nicht in der eigenen Produktion gebraucht wurde. Ein derartiges Verhalten fördert nicht gerade die Liefermoral.

Bei den Treffen mit den Lieferanten machten wir klar, dass sich die Zeiten nun ändern würden und das neue Constraint-Management feste Einspeisepläne und damit auch feste Liefertermine mit sich bringe. Unsere Botschaft lautete: »Ab jetzt sind unsere Abrufe ernst gemeint.« Dass dieser Appell dann nur bedingt wirkte und wir keinen 100-Prozent-Lieferantenservicegrad bekommen würden, hatten wir eigentlich nicht anders erwartet. Doch wollten wir unsere Lieferanten wenigstens auf die neue Produktionsweise in unseren Werken aufmerksam machen und sie für die Folgen sensibilisieren.

Wir lösten das Problem dann mithilfe des Buffermanagements (siehe Kapitel 9): Um die Unzuverlässigkeit der Lieferanten abzufangen, verlängerten wir den Buffer um zwei oder drei Tage. Der Lieferantenservicegrad war hierbei eine wichtige Kennzahl, die es uns erlaubte, bei einer Verschlechterung rechtzeitig gegenzusteuern. Auf längere Sicht war es jedoch das Ziel, diese Kennzahl auf nahezu 100 Prozent zu heben – also zu erreichen, dass alle Lieferanten zuverlässig und pünktlich liefern.

Planerfüllungsgrad Materialversorgung

Die nächste Messstation in der Fertigungskette ist die Übergabe des Materials in die Produktion. Für die Stabilität des gesamten Produktionssystems ist es entscheidend, dass die Materialeinspeisung in die Produktion korrekt nach Plan erfolgt. Das Ziel ist daher die hundertprozentige Erfüllung des Materialeinspeiseplans – sprich die Kennzahl »Planerfüllungsgrad Materialversorgung« beträgt 100 Prozent.

Wie in Kapitel 7 ausgeführt, entspricht der Materialeinspeiseplan exakt dem Engpassfertigungsplan; er ist lediglich um die Durchlaufzeit bis zum Engpass zeitlich nach vorne verschoben. Beträgt zum Beispiel die Bufferzeit vier Arbeitstage, dann erfolgt die geplante Materialfreigabe vier Arbeitstage vor dem geplanten Datum, an dem das Material beim Engpass eintrifft.

Die disziplinierte Freigabe nach Materialfreigabeplan bezüglich Menge und Zeit ist die Voraussetzung, um einen synchronisierten Materialfluss durch die Fertigung zu erhalten und die geplante Materialdurchlaufzeit zu realisieren. Eine zu frühe Freigabe in die Produktion würde den Fertigungsbestand erhöhen und die Durchlaufgeschwindigkeit aufgrund des erhöhten Bestandes reduzieren. Eine spätere Freigabe in die Produktion würde zunächst zwar durch die installierte Bufferzeit kompensiert. Beim Beispiel eines Buffers von vier Arbeitstagen dürfte eine Verspätung von einem Arbeitstag keinen Einfluss auf den Fertigungsplan der Engpassoperation haben. Insofern ist das System robust und kann auch kurzfristige Abweichungen von einem hundertprozentigen Servicegrad bei der Materialeinspeisung verkraften. Sollte die Materialfreigabe sich jedoch noch mehr verspäten, also zum Beispiel um drei Arbeitstage, dann dürfte das Material kaum noch rechtzeitig an der Engpassoperation erscheinen.

Eine gegenüber dem Fertigungsplan etwas verspätete Materialeingabe ist also zunächst kein Beinbruch. Dennoch ist es empfehlenswert, das 100-Prozent-Ziel strikt zu handhaben, und das nicht nur, weil es die Produktion des Engpasses absichert. Zweck der Vorgabe ist auch, im Unternehmen den notwendigen Kulturwandel voranzubringen und hierfür die richtigen Anreize zu setzen. Damit das Constraint-Management funktioniert, müssen alle Beteiligten dafür sensibilisiert sein, dass der Fertigungsplan exakt erfüllt wird – eine Sensibilität, die bislang in aller Regel nicht besonders ausgeprägt war. Wie sollte sie auch? Bisher war die Effizienz der Maßstab, während die Fertigungspläne wenig Beachtung fanden. Es bedeutet eine echte Umstellung, nunmehr die Planvorgaben wirklich ernst zu nehmen.

Servicegrad zum Engpass

Dreh- und Angelpunkt des Constraint-Managements ist die Engpassoperation. Sie muss, wie schon mehrfach betont, stets mit dem notwendigen Material versorgt sein, weil sich eine Produktionsunterbrechungen im voll ausgelasteten Engpass nicht mehr nachholen lässt. Wenn sich das Produktionsteam deshalb morgens am Engpass trifft, wirft es als Erstes einen Blick auf den Fertigungsplan. Steht dort dann zum Beispiel, dass an diesem Tag zehn Produkte die Operation durchlaufen sollen, prüft das Team, ob alle hierfür erforderlichen Teile eingetroffen sind. Ist das der Fall, beträgt der Servicegrad an der Engpassoperation 100 Prozent.

Klar ist aber auch: Selbst wenn die Materialfreigabe den Vorgaben entsprechend diszipliniert vollzogen wird, kann es in der Fertigungskette zu Unregelmäßigkeiten kommen, die sich auch am Engpass bemerkbar machen. Zu vielfältig sind die Störmöglichkeiten in der vorgelagerten Fertigungskette. Der Servicegrad vom internen Zulieferer des Engpasses kann durchaus ein wenig unter 100 Prozent absinken. Das ist zunächst noch keine Katastrophe, sofern der Buffer und die daraus resultierenden Sicherheitsbestände ausreichend dimensioniert sind.

Dennoch ist es wichtig, den Servicegrad zum Engpass genau zu verfolgen. Nur so kann das Produktionsteam Störungen, die eine pünktliche Auslieferung gefährden könnten, rechtzeitig aufspüren und im Zuge des Buffermanagements (siehe Kapitel 9) gegensteuern. Die Kennzahl »Servicegrad zum Engpass« ist zudem Ausgangsbasis für Verbesserungsmaßnahmen: Sinkt bei den Anlieferungen an der Engpassoperation der Servicegrad unter 100 Prozent, besteht Anlass, die Ursache aufzuspüren und zu beseitigen.

Planerfüllungsgrad der Engpassoperation

Natürlich ist es wichtig, auch die Planerfüllung des Engpasses selbst im Auge zu behalten. Im internen Lieferanten-Kunden-Verhältnis entspricht diese Kennzahl dem Servicegrad der Engpassoperation gegenüber der nachfolgenden Operation in der Fertigungskette.

Der Fertigungsplan des Engpasses sollte, wie mehrfach betont, stets zu 100 Prozent erfüllt sein. Nicht immer ist das in der Praxis der Fall. Trotz aller Schutzmaßnahmen durch das Buffermanagement können kurzfristige Abweichungen vorkommen – zum Beispiel dann, wenn am Engpass selbst eine Maschine unerwartet ausfällt. Zu bedenken bleibt jedoch: Im Engpass kann nur die hundertprozentige Planerfüllung als eine befriedigende Leistung akzeptiert werden.

Der Planerfüllungsgrad der Engpassoperation ist daher eine zentrale Kennzahl. Sie wird ermittelt, indem man die tatsächliche Leistung einer definierten Periode (bezogen auf die Anzahl der Fertigungsaufträge und den dazugehörigen Mengen) in Relation setzt zu den geplanten Fertigungsaufträgen und den dazugehörigen Mengen.

Kundenservicegrad

Am Ende der Fertigungskette steht die alles entscheidende Messstation. Hier wird der Anteil der Aufträge ermittelt, der termin- und mengengerecht das Werkstor verlassen hat – nämlich der Kundenservicegrad.

Wie weit viele Unternehmen in der Realität vom geforderten 100-Prozent-Ziel entfernt sind, habe ich bereits herausgestellt – und wie gefährlich diese Ignoranz ist, lässt sich nicht nachdrücklich genug betonen. In vielen Unternehmen hat es sich eingespielt, zugesagte Liefertermine nicht besonders ernst zu nehmen, verspätete Auslieferungen sind an der Tagesordnung. Die negativen Folgen werden lange Zeit ausgeblendet: Imageverluste bei den Kunden, die Gefahr, bei der nächsten Auftragsvergabe nicht mehr berücksichtigt zu werden, der Verlust von Marktanteilen. Es zeichnet sich jedoch ab, dass die Einhaltung vereinbarter Liefertermine weiter an Bedeutung gewinnt. Immer öfter spielt bei der Vergabe zukünftiger Aufträge der Lieferservicegrad bei zurückliegenden Aufträgen eine Rolle, immer öfter werden unpünktliche Lieferanten aussortiert. Es gibt also gute Gründe, die für eine hundertprozentige Liefertreue sprechen.

Bei der Berechnung des Lieferservicegrads hat es sich bewährt, die vom Kunden bestellte Menge und den geforderten Liefertag als Basis zu nehmen. Der Servicegrad lässt sich dann aus der Abweichung von dieser Vorgabe errechnen. Die Teilkomponente »bestellte Mengen« ist hierbei eindeutig bestimmbar, problematischer sind jedoch die Abweichungen bezüglich der Liefertage. So kommt es vor, dass ein Kunde zwar taggenau bestellt, aber gar nicht zwingend erwartet, dass auch zum bestellten Tag geliefert wird.

Noch komplizierter ist eine andere Konstellation: Oftmals korrigiert der Kunde telefonisch oder per Fax den Auslieferungstermin, weil er die Ware gerne später als ursprünglich vereinbart erhalten möchte. Die Ursache kann darin liegen, dass der Kunde auf der Basis eines MRP-

Systems bestellt (siehe Kapitel 7), das sich im Unterschied zum Constraint-Management nicht an der Kapazität der Engpassoperation ausrichtet. Zwar hat auch dieser Kunde wie jedes Unternehmen seinen internen Engpass. Da er diesen Engpass jedoch nicht kennt, sind seine Bestellungen auch nicht mit der Kapazität des Engpasses synchronisiert. Deshalb kann es passieren, dass sich Rohmaterial und Zukaufteile bis unters Dach stapeln – und der Kunde heilfroh ist, wenn er eine vereinbarte Lieferung verschieben kann.

Was bedeutet das für die Definition des Lieferservicegrades? Man sollte auf jeden Fall die korrigierten Auslieferungstermine zugrunde legen. Unangenehm kann es werden, wenn der Kunde die telefonischen Korrekturen in sein System nicht einpflegt und zum Abschluss einer Periode eine Beurteilung präsentiert, die dann deutlich negativer ausfällt, als die im eigenen Unternehmen ermittelte Lieferleistung. Sollte dies geschehen, besteht immerhin die Möglichkeit, im Falle eines Leistungsgesprächs mit dem Kunden eine nachvollziehbare Argumentationsschiene aufzubauen.

Lieferrückstand

Der Kundenservicegrad lässt sich mit den gerade beschriebenen Unschärfen auch am Lieferrückstand ablesen – denn dieser zeigt an, welcher Anteil der Aufträge nicht rechtzeitig ausgeliefert wurde.

Um den Lieferrückstand festzustellen, gibt es unterschiedliche Verfahrensweisen. So kann zum Beispiel die Zahl der offenen Aufträge oder die Zahl der offenen Einzelpositionen gezählt werden; der Lieferrückstand lässt sich in Stück, aber auch in seinem Wert ausdrücken. Das Ziel ist jedoch bei allen Varianten dasselbe: Der Lieferrückstand ist gleich null.

Lieferrückstand und Kundenservicegrad hängen, wie gesagt, direkt zusammen. Je höher der Lieferrückstand, desto schlechter ist der Kundenservicegrad. Dennoch empfiehlt es sich, beide Kennzahlen zu messen und zu verfolgen. Hier zählt das generelle Argument, dass die Konsistenz unterschiedlicher Kennzahlen die Zuverlässigkeit von Aussagen absichert, Widersprüche hingegen auf mögliche Fehlentwicklungen hinweisen. Zum Beispiel ist es nicht plausibel, wenn der Lieferrückstand größer null ist, in den Buffermanagement-Sitzungen jedoch seit längerer Zeit keine Fehlermeldungen auflaufen, der Servicegrad am Engpass somit 100 Prozent beträgt. Ein solcher Widerspruch sollte Anlass sein, nach der Ursache zu forschen.

Kategorie 2: Wertmäßige Kennzahlen

Im Constraint-Management stehen die Servicegrad-Kennzahlen klar an erster Stelle. Mit ihrer Hilfe wird die Funktionsfähigkeit des Gesamtsystems kontrolliert und gesteuert. Darüber hinaus gibt es weitere Kennzahlen, die sich auf Kosten, Umsatz und Gewinn beziehen, somit der wertmäßigen Steuerung der Produktion dienen. Hier spielen vor allem der *Materialdurchsatz* und die *Materialbestände* – jeweils in Euro ausgedrückt – eine wichtige Rolle. In enger Beziehung hierzu steht die *Lagerumschlagshäufigkeit*, die ebenfalls als Kennziffer gepflegt werden sollte.

Materialdurchsatz

Da der Durchsatz mengenmäßig durch die Kapazität der Engpassoperation begrenzt wird, lässt sich die Kennzahl »Materialdurchsatz« auf den Engpass beziehen und wie folgt definieren: Der Materialdurchsatz ist der Wert des Materials, das innerhalb eines bestimmten Zeitraums den Engpass passiert hat.

Übergeordnetes Ziel des Constraint-Managements ist die uneingeschränkte Gewinnmaximierung. Dies bedeutet, dass der Materialdurchsatz gegenüber vorherigen Perioden steigen soll.

Materialbestand

Bestände werden in der Regel mit ihrem Wert ausgedrückt: »Wir haben 1,5 Millionen Euro an Material in der Produktion.« Mit jedem Teil, das in die Fertigung eingeht, wird die Produktion buchungstechnisch belastet. Am Ende, wenn das fertige Produkt die Produktion verlässt, werden die verbauten Teile anhand der Stücklisten automatisch wieder ausgebucht. Ein Unternehmen sollte daher jederzeit über seinen Materialbestand, ausgedrückt in Euro, informiert sein.

Der Materialbestand eines Industriebetriebes setzt sich aus Teilbeständen in einer Reihe von Unternehmensbereichen zusammen, die vom Wareneingang über die Produktion und die Halbfertiglager bis hin zu Lagerorten der Qualitätssicherung und zum Versand reichen. Eine wichtige Kennzahl ist daher der *Gesamtmaterialbestand*. Das Constraint-Management bezieht sich demgegenüber zunächst auf den abgegrenzten Bereich der Produktion, sodass auch der *Materialbestand in der Produktion* eine interessante Kennzahl ist. An ihr kann das Management unmittelbar die Wirkungen des Drum-Buffer-Rope-Modells, also der Ausführung des Constraint-Managements, erkennen.

Herkömmliche Produktionen sind häufig durch Überbestände geprägt. Eine Ursache liegt oft darin, dass die Materialeinspeisung sich – im Unterschied zum Constraint-Management – am Bedarf der ersten Operation ausrichtet. Wenn diese nicht der Engpass ist, wird schon prozessbedingt ständig mehr an Material zugeführt, als durch die Fertigungskette laufen kann. Zwangsläufig blähen sich die Bestände auf.

So ist es kein Wunder, dass Materialbestände für die deutsche Industrie ein Dauerbrenner sind. Am liebsten würde man sie auf null reduzieren, etwa nach dem Motto der Just-in-time-Philosophie: »Ich brauche immer nur das nächste Teil.« Allenthalben sucht man nach Wegen, die Materialbestände zu eliminieren – was ja auch nachvollziehbar ist: Bestände sind Kosten, binden jede Menge Kapital und bergen die große Gefahr, dass sie unverkäuflich werden.

Wie im Kapitel zum Buffermanagement (Kapitel 7) ausgeführt, strebt auch das Constraint-Management eine Reduktion der Bestände an, jedoch nicht auf null. Vielmehr wird hier ein bestimmtes Bestandsniveau angepeilt, das für eine störungsfreie Produktion notwendig ist – quasi als Öl im Getriebe, damit die Getrieberäder sauber miteinander arbeiten können. Mithilfe des Buffermanagements lässt sich dieses notwendige Bestandsniveau ermitteln und dauerhaft am Optimum einpegeln.

Für den Buffermanager und für das Produktionsteam spielt der Materialbestand als Kennzahl in der täglichen Arbeit wahrscheinlich nur eine untergeordnete Rolle. Sie orientieren sich an den Servicegrad-Kennzahlen, also vor allem am Ziel, die Engpassoperation gemäß dem Fertigungsplan immer zu 100 Prozent zu bedienen. Solange das Produktionsteam den Buffer richtig austariert und auf eine korrekte Materialeinspeisung achtet, bewegen sich auch die Bestände auf dem richtigen Niveau.

Dagegen sind für den Controller oder den Geschäftsführer die Buffer keine griffigen Zahlen. Es sagt ihnen wenig, wenn die Produktion den Buffer mal um zwei Tage verlängert, dann wieder um einen Tag verkürzt. Für sie sind nach wie vor die Bestände eine zentrale Größe, um die Performance der Produktion zu beurteilen. Steigt der Bestandswert, haben sie allen Anlass, nach der Ursache zu fragen. Sinkt der Wert dagegen, schlägt sich dies positiv im Gewinn nieder. Daran können sie dann ablesen, dass das Produktionsteam ein erfolgreiches Buffermanagement betreibt. Eines muss jedoch klar sein: Hinsichtlich der Bestände existiert ein Grenzwert, der nicht unterschritten werden darf. Das Management sollte verstanden haben, dass sich der Bestand in den nächsten Jahrzehnten höchstwahrscheinlich nicht auf das nächste benötigte Teil reduzieren lässt.

Bleibt also festzuhalten: Der Materialbestand ist nicht nur in der »alten Welt«, sondern auch im Constraint-Management eine wichtige Kennzahl. Das damit verfolgte Ziel unterscheidet sich jedoch in einem entscheidenden Punkt: Der traditionellen Welt schwebt ein Idealzustand vor, bei dem die Bestände sich dem Wert null annähern. Das Constraint-Management hingegen entlarvt dieses Ansinnen als Wunschdenken. Insofern transportiert die Kennzahl »Materialbestand« in der Constraint-Welt eine andere Botschaft: Indem sie einen »unbedingt notwendigen Materialstand« zum Ziel erhebt, lenkt sie Denken und Handeln in Richtung Buffermanagement und erweist sich damit als wichtiges Instrument, den Kulturwandel zu unterstützen.

Lagerumschlagshäufigkeit

Die Lagerumschlagshäufigkeit gibt an, wie oft der durchschnittliche Lagerbestand einer Ware in einem Jahr komplett verarbeitet und ersetzt wurde. Der Materialbestand wird also in Relation zum Umsatz gesetzt, der allerdings für diese Berechnung um die sogenannten Overhead-Kosten und die Gewinnmarge bereinigt werden muss. Die folgende Beispielrechnung geht davon aus, dass der Umsatz um 40 Prozent reduziert werden muss.

Hat ein Unternehmen im ersten Monat eines Jahres einen durchschnittlichen Lagerbestand von 5 Millionen Euro und erzielt es in diesem Monat einen Umsatz von 10 Millionen Euro, errechnet sich die Zahl der auf ein Jahr hochgerechneten Lagerumschläge wie folgt:

- Step 1: Anfangsbestand des Monats + Endbestand des Monats ÷ 2 = durchschnittlicher Lagerbestand. Im Beispiel sind das 5 Millionen Euro
- Step 2: Umsatz (10 Millionen Euro) – Overhead und Gewinn (40 Prozent) = umgesetzter Materialwert (6 Millionen Euro)
- Step 3: Umgesetzter Materialwert (6 Millionen Euro) ÷ durchschnittlicher Materialwert (5 Millionen Euro) = 1,2
- Step 4: 1,2 × 12 Monate = 14,4 Lagerumschläge auf ein Jahr hochgerechnet.

Während der Materialbestand eine Zeitpunktbetrachtung ist, bezieht sich die Umschlagshäufigkeit auf eine Periode, also in der Regel auf die durchschnittliche Bestandshöhe über ein Jahr in Bezug zum bereinigten Jahresumsatz. Eine Orientierungsgröße für die Lagerumschlagshäufigkeit ist der Branchendurchschnitt; in der Automobilindustrie zum Beispiel wird der Lagerbestand in der Regel ungefähr 20- bis 30-Mal umgesetzt. Ziel ist, eine möglichst hohe Lagerumschlagshäufigkeit zu erreichen.

Die Umschlagshäufigkeit ist nicht nur ein guter Indikator, um die Leistung eines Unternehmens zu beurteilen, sondern auch um den Realisierungsgrad des Constraint-Managements zu erkennen. Eine hohe Umschlagshäufigkeit signalisiert einen relativ geringen Materialbestand in Relation zum Umsatz. Zugleich besteht ein direkter Zusammenhang zur Materialdurchlaufgeschwindigkeit: Wenn die Bestände sinken, werden die Durchlaufzeiten schneller. Wird das Constraint-Management erfolgreich umgesetzt, lässt sich dies an einer Zunahme der Lagerumschlagshäufigkeit ablesen. Bleibt diese aus, ist dies ein sicheres Indiz, dass etwas falsch gemacht wird.

Andererseits stößt auch die Beschleunigung des Lagerumschlags an die bereits beschriebene Grenze. Für eine reibungslose Produktion ist, wie ausgeführt, ein bestimmtes Mindestmaß an Beständen erforderlich. Da nun die Erhöhung der Lagerumschlagshäufigkeit gleichbedeutend ist mit der Absenkung der Materialbestände, wird sich auch der Lagerumschlag bei einem optimalen Wert einpendeln.

Bei der Lagerumschlagshäufigkeit lässt sich zwischen einer Kennzahl für das gesamte Unternehmen (*Lagerumschlagshäufigkeit gesamt*) und speziell für die Produktion (*Lagerumschlagshäufigkeit in der Produktion*) unterscheiden. Im ersten Fall bezieht sich die Kennzahl auf die Bestände des Gesamtunternehmens, im zweiten Fall nur auf die Produktionsbestände.

Zusammenfassung

Ein weiterer Baustein, um das Constraint-Management abzusichern und fest im Unternehmen zu verankern, liegt in der Etablierung der richtigen Kennzahlen. Da sich Denken und Verhalten im Unternehmen maßgeblich an Leistungskennzahlen ausrichten, sind diese ein wichtiges Instrument, um den Kulturwandel herbeizuführen. Folgende Tabelle fasst die wesentlichen Kennzahlen zusammen, die in der neuen Welt des Constraint-Managements gelten:

Kennzahl		Gemessen in	Ziel
Kategorie 1: **Servicegrad-Kennzahlen**	Lieferantenservice-grad	Prozent der Planerfüllung	100 %
	Planerfüllungsgrad Materialversorgung	Prozent der Planerfüllung	100 %
	Servicegrad zum Engpass	Prozent der Planerfüllung	100 %
	Planerfüllungsgrad der Engpass-operation	Prozent der Planerfüllung	100 %
	Kundenservicegrad	Prozent der Planerfüllung	100 %
	Lieferrückstand	Zeiteinheit	0
Kategorie 2: **Wertmäßige Kennzahlen**	Materialdurchsatz	Euro pro Zeiteinheit	So hoch wie möglich
	Materialbestand	Euro	Notwendiges, im Buffermanagement austariertes Niveau
	Lagerumschlagshäufigkeit	Anzahl	So hoch wie möglich, ohne den Servicegrad zu gefährden

Die Übersicht zeigt vor allem eines: An erster Stelle stehen die Servicegrad-Kennzahlen, während die Produktivität, bislang eine der wichtigsten Kennzahlen in der Produktion, nicht mehr auftaucht. Ziel ist, dauerhaft einen Kundenservicegrad von 100 Prozent zu erreichen.

13 Schlagkräftig aufgestellt: Der organisatorische Rahmen

Constraint-Management greift in vertraute Organisationsstrukturen ein. Gab es früher möglicherweise für jeden Fertigungsbereich ein eigenes Fertigungsprogramm, reicht jetzt ein einziger Plan, nach dem sich die gesamte Produktion ausrichtet. Wo also bisher mehrere Mitarbeiter beschäftigt waren, um all die Fertigungspläne zu erstellen, genügt jetzt ein Mitarbeiter zur Erarbeitung *eines* Plans. Die übrigen verlieren ihre Aufgabe. Im Gegenzug entstehen neue Aufgaben. Neu sind zum Beispiel die täglichen Besprechungen an der Engpassoperation, die sowohl der Kontrolle des Fertigungsplans als auch der Steuerung des Verbesserungsprozesses dienen (siehe Kapitel 9).

Deutlich wird: Auch Strukturen und Funktionen müssen sich an den neuen Anforderungen des Constraint-Managements ausrichten, erst dann entsteht ein stabiles und effektives Produktionssystem. So entscheidend es ist, dass sich alle Beteiligten an einem übergeordneten Ziel orientieren, und so sehr es darauf ankommt, durch neue Leistungskennzahlen die richtigen Anreize zu schaffen – hinzu kommen muss ein dritter Baustein, um den Erfolg des Constraint-Managements abzusichern: Die Mitarbeiter benötigen einen festen organisatorischen Rahmen. Constraint-Management erfordert deshalb auch organisatorische Veränderungen, verbunden mit klaren Funktionsbeschreibungen und Verantwortlichkeiten. Nur dann können alle Beteiligten sicher und schlagkräftig agieren.

Was heißt das konkret? Die Aufbauorganisation muss vor allem zwei kritische Aspekte berücksichtigen:

- Wenn anstelle mehrerer Fertigungspläne nur noch ein einziger Plan übrig bleibt, an dem sich alle Operationen ausrichten, gewinnt dieser verbliebene Plan enorm an Bedeutung. Die organisatorischen Folgen sind gravierend: Von bislang mehreren Planern bleibt nur noch einer übrig, dessen Position wird jedoch stark aufgewertet.
- Da die täglichen Besprechungen an der Engpassoperation für das Funktionieren des Systems entscheidend sind, bedarf es an dieser Stelle einer klaren Verantwortlichkeit. Die Empfehlung geht dahin, hier die Funktion eines Buffermanagers neu einzurichten.

Die organisatorische Absicherung des Constraint-Managements läuft somit auf zwei wesentliche Änderungen hinaus. Erstens: Für die Fertigungsplanung ist künftig anstelle mehrerer nur noch ein einziger *Fertigungssteuerer* zuständig. Und zweitens: Für das Funktionieren des Produktionssystems und für dessen kontinuierliche Verbesserung zeichnet künftig ein *Buffermanager* verantwortlich. Auf beide Positionen gehe ich in diesem Kapitel näher ein.

Der Fertigungssteuerer

Die Bezeichnung variiert von Unternehmen zu Unternehmen: Häufig ist von Planern oder Disponenten die Rede, gelegentlich auch vom Fertigungssteuerer. Gemeint sind damit die Experten, die festlegen, was zu welchem Zeitpunkt und in welcher Menge produziert werden muss, um die vorliegenden Kundenaufträge pünktlich und vollständig zu beliefern. In einem mittelgroßen Industrieunternehmen mit komplexen Produktionsstrukturen sind in der Regel mehrere Mitarbeiter mit dieser Aufgabe beschäftigt. Nach Umstellung auf das Constraint-Management kommt dieselbe komplexe Produktion, wie bereits in Kapitel 7 ausgeführt, mit nur noch einem Fertigungssteuerer aus.

Welche Brisanz in dieser nüchternen Erkenntnis steckt, lernte ich erstmals bei den Projekten in den USA kennen.

Eine Welt bricht zusammen

Damals ging es, wie schon beschrieben, um die Umstellung von 18 Werken eines amerikanischen Zulieferunternehmens auf die neue Produktionsweise. Vor Anwendung der Theory of Constraints bot sich folgendes Bild:

In jedem Werk befassten sich mehrere Mitarbeiter mit der Fertigungssteuerung. Die Vorgehensweise war von Werk zu Werk unterschiedlich, wirklich zufriedenstellend war die Steuerung jedoch an keinem der Standorte. Die Programmvorgaben standen meist nur auf dem Papier, alle Werke schoben umfangreiche Lieferrückstände vor sich her.

Nahezu täglich fanden »Rückstandssitzungen« statt, die mindestens eine Stunde dauerten. Ihr Zweck war, herauszufinden, welche der geplanten Chargen in den nächsten zwei Tagen fertig sein würden. Die Fertigungssteuerer benötigten diese Informationen dringend, um den Kunden die Ausliefertermine ihrer Aufträge mitteilen zu können. Die Rückstandssitzungen waren daher immer sehr wichtig und gehörten zu den wenigen regelmäßigen Besprechungen, die selbst in hektischen Zeiten fast nie ausfielen.

Im Arbeitsalltag der Fertigungssteuerer jagte ein Alarm den nächsten. Eine Anlage stand still, Teile fehlten, weil die Vorfertigung nicht lieferte, dann fehlte Material, weil ein Lieferant seinen Termin nicht einhielt, ein Werkzeug musste zur Reparatur, ein Qualitätsproblem tauchte auf, ein Mitarbeiter erkrankte ... Fast jede Störung löste Unruhe aus, gefährdete oft bereits zugesagte Liefertermine, was die Hektik noch weiter verstärkte.

Aus dem Blickwinkel der Geschäftsleitung waren diese Verhältnisse nicht tragbar. Die Unregelmäßigkeiten in der Produktion lassen sich als das Delta zwischen den Planungsvorgaben und der Realisierung der Vorgaben beschreiben. Besteht wie in der geschilderten Situation permanent ein großes Delta, sind die Aktivitäten entlang der Fertigungskette kaum mehr planbar und nur schwer zu kontrollieren und zu steuern. Muss sich ein Unternehmen in umkämpften Märkten behaupten, sind solche Zustände höchst gefährlich – ganz abgesehen davon, dass der ständige Kampf gegen die Produktionsstörungen erhebliche Mitarbeiterkapazitäten bindet.

Die Sichtweise der Fertigungssteuerer in den Werken vor Ort war indes eine ganz andere. Jeder von ihnen hatte im Laufe der Jahre seinen eigenen Weg gefunden, die Produktion mit allen ihren Problemen und Störungen irgendwie in den Griff zu bekommen und das Beste aus der Situation zu machen. So entwickelten sich die Fertigungssteuerer im Laufe der Zeit zu Experten im täglichen Troubleshooting. Dadurch fühlten sie sich unersetzlich, was sie kurzfristig gesehen auch tatsächlich waren, und glaubten, bis zur wohlverdienten Rente einen sicheren Job zu haben.

Als nun das Constraint-Management am Horizont auftauchte, brach für die Fertigungssteuerer die heile Welt zusammen. Spätestens bei den ersten Schulungen dämmerte ihnen, dass eine erfolgreiche Anwendung der Theory of Constraints die Fertigungssteuerung radikal verändern und vereinfachen würde. Jeder Steuerer konnte sich leicht ausmalen, wie groß nun die Gefahr war, die bisherige Aufgabe zu verlieren.

Die harte Realität lautet in der Tat: Einer der bisherigen Fertigungssteuerer rückt auf, während die anderen einer ungewissen Zukunft entgegenblicken. In allen Projekten, die ich begleitet habe, verzichtete die Geschäftsleitung jedoch auf Entlassungen. Man wollte keine negativen Signale setzen, vor allem aber die sehr erfahrenen Leute nicht verlieren.

Auswahl des Fertigungssteuerers

So standen auch wir im Falle der 18 US-Werke vor einer doppelten Herausforderung: Zum einen mussten wir die Ängste und Befürchtungen der Fertigungssteuerer entkräften, zum anderen an jedem Standort einen

Kandidaten auswählen, der künftig allein die Fertigungssteuerung übernehmen sollte.

Auf den ersten Aspekt, den Umgang mit Veränderungsängsten, gehe ich in Kapitel 14 näher ein. Hier nur so viel: Wir hatten damals die Bedeutung dieses Aspekts unterschätzt. Zwar versicherten wir bei jeder Gelegenheit, dass es nicht Absicht des Managements sei, erfahrene Mitarbeiter aus der Fertigungssteuerung zu entlassen. Tatsächlich ist das dann auch nie geschehen; die betroffenen Mitarbeiter fanden anderswo im Betrieb, nicht selten zu einem höheren Gehalt, eine neue Beschäftigung. Im Nachhinein denke ich aber trotzdem, dass wir diesen kritischen Punkt nicht ausreichend berücksichtigt haben. Wir hätten schon in der ersten Projektphase, also noch während der Schulungen, jedem einzelnen Fertigungssteuerer klare Entwicklungsperspektiven aufzeigen müssen. Da wir das versäumt hatten, sahen einige von ihnen die Theory of Constraints vor allem als Gefährdung ihrer bisherigen Arbeit – mit der Folge, dass sie das Projekt weit weniger unterstützten, als sie es aufgrund ihres Wissens und ihrer Erfahrung hätten tun können.

Wie erfolgte nun die Auswahl des künftigen Fertigungssteuerers? Mit Blick auf sein Profil erwiesen sich folgende Eigenschaften als besonders wichtig: eine hohe Anerkennung im Werk, gutes Wissen um Produktion und Produkte, dazu kommunikationsstark und durchsetzungsfähig – und nicht zuletzt: überzeugt vom Constraint-Management. Wer bislang gemeinsam mit dem Produktionsleiter die Fahne der Produktivität hochgehalten hat und davon offensichtlich nur schwer loslassen kann, dürfte kaum der geeignete Kandidat sein.

Schon vor dem Projektstart in den einzelnen Werken bauten wir – also die Mitglieder des Steuerungskreises – zu den Fertigungssteuerern vor Ort enge Kontakte auf. Die Gespräche mit ihnen waren für uns sehr interessant, weil sie die Verhältnisse der jeweiligen Produktion in- und auswendig kannten und uns ein ungefiltertes Bild von den tatsächlichen Problemen vermittelten. Zugleich lernten wir die möglichen Kandidaten für die künftige Position des alleinigen Fertigungssteuerers sehr gut kennen.

In jedem Werk bestimmten wir jedoch zunächst einen Projektleiter, der für die Umsetzung des Constraint-Managements verantwortlich war. Meistens war damit dann auch schon eine Vorentscheidung über den künftigen Fertigungssteuerer verbunden: Da der Projektleiter zusammen mit seinem Team den neuen Fertigungsplan entwickelte, war er prädestiniert, künftig die Funktion des Steuerers zu übernehmen.

Der Buffermanager

Seine besondere Stärke entfaltet das Constraint-Management, wie in Kapitel 9 dargestellt, durch ein konsequentes Buffermanagement. Erst dann lässt sich das Ziel eines hundertprozentigen Kundenlieferservicegrads bei niedrigstmöglichen Beständen erreichen. Es liegt daher nahe, die Funktionsfähigkeit des Buffermanagements auch organisatorisch abzusichern. Dies kann durch die Schaffung einer eigenen Stelle geschehen, nämlich der eines »Buffermanagers«.

Der Buffermanager koordiniert alle Verbesserungsaktivitäten, die ihren Impuls aus dem Buffermanagement erhalten. Von der Qualität seiner Arbeit hängt ab, ob das Unternehmen die Potenziale des Constraint-Managements wirklich nutzt und die damit verbundenen Wettbewerbsvorteile erreicht. Ein starker Buffermanager mit Rückhalt in der Geschäftsleitung kann dem Unternehmen einen uneinholbaren Wettbewerbsvorteil bringen. Selbst wenn Wettbewerber damit beginnen, bei sich ebenfalls das Drum-Buffer-Rope-Konzept einzuführen (nach meiner Überzeugung werden sie das über kurz oder lang tun müssen), stehen die Chancen gut, dass ein uneinholbarer Vorsprung entsteht. Denn das Buffermanagement zwingt dazu, täglich neue Erfahrungen im Constraint-Management zu gewinnen und das Konzept immer weiter zu perfektionieren.

Nebenbei hat die Einrichtung der neuen Stelle und die Benennung eines Buffermanagers auch einen willkommenen kommunikativen Aspekt: Die Unternehmensleitung setzt damit ein klares Signal, dass sie das Constraint-Management ernsthaft unterstützt und vorantreibt.

Funktionsbeschreibung des Buffermanagers

Der Buffermanager hat zuerst dafür zu sorgen, dass der Fertigungsplan auch dauerhaft eingehalten werden kann. Hierzu beseitigt er systematisch alle erkannten Störungen. Ein Erfüllungsgrad von 100 Prozent ist das erklärte Ziel. Dies allein ist schon eine recht anspruchsvolle Aufgabe und wird besonders während der ersten Monate nach dem Start des Constraint-Managements höchstwahrscheinlich ein Fulltime-Job sein.

Wenn die Produktion im eingeschwungenen Zustand dieses Ziel stabil erreicht, folgt das »Buffermanagement der zweiten Stufe«: Nun soll der Buffermanager das System gezielt destabilisieren, indem er die Bufferzeit reduziert – dies aber immer mit dem gebotenen Augenmaß, denn der Constraint-Plan sollte auch dann einen 100-Prozent-Erfüllungsgrad erreichen. Wie in Kapitel 9 beschrieben werden sich dadurch Produktionsbestand, interne Materialzykluszeit und Lieferzeiten für die Kunden reduzieren.

Die folgende Funktionsbeschreibung fügt die Erfahrungen aus unterschiedlichen Projekten zusammen. Sie ist als Ansatz gedacht, der noch weiterentwickelt und auf unternehmensspezifische Bedürfnisse angepasst werden sollte. Die Tätigkeit des Buffermanagers gliedert sich in zwei Hauptfelder, nämlich die Leitung der Engpassbesprechungen und die Steuerung des daraus resultierenden Verbesserungsprozesses.

Leitung der Engpassbesprechungen

Der Buffermanager stellt sicher, dass zu Beginn jeder Produktionsschicht eine kurze Zustandsbesprechung bezüglich der Buffer stattfindet. Die Besprechung sollte nur wenige Minuten dauern. Die Teilnehmer repräsentieren die interne Fertigungskette bis zur Engpassoperation, auch einige Vertreter der vorherigen Schicht sind anwesend.

Im Falle der Projekte in den USA hatten wir direkt nach Start des Constraint-Managements den Buffer so dimensioniert, dass die Baugruppen oder Teile spätestens zwei Arbeitstage vor der geplanten Weiterbearbeitung am Engpass vor diesem erscheinen mussten, sofern es keine Störungen gab. Später reduzierten wir den Buffer dann auf einen Tag. Vor Beginn der Bufferbesprechung überprüfte der Vorarbeiter des Engpasses, ob alle Baugruppen oder Teile eingetroffen waren. Wenn ein Teil fehlte, hielt er dies schriftlich fest. So vorbereitet ging er dann in die Besprechung.

Der Buffermanager achtet darauf, sehr diszipliniert durch die Besprechung zu führen. Die Engpassbesprechung beinhaltet folgende Themen:

- Ein Mitarbeiter stellt die Leistung der Engpassoperation während der vorherigen Schicht dar. Liegt die Planerfüllung unter 100 Prozent, führt er genau auf, was dazu geführt hat – dass zum Beispiel Teile fehlen (was bei korrektem Buffermanagement die absolute Ausnahme sein sollte), dass die Anlage ausgefallen ist oder Mitarbeiter krank sind. Der Buffermanager nimmt diese Information entgegen, vermeidet jedoch jede Diskussion über die Ursachen – denn dies würde den Rahmen der Besprechung sprengen.
- Ein weiteres Thema ist die Vollständigkeit der Teile, die vor dem Engpass eingetroffen sind. Fehlen Teile, die laut Plan am nächsten beziehungsweise übernächsten Tag auf dem Engpass weiterbearbeitet werden sollen, wird dies festgehalten, auch um diesen Punkt bei der nächsten Bufferbesprechung noch einmal anzusprechen.

- Ein Mitarbeiter stellt die Leistung der Materialeinspeisung in die Produktion während der vorherigen Schicht dar. Liegt die Materialfreigabe unter der Planung, erhält der Buffermanager eine genaue Aufstellung, welche Teile und Mengen nicht in die Produktion eingespeist wurden. Wiederum achtet er darauf, dass keine Ursachendiskussion stattfindet.

Die Besprechung stellt sicher, dass die nachfolgende Schicht über alle notwendigen Informationen verfügt. Die Beteiligten wissen, welche Positionen des Fertigungsprogramms sie in die nächste Schicht übertragen müssen oder welche Positionen sie aufgrund von Störungen in der vorherigen Schicht nicht fertigen können.

Steuerung des Verbesserungsprozesses

Nach der Engpassbesprechung nimmt sich der Buffermanager die Unterlagen, die er erhalten hat, vor. Er analysiert die gemeldeten Planabweichungen bei der Engpassoperation und bei der Materialfreigabe und fahndet nach den Ursachen. Im nächsten Schritt setzt er Prioritäten: Welche Störungen gefährden die Versorgung des Engpasses am meisten? Er sortiert nun die Probleme nach dem Grad ihres Einflusses auf die Engpassoperation und die Materialfreigabe.

Nun macht sich der Buffermanager daran, die Ursachen der Abweichungen systematisch zu beseitigen. Da er das nicht alleine kann, agiert er quasi als Projektmanager einer Reihe von kleineren Projekten. Je nach Fall liegen Ressourcen und Expertise, um das Problem zu beheben, zum Beispiel beim Engineering, bei der Qualitätssicherung, der Produktentwicklung oder beim Einkauf. Aufgabe des Buffermanagers ist nun, die richtigen Stellen im Unternehmen mit der Behebung der Störungen zu beauftragen. Hierzu muss er das Problem und dessen Ursache eindeutig und nachvollziehbar darstellen, einen Zeitplan vereinbaren und die Umsetzung kontrollieren.

Erwartet wird also, dass der Buffermanager mehrere Verbesserungsmaßnahmen parallel managt. Hierzu muss er den Status der einzelnen Projekte kennen, deren Fortschritt verfolgen und dafür sorgen, dass die vereinbarten Ziele erreicht werden. Dies erfordert eine hohe Durchsetzungsfähigkeit, setzt aber auch die notwendigen Entscheidungsbefugnisse voraus.

Aus der Funktionsbeschreibung ergibt sich ein Anforderungsprofil, das sich wie folgt zusammenfassen lässt:

- Hohe Führungsqualitäten,
- kommunikationsstark,
- detaillierte Kenntnisse über das Constraint-Management und die betrieblichen Abläufe,
- ausgeprägte Problemlösungsfähigkeit,
- ergebnisorientiert.

Zusammenspiel mit dem Fertigungssteuerer

Im Constraint-Management besteht eine klare Arbeitsteilung zwischen dem Fertigungssteuerer, der das Fertigungsprogramm entwirft, und dem Buffermanager, der es überwacht und die Abweichungen zum Anlass nimmt, Verbesserungsmaßnahmen zu initiieren.

Das Zusammenspiel von Buffermanager und Fertigungssteuerer lässt sich als positiver Regelkreis beschreiben, der das System Schritt für Schritt optimiert und so die Potenziale des Constraint-Managements erschließt (siehe Abbildung 13.1).

Der Fertigungssteuerer entwirft das Fertigungsprogramm, das dem Buffermanager als Grundlage für seine Tätigkeit dient. Aus den Plan-Ist-Abweichungen initiiert der Buffermanager Verbesserungsmaßnahmen. Die so entstandenen Veränderungen nimmt der Fertigungssteuerer auf und passt den Fertigungsplan an, zum Beispiel indem er in seiner Planung den Buffer verkürzt. Das veränderte Fertigungsprogramm nutzt nun wieder der Buffermanager, um Abweichungen festzustellen – der Verbesserungsprozess geht in die nächste Runde.

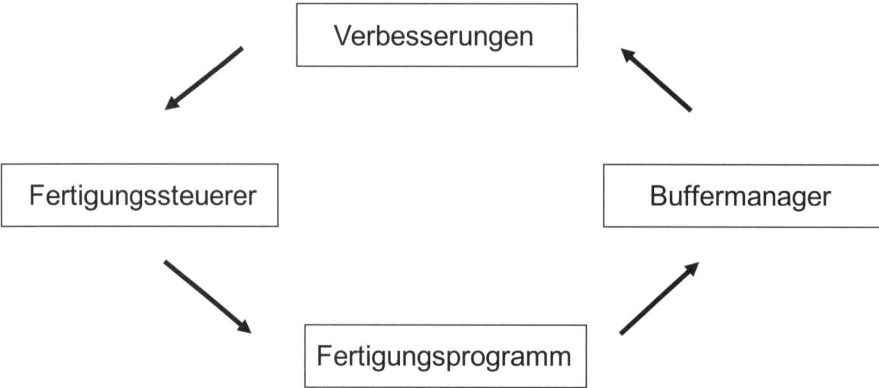

Abbildung 13.1: Das Zusammenspiel von Buffermanager und Fertigungssteuerer

Für das Funktionieren des Constraint-Managements sind die Funktionen des Fertigungssteuerers und Buffermanagers, wie sie in diesem Kapitel beschrieben sind, entscheidend. Ergänzend hierzu sollte betont werden, dass auch deren Vorgesetzte ebenso wie die Geschäftsleitung hinter dem Constraint-Management stehen müssen und für dessen Gelingen Verantwortung tragen.

Fertigungssteuerer und Buffermanager berichten in der Regel dem Logistikleiter. Dieser ist typischerweise Chef des Wareneingangs, des innerbetrieblichen Transportwesens, des Versands, der Materialdisposition und eben auch der Fertigungssteuerung. Während der Fertigungssteuerer die Fertigungskette nach den Prinzipien des Constraint-Managements plant, trägt der Logistikleiter die Verantwortung dafür, dass diese Prinzipien auch eingehalten werden. Hierzu muss er ein hervorragender Kenner der Materie sein, denn nur dann kann er das Constraint-Management erfolgreich gegen alle Widerstände vertreten. Und nur dann wird er zum Beispiel in der Lage sein, dem Buffermanager Schützenhilfe zu leisten, wenn die Geschäftsleitung das Messer an die Schutzkapazitäten anlegen möchte.

Zusammenfassung

Auch Strukturen und Funktionen müssen sich an den neuen Anforderungen des Constraint-Managements ausrichten, erst dann kann sich das neue Produktionssystem stabil und dauerhaft etablieren. Konkret bedeutet das vor allem zweierlei:

- Da es im Constraint-Management nur einen Fertigungsplan gibt, wird auch nur noch ein einziger Fertigungssteuerer benötigt. Von bislang mehreren Planern rückt daher einer in die Position des »Constraint-Fertigungssteuerers«, während die anderen ihre Aufgabe verlieren.
- Im Constraint-Management gibt es eine neue Schlüsselposition: den Buffermanager. Er überwacht nicht nur den Fertigungsplan, sondern steuert auch den Verbesserungsprozess. Ein starker Buffermanager mit Rückhalt in der Geschäftsleitung kann die Potenziale des Constraint-Managements ausreizen und dem Unternehmen dadurch einen uneinholbaren Wettbewerbsvorteil bringen.

14 Zwischen Euphorie und Ablehnung: Der menschliche Faktor

Die Theory of Constraints hat uns fasziniert. Sie war logisch nachvollziehbar, in sich stimmig und vielversprechend. Wir waren fest davon überzeugt, die Produktion in den Werken mit dieser neuen Methode so effektiv zu gestalten, dass daraus ein echter Wettbewerbsvorteil entstehen würde. Diese Vision, die wir in den ungewöhnlichen Begriff »Mt. Fomthaca« verpackten, war für uns kein realitätsfernes Luftschloss, sondern erschien uns als absolut machbare Option.

Wir – das waren die Mitglieder der Steuerungsgruppe. Unser Auftrag bestand darin, in 18 Werken des Unternehmens die Einführung des Constraint-Managements zu initiieren, zu kontrollieren und zu steuern. Natürlich war klar, dass unsere Begeisterung in den betroffenen Werken nicht so einfach geteilt würde. Deshalb leiteten wir auch umfangreiche Informations- und Schulungsprogramme ein. Wie schwer es jedoch sein würde, die Mitarbeiter tatsächlich an Bord zu holen, ahnten wir damals noch nicht, das zeigte sich erst Monate später.

Ich erinnere mich an einen solchen Fall. Das Drum-Buffer-Rope-Prinzip war in Kraft getreten, das Constraint-Management somit offiziell eingeführt. Als ich zwei Wochen danach in dem Werk eher zufällig an einer Besprechung teilnahm, diskutierte der Produktionsleiter mit einigen seiner Mitarbeiter über die Ursache und Auswirkung eines Maschinenstillstands, den er soeben während seines Rundgangs entdeckt hatte. Ich ahnte nichts Gutes und hielt mich deswegen erst noch zurück, denn ich wollte den Fortgang der Diskussion nicht beeinflussen.

Offenbar waren keine Teile zur Weiterbearbeitung vorhanden, denn die Gruppe begann über die Logistik herzuziehen. Wieder einmal sei man dort nicht in der Lage, die Teile rechtzeitig zu besorgen, so der Tenor der Vorwürfe, man müsse sich den Logistikchef nun endlich einmal vorknöpfen. Ich traute meinen Ohren nicht. Konnte es sein, dass die Gruppe vergessen hatte, dass wir mittlerweile nach Constraint-Management-Regeln handelten? Gut, die Schulung dieser Mitarbeiter lag mindestens zehn Wochen zurück. Ganz offensichtlich hatten sie vergessen, dass Stillstände einer Anlage gewollt sein können.

Nun mischte ich mich in das Gespräch ein. Wie sich schnell herausstellte, drehte sich die gesamte Diskussion um fehlende Teile an einer Nicht-Engpassoperation, an der kleinere Stillstände kein größeres Problem sind. Nun erinnerten sich die Mitarbeiter auch wieder daran, dass sie das eigentlich in der Schulung gelernt hatten. Die Szene entpuppte sich letztendlich als eine reflexartige Reaktion auf den Stillstand. Doch wie wäre es weitergegangen, wenn ich nicht zufällig vor Ort gewesen wäre?

Solche Episoden belegen, wie schwer es ist, die Menschen auch innerlich und auf Dauer von der Philosophie der Theory of Constraints zu überzeugen. Tatsächlich müssen Werkleiter, Produktionsleiter und Produktionsmitarbeiter einige radikal neue Wahrheiten schlucken:

- Nicht mehr Auslastung und Produktivität sind das Maß der Dinge, sondern der hundertprozentige Servicegrad in Bezug auf Kunden, Lieferanten und Engpassoperation.
- Alle Ressourcen müssen sich dem Engpass unterordnen.
- Es wird nur noch die Engpassoperation gesteuert, das heißt, der Steuerungsbedarf sinkt und die Arbeitsinhalte verändern sich.
- Die Rüstungen der Nicht-Engpassoperationen richten sich nach den Losgrößen der Engpassoperation.
- Der Stillstand einer Nicht-Engpassoperation ist in Ordnung, solange die Engpassoperation entsprechend dem Fertigungsplan arbeiten kann.

Auch außerhalb der Produktion gibt es Veränderungen, die alte Gewohnheiten außer Kraft setzen. So waren es die Mitarbeiter des Vertriebs bislang gewohnt, den Kunden standardisierte Lieferzeiten mitzuteilen. Im Constraint-Management ist es nun möglich, jede Anfrage eines Kunden mit einer tatsächlichen Lieferzeit zu versehen. Für einen Vertriebsmitarbeiter ist das ein neuer Aspekt und vor allem auch ein gewisser Mehraufwand. In Zeiten der Hochkonjunktur kann das bedeuten, dass er einem Kunden vermitteln muss, dass die Lieferung länger als üblich dauert, was sich in einigen Fällen zu einem durchaus unangenehmen Gespräch entwickeln kann.

Für den Umsetzungserfolg ist es entscheidend, diese neuen Wahrheiten und Zusammenhänge den betroffenen Führungskräften und Mitarbeitern erfolgreich zu vermitteln. Es genügt eben nicht, nur den Engpass zu identifizieren und das Drum-Buffer-Rope-Prinzip in Kraft zu setzen. Das Projekt würde dann am Ende mit hoher Wahrscheinlichkeit scheitern, weil die Beteiligten sich innerlich nicht von jahrelang antrainierten Gewohnheiten verabschiedet haben.

Angesichts dieser menschlichen Schwierigkeiten, mit denen das Projekt zu kämpfen hat, werden die Prioritäten oft falsch gesetzt. Da fließen problemlos hohe Summen in eine neue, auf dem Engpass basierende Steuerungssoftware, obwohl es für die Umsetzung des Constraint-Managements nicht wirklich benötigt wird (siehe Kapitel 7). Auf der anderen Seite fehlen dann die Mittel für Information, Schulung, Training und Coaching, um Mitarbeiter und Führungskräfte auf das neue System vorzubereiten. Die Mitarbeiter mitzunehmen ist im Constraint-Management extrem wichtig, wird in der Praxis jedoch oft nicht ernst genug genommen.

Ganz bewusst habe ich daher die klassischen Projektrealisierungsschritte um den Baustein der Schulungen erweitert (siehe Kapitel 5). Doch auch ein umfangreiches Trainingsprogramm reicht nicht immer aus, um die notwendige Akzeptanz für das Projekt zu bekommen. Die Mitarbeiter abholen, von dem Vorhaben überzeugen und sie dann auf die Reise mitnehmen – das ist ein ganz entscheidender Punkt, wenn es darum geht, den Erfolg des Constraint-Managements langfristig abzusichern. Da es nun einmal nicht möglich ist, an allen Ecken und Enden einer Produktion Kontrollen aufzustellen, um zu prüfen, ob die Prinzipien des Constraint-Managements eingehalten werden, kommt es vor allem auf eines an: Die Mitarbeiter müssen das neue System aus innerer Überzeugung unterstützen.

Was ist nun konkret zu tun, damit die Mitarbeiterschaft nicht in alten Verhaltensweisen verharrt oder nach kurzer Zeit in das alte Verhalten zurückfällt? Es ist hier nicht der Ort, das Thema Ängste und Widerstände in Veränderungsprojekten erschöpfend zu behandeln. Vielmehr möchte ich in diesem Kapitel auf die wesentlichen psychologischen Fallen aufmerksam machen, die uns in der Praxis tatsächlich begegnet sind und den Umsetzungserfolg der Theory of Constraints gefährden können.

Gefangen in psychologischen Fallen

Bei der Umsetzung des Constraint-Managements können verschiedene menschliche Verhaltensweisen den Projekterfolg ernsthaft gefährden. Aufseiten der betroffenen Führungskräfte und Mitarbeiter ebenso wie aufseiten der Projektverantwortlichen gibt es Verhaltensmuster, die das Projekt in eine psychologische Falle manövrieren können, aus der es nur schwer wieder herauskommt. Zu nennen sind hier vor allem die Angst vor Veränderungen, die Euphorie der Projektverantwortlichen für das Constraint-Management und der Neid gegenüber dem besseren Projekt.

Angstfalle: Widerstand gegen Veränderungen

Wer verlässt schon gerne Komfortzonen und begibt sich in neue Gebiete, in denen er sich unsicher fühlt? Fehlende Veränderungsbereitschaft ist nur menschlich. Im Grunde möchte man einen guten Job machen und gute Arbeit abliefern. Eine Veränderung birgt da immer das Risiko, der neuen, veränderten Aufgabe nicht gewachsen zu sein. Bei vielen Menschen erzeugen Veränderungen daher reflexartig eine Abwehrhaltung. Verschärfend kommt im Unternehmen hinzu, dass bei den meisten Mitarbeitern ein generelles Misstrauen gegenüber den höheren Hierarchieebenen besteht. Werden nun von »dort oben« Veränderungen angekündigt, nimmt dieses Misstrauen schnell weiter zu. Fast zwangsläufig entsteht eine allgemeine Abwehrhaltung.

Das gilt umso mehr für ein so großes Veränderungsprojekt wie das Constraint-Management, das deutlich mehr abverlangt als nur ein lästiges Verlassen der Komfortzone. Sorgen und Ängste sind hier durchaus nachvollziehbar und teilweise auch berechtigt. So werden, wie in Kapitel 13 beschrieben, einige Mitarbeiter in der Fertigungsplanung ihre Aufgabe verlieren. Selbst wenn der Vorgesetzte den Betroffenen versichert, sie würden künftig an anderer Stelle im Betrieb eingesetzt, bleibt die Unsicherheit: Was heißt das konkret? Bin ich der neuen Aufgabe überhaupt gewachsen?

Andere, allen voran den Produktionsleiter, beschleicht das ungute Gefühl, dass sie ihr in vielen Jahren erarbeitetes Ansehen verlieren könnten. Konnten sie bislang durch gute Produktivitätszahlen glänzen, fällt dieser Maßstab künftig weg. Welche Möglichkeiten für die eigene Profilierung gibt es noch, wenn die Produktivität nicht mehr zählt und man sich stattdessen gemeinsam mit anderen Abteilungen am Kundenservicegrad orientiert?

Diese und ähnliche Motive führen zu Widerständen. Das Projekt droht, sich in einer Art »Angstfalle« zu verfangen. Folgende Symptome, die ich immer wieder beobachtet habe, sollten als Alarmzeichen interpretiert werden:

- Gesteigertes Misstrauen gegenüber den höheren Hierarchieebenen,
- Verteidigung der bisherigen Komfortzone,
- die Angst, neuen Aufgaben nicht gewachsen zu sein,
- die Befürchtung, das Ansehen im Unternehmen zu verlieren,
- die Sorge, die Arbeit zu verlieren.

Häufig werden diese Symptome übersehen oder nicht ernst genug genommen, das heißt, Projektverantwortliche und Geschäftsleitung gehen nicht genug auf die Sorgen und Ängste der Mitarbeiter ein. Hier liegt eine große Gefahr für das Constraint-Management-Projekt.

Euphoriefalle: Blind gegenüber Sorgen und Ängsten

Den verunsicherten Produktionsleitern und Mitarbeitern stehen auf der anderen Seite überzeugte Anhänger der Theory of Constraints gegenüber. Die Euphorie für das neue Produktionsmodell macht diese oft blind gegenüber den Sorgen und Ängsten der anderen. Auch dieses Verhaltensmuster kann verhängnisvolle Folgen haben.

Das ist vor allem dann der Fall, wenn die betroffenen Mitarbeiter sich zurückziehen und wegducken – in der Hoffnung, dass auch dieses Restrukturierungsprojekt, wie schon so viele andere vorher, an ihnen vorbeiziehen wird. Die Mitarbeiter sitzen dann schweigend in den Schulungsveranstaltungen, lassen das Programm über sich ergehen, denken sich ihren Teil – und kehren an ihre Arbeitsplätze zurück. Die Projektverantwortlichen indes sind zutiefst vom Constraint-Management überzeugt und kommen gar nicht auf die Idee, dass es Mitarbeiter geben könnte, die sich der Überzeugung nicht sofort und vorbehaltlos anschließen. So bleiben die tatsächlich vorhandenen Vorbehalte zunächst unerkannt.

Die Euphoriefalle war in unseren Projekten eine durchaus reale Gefahr: Die Verantwortlichen, die das Constraint-Management initiiert haben, waren geradezu berauscht von dem Modell. Einige von ihnen neigten dazu, das Projekt mit großer Energie voranzutreiben, ohne dass die Betroffenen mit an Bord waren.

Neidfalle: Versteift auf die eigene Verbesserungsidee

Widerstände gegen das Constraint-Management können auch aus einer ganz anderen Ecke kommen – nämlich von Mitgliedern des Führungskreises, die bereits eine eigene Verbesserungsidee verfolgen. Sie haben sich seit einigen Jahren mit Verbesserungsmöglichkeiten der Produktion befasst und halten ihr eigene Verbesserungsidee für die richtige. Alles, was dieser widerspricht, findet nicht ihre Unterstützung, auf Neues möchten sie sich nicht einlassen.

Aus dem Blickwinkel eines Neiders gibt es in einem solchen Fall zwei Klassen von Projekten:

- Klasse 1 sind Projektideen von anderen, die im Unternehmen auf Zustimmung stoßen. Eine durchaus natürliche menschliche Reaktion ist Neid. Das Projekt wird nicht in dem Maß unterstützt, wie es könnte. Wird der Ideengeber zudem als unsympathisch empfunden, ist der Schritt zum Boykott nicht mehr sehr groß.
- Klasse 2 sind die eigenen Projektideen, die aus eigener Sicht natürlich eindeutig als die besseren empfunden werden.

Die Folge dieser Konstellation ist Widerstand gegen die Projekte der anderen. Man wehrt sich gegen eine Änderung, mit der man sich nicht identifiziert.

Dass sich gerade Produktionsleiter manchmal besonders hartnäckig auf ihr eigenes Projekt versteifen, ist verständlich. Meist zielen deren Projekte darauf ab, die Produktivität zu verbessern, schließlich liegt ja hier ihr Profilierungsfeld. Wenn nun mit dem Constraint-Management ein Projekt auftaucht, das ihren eigenen Ideen und Interessen diametral widerspricht, werden sie dieses kaum befürworten.

Eine breite Akzeptanz schaffen

Was haben wir unternommen, um den beschriebenen Fallen zu entgehen? Wir verfolgten zwei Stoßrichtungen: Zunächst wollten wir durch Informieren und Erklären von vornherein eine möglichst breite Akzeptanz schaffen und möglichen Bedenkenträgern den Wind aus den Segeln nehmen. Im zweiten Schritt kam es dann darauf an, die dennoch unvermeidlichen Einwände und Ängste ernst zu nehmen und – sofern sie berechtigt waren – mit konkreten Maßnahmen darauf zu reagieren.

Grundlegende Maßnahmen

Um von vornherein eine Grundakzeptanz zu erreichen, erschienen uns vier Maßnahmen entscheidend. Es kam darauf an,

- die Projektleiter in den Werken mit Bedacht auszuwählen, das heißt, Projektleiter mit von möglichst vielen Mitarbeitern anerkannter hoher fachlicher und sozialer Kompetenz zu finden;
- den Verantwortlichen der einzelnen Werke das Gefühl zu geben, sie hätten sich selbst für die »Theory of Constraints« entschieden;
- ein umfassendes Trainingsprogramm aufzulegen;
- anspruchsvolle Leistungsziele schon zu Beginn des Projekts zu publizieren.

Auswahl des Projektleiters

Der Auswahl des Projektleiters kommt bei jedem großen Projekt eine entscheidende Bedeutung zu. Immer wieder kommt es vor, dass Projektleiter ernannt werden, die zwar fachlich geeignet sind, bei den Mitarbeitern aber auf breite Ablehnung stoßen. Ein solcher Projektleiter tut sich dann sehr schwer, das Vorhaben erfolgreich umzusetzen. In jedem Unternehmen gibt es aber auch Führungskräfte, die allgemein anerkannt sind und einen guten Ruf genießen. Speziell nach solchen Leuten hielten wir Ausschau, um nicht schon aufgrund der Persönlichkeit des Projektleiters Widerstände gegen das Projekt zu provozieren.

Gesteuerte Entscheidung

Der zweite Punkt barg – zugegebenermaßen – eine gewisse psychologische Raffinesse: Wir wollten den Projektleitern und Managern vor Ort in den Werken das Gefühl geben, sie hätten sich selbst für die »Theory of Constraints« entschieden. Im Grunde handelt es sich jedoch um eine Vorgehensweise, die zum gängigen Führungsrepertoire zählt, nämlich dem anderen das Gefühl geben, es habe sich selbst für eine Sache entschieden.

Natürlich stand am Anfang der Beschluss der Konzernzentrale, das Constraint-Management einzuführen. Dennoch luden wir damals die Verantwortlichen aus den Werken zu einem großen mehrtägigen Meeting ein, um über »grundsätzliche Möglichkeiten der Verbesserung« zu diskutieren. Im Verlauf der Konferenz kamen die Teilnehmer dann selbst zu dem Schluss, dass die Theory of Constraints die beste Alternative für ihre Werke sei. Am Ende hatten sie durchaus den Eindruck, dass nicht der Vorstand die Marschroute vorgegeben, sondern sie selbst entschieden hatten.

Um dieses Ergebnis zu erzielen, hatten wir die Konferenz sehr gut vorbereitet und die Teilnehmer durch mehrere Stadien geführt, bis sie am Ende zum gewünschten Ergebnis gelangten. Entscheidend für diesen Erfolg waren zahlreiche Gespräche, die wir im Vorfeld mit Führungskräften und Mitarbeitern in den einzelnen Werken geführt hatten. So kannten wir deren Ideen und Probleme sehr genau und konnten hierauf unsere Argumentationen aufbauen.

Im Nachhinein betrachtet erwies sich die Konferenz als ein wesentlicher Schritt, um die notwendige Akzeptanz für das Constraint-Management zu gewinnen. Natürlich ist ein solches Vorgehen nur im Falle eines sehr umfangreichen Gesamtprojekts sinnvoll – in unserem Fall sollte das neue Produktionssystem ja in 18 Werken parallel eingeführt werden. Im Falle eines mittelständischen Unternehmens genügt es, wenn der Unternehmenschef einen breit akzeptierten Projektleiter benennt. Die nächsten Punkte, ein umfassendes Training und ehrgeizige Leistungsziele, sind dann wieder für große und kleinere Unternehmen gleichermaßen empfehlenswert.

Schulungsprogramme

Wie in Kapitel 5 dargestellt, legten wir zum Projektstart ein intensives, auf verschiedene Zielgruppen zugeschnittenes *Schulungsprogramm* auf. Im weiteren Verlauf des Projekts mussten wir jedoch erkennen, dass dieses Programm allein nicht ausreichte, um das Constraint-Management in den Köpfen der Menschen wirklich zu verankern. Um den Rückfall in alte Gewohnheiten zu verhindern, mussten wir immer wieder nachschulen. Typisch ist hier der eingangs dieses Kapitels geschilderte Fall, bei dem sich eine Gruppe in der Produktion in extenso mit Problemen an einer Nicht-Engpassoperation befasste. Wir hatten die Seminarverantwortlichen darauf getrimmt, auf solche Indizien zu achten und sofort mit geeigneten Trainingsmaßnahmen gegenzusteuern.

Anspruchsvolle Leistungsziele

Die vierte Maßnahme lag darin, die Mitarbeiter durch anspruchsvolle Ziele anzuspornen, zu motivieren und letztlich auf das Constraint-Management einzuschwören. Wir wollten damit erreichen, dass unsere Begeisterung für die Methode wenigstens ein wenig auf die betroffenen Führungskräfte und Mitarbeiter abfärbt.

Ausgangspunkt hierfür war unsere Vision (siehe Kapitel 5): »Mt. Fomthaca – Make the Flow of Material through HVS a competitive advantage.« Hiermit erhoben wir den Materialfluss zum Wettbewerbsvorteil, durch den wir unsere Wettbewerber abhängen wollten. Eine so ehrgeizige Vision verlangte dementsprechend klare Leistungsziele. Da wir zu den Besten zählen wollten, war es jedem klar, dass man sich nicht mit einem Servicegrad von 60 Prozent begnügen konnte. Vision und Leistungsziele mussten miteinander in Einklang stehen.

Die Idee besteht also darin, die Mitarbeiter durch eine Vision zu gewinnen und für etwas zu begeistern, dem sie anfangs noch skeptisch gegenüberstehen. Gerne zitiere ich an dieser Stelle Antoine de Saint-Exupéry: »Wenn du ein Schiff bauen willst, so trommle nicht Männer zusammen, um Holz zu beschaffen, Werkzeuge vorzubereiten, Aufgaben zu vergeben und die Arbeit einzuteilen, sondern lehre die Männer die Sehnsucht nach dem weiten endlosen Meer.« Ist es gelungen, die Sehnsucht nach dem großen Ziel zu wecken, können nun auch anspruchsvolle Leistungsziele gesteckt werden. Das ist dann nicht nur möglich, sondern wird von den Mitarbeitern auch erwartet und gefordert.

Einwände ernst nehmen

Veränderungen lösen immer auch Ängste und Widerstände aus. Viele Mitarbeiter würden lieber alles beim Alten belassen. So kommt es, dass sie zahlreiche Bedenken äußern, warum etwas nicht funktionieren kann, etwa nach dem Motto: »Ich würde ja gerne, aber ...« Um eine breite Front an Widerständen zu vermeiden, hat es sich bewährt, die Vorbehalte ernst zu nehmen und zu überprüfen. Die meisten Einwände lassen sich leicht entkräften, einige Anliegen sind jedoch berechtigt und sollten dann intensiv diskutiert werden.

Im Falle des Constraint-Managements waren es vor allem zwei berechtigte Aspekte, mit denen wir uns eingehend auseinandersetzten: die Angst um den Arbeitsplatz sowie die Befürchtung, Einkommenseinbußen zu erleiden.

Angst um den Arbeitsplatz

Bei einem großen, von der Unternehmensleitung angeschobenen Veränderungsprojekt steht bei den Mitarbeitern immer eine Sorge im Vordergrund: Läuft das Ganze am Ende nicht doch auf einen Arbeitsplatzabbau hinaus? Im Falle des Constraint-Managements ist diese Befürchtung nicht von der Hand zu weisen, schließlich fällt ja ein Großteil der Planungsaufgaben weg und mehrere Fertigungsplaner werden nicht mehr benötigt. Pauschale Versprechungen, dass diese Mitarbeiter künftig für andere Aufgaben eingesetzt werden sollen, genügen nicht; notwendig ist es, Klarheit zu schaffen und jedem einzelnen betroffenen Mitarbeiter eine konkrete Perspektive aufzuzeigen.

Klarheit schaffen – das bedeutet, möglichst zügig über den künftigen Fertigungssteuerer zu entscheiden und gleichzeitig den anderen Planern eine neue Funktion in Aussicht zu stellen. Dies kann die Position des Buffermanagers oder eine andere sinnvolle Aufgabe sein, zum Beispiel an der Schnittstelle zu den Lieferanten. Hat etwa ein Fertigungsplaner in der Vergangenheit ständig unter den Unzulänglichkeiten der Lieferanten gelitten und sich hierüber beklagt, kann man ihm nun die Möglichkeit anbieten, diesen Zustand grundlegend zu verändern. Als »Lieferantentwickler« erhält er die Aufgabe, künftig für einen hohen Lieferantenservicegrad zu sorgen. So trägt er maßgeblich dazu bei, die Bufferzeiten und damit die Bestände in der Produktion niedrig zu halten.

Wichtig ist, dass sich die Projektverantwortlichen frühzeitig um die neuen Positionen für die Planer kümmern. Unsicherheiten und Ängste entstehen bereits während der Schulungen, bei denen die Mitarbeiter erstmals ernsthaft in Kontakt mit dem Vorhaben kommen und anfangen, die möglichen Konsequenzen zu begreifen. Verständlicherweise möchten sie jetzt wissen, was genau auf sie zukommt. Wenn das Management ihnen konkrete Antworten schuldig bleibt, besteht die Gefahr, dass das Projekt in die geschilderte »Angstfalle« gerät.

Die Projektverantwortlichen tun deshalb gut daran, schon bei Beginn des Projekts ziemlich konkret über die künftigen Stellen und Funktionen Bescheid zu wissen. Nur dann können sie adäquat reagieren, wenn die betroffenen Mitarbeiter während der Trainings tatsächlich ernsthafte Sorgen und Ängste bekunden.

Angst vor Einkommenseinbußen

Weniger Arbeit führt am Ende zu weniger Einkommen – auch das ist eine oft bekundete Befürchtung. Es gilt zu vermitteln, dass kein Grund zur Sorge besteht, wenn künftig Mitarbeiter an einer Nicht-Engpassoperation nicht voll ausgelastet sind und deshalb zeitweise keine Arbeit haben. Hat etwa ein Produktionsmitarbeiter an einer Maschine für eine halbe Stunde nichts zu tun, wird er für diese Zeit selbstverständlich trotzdem entlohnt – schließlich ist er ja anwesend. Befürchtungen, die Unterkapazitäten an den Nicht-Engpassoperationen könnten am Ende zu weniger Arbeit und weniger Lohn führen, lassen sich stichhaltig entkräften: Schutzkapazitäten zählen zum Wesen des neuen Produktionssystems und werden daher bewusst in Kauf genommen.

Auf einem anderen Blatt steht das Thema »Leistungsprämien«. Tatsächlich macht es im Constraint-Management wenig Sinn, diese Prämien wie gewohnt weiterhin zu zahlen. Die Befürchtung, hier könnten Einkommenseinbußen entstehen, ist daher durchaus berechtigt. Dieser Punkt führte daher auch immer wieder zu heftigen Diskussionen.

Wie in Kapitel 2 ausgeführt, dienen Leistungsprämien als Anreiz für die Mitarbeiter, an ihrem jeweiligen Arbeitsplatz ein Höchstmaß an Produktivität zu erzielen. Genau das ist jedoch künftig nicht mehr erwünscht, denn die Produktion soll sich ja nicht mehr nach der höchstmöglichen Leistung an den einzelnen Arbeitsplätzen, sondern nach den Vorgaben der Engpassoperation ausrichten. Eine Leistungsentlohnung an den Nicht-Engpassarbeitsplätzen würde die falschen Anreize setzen. Lediglich am Engpass könnte es sinnvoll sein, durch Leistungsanreize die Produktivität zu erhöhen, um so den Durchsatz im Engpass und damit in der gesamten Produktion zu steigern – jedenfalls solange die entsprechende Marktnachfrage vorhanden ist. Eine solche Maßnahme wäre jedoch unfair gegenüber den anderen Mitarbeitern: Wenn die Kollegen, die zufällig am Engpass arbeiten, eine zusätzliche Vergütung erhalten, die anderen aber hierzu keine Möglichkeit haben, dürften die Mitarbeiter das zu Recht als ungerecht empfinden.

Wie könnte eine Lösung aussehen? Es gilt zunächst das in Kapitel 12 Gesagte: Die Produktion muss Abschied nehmen von den Produktivitätskennzahlen. Damit sind auch die traditionellen Leistungsprämien obsolet, denn diese zielen auf die Produktivität ab. Stattdessen sollte sich eine neue, leistungsorientierte Entlohnung an den nunmehr maßgeblichen Servicegrad-Kennzahlen orientieren. Der Grundgedanke lautet somit: den Leistungslohn nicht mehr an die Stückzahl koppeln, sondern an eine möglichst hohe Planerfüllung. Dem einzelnen Mitarbeiter sollte bewusst sein: »Wenn ich immer das liefere, was laut Plan erwartet wird, ist das eine tolle Leistung, für die ich auch besonders honoriert werde.«

Die Herausforderung liegt also darin, die Prämienvergütung künftig an die neuen Servicegrad-Ziele zu binden – und zwar in der Weise, dass die Mitarbeiter gegenüber früher keine finanziellen Einbußen erleiden und das Unternehmen in etwa die gleiche Summe für Leistungsprämien ausschüttet. Wenn es mithilfe dieser neuen Form der Leistungsvergütung gelingt, den Engpass zuverlässig mit Material zu versorgen, sodass er dauerhaft ohne nennenswerte Störungen produziert, haben sich die Prämienzahlungen auch für das Unternehmen ausgezahlt.

Zusammenfassung

Für den Umsetzungserfolg genügt es nicht, den Engpass zu identifizieren und das Drum-Buffer-Rope-Prinzip in Kraft zu setzen. Notwendig ist es auch, dass die beteiligten Führungskräfte und Mitarbeiter sich von jahrelang antrainierten Gewohnheiten verabschieden und das neue Produktionssystem aus innerer Überzeugung unterstützen. Wird dieser menschliche Aspekt nicht ausreichend berücksichtigt, entstehen Ängste und Widerstände, die am Ende den Erfolg des Projekts gefährden.

Um diesen psychologischen Fallen zu entgehen, sollten die Projektverantwortlichen zunächst versuchen, durch Information, Schulung und die Vermittlung einer Vision eine möglichst breite Akzeptanz für das Constraint-Management zu schaffen. Im zweiten Schritt kommt es darauf an, die dennoch auftretenden Einwände ernst zu nehmen und zu entkräften.

15 Servicegrad 100 Prozent: Haben Sie es geschafft?

Die Erwartungen an das Constraint-Management sind hoch gesteckt. Nicht nur, weil Alex Rogo, der Held in Eliyahu M. Goldratts Roman, das Wunder fertigbrachte, eine marode Fabrik zum Hoffnungsträger des ganzen Unternehmens zu machen. Die Erwartungen sind vor allem deshalb hoch, weil es anspornende Beispiele aus der praktischen Umsetzung gibt. Wie geschildert: Wir schafften es, in den 18 US-Werken Durchlaufgeschwindigkeit und Lieferzeiten um durchschnittlich 25 Prozent zu verbessern, die Einhaltung der Produktionsplanung lag drei Jahre nach Einführung des Constraint-Managements zwischen 97 und 100 Prozent.

Flexibel produzieren, Bestände senken, Lieferzeiten verkürzen und bei all dem auch noch pünktlich und vollständig liefern: Das ist ein realistisches Szenario. Wer die Spielregeln des Constraint-Managements einhält, wer also insbesondere Produktion und Auftragsbestand konsequent am Engpass ausrichtet, kann tatsächlich einen Kundenservicegrad von 100 Prozent erreichen. Zuverlässig und dauerhaft.

Doch eben darauf kommt es an: die Spielregeln einhalten. In den US-Werken versuchten wir mit zahlreichen Maßnahmen, dies sicherzustellen. Wir hielten Schulungen und Trainings ab. Wir installierten neue Strukturen, indem wir zum Beispiel die täglichen Bufferbesprechungen einführten und eine Constraint-Management-Software implementierten. Nicht zuletzt gaben wir neue Kennzahlen vor, damit sich die Mitarbeiter am Servicegrad anstatt an der Produktivität orientierten. Und dennoch: Wir, also der Führungskreis in der Zentrale in Detroit, wussten nicht wirklich im Detail, wie es um die Umsetzung in den 18 Werken stand. Funktionierte das Constraint-Management, hielten die Verantwortlichen die Spielregeln ein? Oder drohte womöglich der Rückfall in alte Verhaltensweisen?

Um hierauf eine Antwort zu finden, suchten wir nach einem möglichst einfachen Kontroll- und Steuerungsinstrument. So entstand die Idee, eine Auditierung für das Constraint-Management zu entwickeln. Gemeint ist damit eine regelmäßige Überprüfung, bei der anhand eines Fragenkatalogs festgestellt wird, ob die festgelegten Regeln und Verhaltensweisen tatsächlich eingehalten werden.

Um die Überprüfungskriterien zu erarbeiten, starteten wir einen intensiven Diskussionsprozess. Neben uns Regionalmanagern fanden sich mehrere Projektleiter und Produktionsverantwortliche aus den Werken zu einer Arbeitsgruppe zusammen. Geleitet hat die Gruppe der Vice President Materials Logistics, der direkt an den Vorstand berichtet und von Anfang an innerhalb des Unternehmens die treibende Kraft für die Einführung des Constraint-Managements war. Unser Ziel war, ein möglichst einfaches Audit-Verfahren zu entwickeln, das sich auf die wirklich notwendigen Prüfpunkte beschränkt. Das war leichter gesagt, als getan. Wir benötigten dann doch zahlreiche Sitzungen. Der Prozess zog sich über mehrere Wochen hin, bis der Kriterienkatalog endlich stand.

Das Ergebnis der Diskussionen war ein Katalog mit 17 Prüfpunkten, die im Constraint-Management erfüllt sein müssen, sozusagen ein 17-Punkte-Check für das Constraint-Management.

Die im Folgenden vorgestellten Kriterien sind somit nicht das Ergebnis theoretischer Überlegungen oder eine Ausarbeitung speziell für dieses Buch, sondern ein Prüfkatalog, der aus den Erfahrungen der Praxis entstanden ist.

Der Katalog wurde zwar speziell für die Auditierung des Constraint-Managements in 18 Lkw-Zulieferwerken in den USA erstellt, ist jedoch auf andere Unternehmen übertragbar. Wenn Sie für Ihre Produktion bei allen 17 Prüfpunkten mit Ja antworten, können Sie davon ausgehen, dass Sie es geschafft haben: Das Constraint-Management läuft rund. Ist eine dieser Aussagen nicht erfüllt, besteht dagegen Handlungsbedarf. Dann ist entweder die neue Produktionsweise noch nicht wirklich etabliert oder es besteht die Gefahr, in alte Verhaltensmuster zurückzufallen.

Prüfpunkt 1

> Der Auftragsbestand ist hinsichtlich der Mengen und Lieferzeiten auf die Möglichkeiten der eigenen Fertigung abgestimmt.

Constraint-Management hat den Anspruch, einen Kundenservicegrad von 100 Prozent zu erreichen und dauerhaft zu halten, das heißt, alle Aufträge werden stets vereinbarungsgemäß ausgeliefert. Das ist nur möglich, wenn die Fertigung den Auftragsbestand mit Blick auf die vereinbarten Mengen und Lieferzeiten auch tatsächlich bewältigen kann. Entscheidend hierfür ist die Kapazität der Engpassoperation: Der Vertrieb muss stets das »Füllglas« des Engpasses im Auge behalten und darauf achten, dass bei jeder eingehenden Auftragsanfrage und jeder Lieferterminbestätigung die tatsächlichen Möglichkeiten bezogen auf Mengen und Termine berücksichtigt werden.

Prüfpunkt 1 soll sicherstellen, dass das Unternehmen dauerhaft einen Kundenservicegrad von 100 Prozent erreichen kann. Er zwingt dazu, die Schnittstelle zum Kunden hin zu überprüfen – erfahrungsgemäß ein kritisches Thema bei der Umsetzung des Constraint-Managements. Die Synchronisierung des Auftragseingangs mit den Möglichkeiten des Engpasses ist eine Grundvoraussetzung, um das Constraint-Management erfolgreichen anzuwenden – und steht nicht umsonst an erster Stelle der Audit-Agenda.

Besonders in Phasen, in denen der Marktbedarf über den Möglichkeiten des Engpasses liegt, besteht eine relativ große Gefahr, den Terminwünschen der Kunden nachzugeben, wenn diese mit einem besonderen Nachdruck herangetragen werden. Das sind die Phasen, in denen das Unternehmen leicht wieder in alte Verhaltensweisen zurückfällt. Doch hier gilt es, hart zu bleiben. Was nicht machbar ist, sollte auch nicht versprochen werden – zumal ja das Constraint-Management die Möglichkeit bietet, einen zuverlässigen Termin zu nennen. So lässt sich gegenüber dem Kunden gut argumentieren, etwa in dem Tenor: »Wir sagen jetzt keine zwei Wochen zu, bei denen wir von vornherein wissen, dass wir sie nicht halten können, sondern wir liefern erst in vier Wochen. Dann aber wirklich!«

Mag sein, dass dann der eine oder andere Kunde den Auftrag nicht erteilt. Auf längere Sicht zahlen sich Ehrlichkeit und Zuverlässigkeit an dieser Stelle jedoch aus. Das Angebot klarer Termine weicht von der weitverbreiteten Gepflogenheit ab, Liefertermine standardmäßig bekannt zu geben, ohne auf die Machbarkeit einzugehen. Genau das führt dann dazu, dass Lieferrückstände entstehen und Termine nicht eingehalten werden – ein Lieferservicegrad von 100 Prozent liegt in weiter Ferne.

Nebenbei bemerkt: Wenn sich das Constraint-Management eingespielt hat und der Buffer (wie in Kapitel 9 ausgeführt) schrittweise verkürzt wird, sinken nach und nach auch die Lieferzeiten. Auf diese Weise gewinnt das Unternehmen im Vergleich zum Wettbewerb einen klaren Vorteil.

Für den Audit-Prüfer gibt es eine einfache Möglichkeit, Prüfpunkt 1 zu checken: Er muss lediglich danach fragen, wie hoch der Lieferrückstand ist. Wenn es einen Lieferrückstand gibt, wenn also der Lieferservicegrad nicht 100 Prozent beträgt, ist das ein Beleg dafür, dass Mengen und Lieferzeiten nicht auf die Möglichkeiten der eigenen Fertigung abgestimmt sind.

Prüfpunkt 2

Die in die Modellierung des Constraint-Managements eingehenden Parameter (insbesondere Engpass, Bufferzeit, kritische Operationen) stimmen mit den tatsächlichen Verhältnissen der Fertigungskette überein.

Hinter dieser Aussage steht der einfache Gedanke, dass die festgelegten Soll-Parameter mit der Realität übereinstimmen müssen – das Modell somit ausführbar ist. Das Constraint-Management wird mithilfe einer Reihe von Parametern modelliert. Hierzu zählen vor allem die Wahl des Engpasses, der kritischen Operationen und der Bufferzeiten. Ferner gehen in das Modell weitere Größen ein wie Fertigungszeiten, Plan-Ausschussfaktoren, veranschlagte Anlagenverfügbarkeit, Arbeitszeitmodelle, Personalbelegungen der einzelnen Operationen und der Plan zur vorbeugenden Instandsetzung für die Engpassanlagen.

Die zur aktuellen Modellierung eingesetzten Parameter sollten grundsätzlich immer schriftlich fixiert sein. Diese Aufstellung muss allen am Planungs- und Steuerungsprozess beteiligten Mitarbeitern vorliegen, das heißt zum Beispiel auch dem Vertrieb (siehe Prüfpunkt 1).

Leider ist dieser Punkt im Vergleich zu Punkt 1 erheblich schwieriger und aufwendiger zu prüfen. Denn hierzu sind sehr fundierte Kenntnisse und Erfahrungen im Constraint-Management erforderlich. Der Auditor sollte sich zuerst die aktuelle schriftliche Zusammenfassung der aktuellen Parameter, das aktuelle Constraint-Fertigungsprogramm und den dazugehörigen Materialeinspeiseplan geben und erklären lassen. Gerüstet mit diesen Informationen besichtigt er dann eingehend die Produktion und achtet besonders auf folgende Aspekte:

- Wann sind die Zukaufteile im Vergleich zum Plan in die Produktion gegeben worden?
- Werden die Lose nach der Fifo-Methode abgearbeitet?
- Staut sich Material vor Nicht-Engpassoperationen?
- Wie hoch ist der Materialbestand vor dem Engpass?
- Arbeitet der Engpass so, wie es in der schriftlichen Zusammenfassung des Constraint-Modells aufgeführt ist, das heißt mit der festgelegten Personalstärke?
- Sind Arbeitszeiten tatsächlich so, wie sie sein sollten?
- Wie viele Anlagenstörungen hat es laut Schichtbuch in den letzten Wochen gegeben? Überschreiten die tatsächlichen Störungen den in

die Planung eingehenden veranschlagten Anlagenverfügbarkeitsfaktor? Oder treten Störungen viel seltener auf als angenommen?
- Gibt es Fehlläufe der Baugruppen in der Produktion, das heißt, sind die kritischen Operationen (Secondary Drums) an den vorgesehenen Stellen platziert und vollständig?

Prüfpunkt 3

> Es werden immer die kleinstmöglichen Losgrößen gefahren – wobei die jeweils kleinstmögliche Losgröße vom Auftragsbestand und der Kapazität des Engpasses abhängt.

Das grundsätzliche Bestreben liegt darin, kleinstmögliche Losgrößen zu fahren, denn dies ermöglicht höchste Flexibilität bei niedrigsten Beständen. »Losgröße eins« ist nicht nur das Idealziel des Constraint-Managements, sondern zählt auch zum Kern der Lean-Management-Philosophie – One-Piece-Flow ist hier das Stichwort.

Das Constraint-Management unterscheidet zwischen der Engpassoperation und den Nicht-Engpassoperationen. Für beide gilt gleichermaßen der Grundsatz, in möglichst kleinen Losgrößen zu fertigen. Es gibt allerdings zwei Situationen, bei denen es sinnvoll ist, von der Vorgabe möglichst kleiner Lose abzuweichen. Der erste Fall hat in der Praxis durchaus Relevanz: Wenn der Marktbedarf so hoch ist, dass die Engpassoperation den Bedarf nicht befriedigen kann, dann lohnt es sich, einzelne Kundenaufträge nach Möglichkeit zu einem Fertigungslos zu kombinieren, um Rüstzeiten einzusparen und so Kapazitäten für einen größeren Durchsatz zu schaffen.

Mit anderen Worten: Je weniger der Engpass ausgelastet ist, desto mehr Spielraum für Umrüstungen besteht, desto kleiner können also die Lose sein – und desto flexibler ist die Produktion. Könnte der Engpass aber aufgrund der Nachfrage einen höheren Durchsatz erreichen, lohnt es sich, gleichartige oder verwandte Aufträge zusammenfassen, um Rüstzeiten einzusparen und so den Durchsatz zu erhöhen.

Den zweiten Ausnahmefall habe ich noch nicht erlebt, er dürfte eher theoretischer Natur sein. Es ist jedoch denkbar, dass ein Zusammenfassen von Losen auch in einer Nicht-Engpassoperation sinnvoll ist – nämlich dann, wenn deren Schutzkapazität relativ klein ist. Dann besteht nämlich die Gefahr, dass die Operation durch zu häufiges Rüsten selbst zum Engpass der Fertigungskette wird und sich vor ihr das Material zu stauen beginnt. Wenn die Kapazitäten der einzelnen Operationen in einer

Fertigungskette relativ nahe beieinander liegen, sollte der Fertigungssteuerer auf diese Gefahr achten und gegebenenfalls auch in einer Nicht-Engpassoperation Aufträge bündeln.

In Prüfpunkt 3 informiert sich der Auditor also über die Losgrößen. Ein Verstoß gegen die Regel liegt vor, wenn Aufträge zu Losen gebündelt werden, während die Engpassoperation nicht ausgelastet ist. Wenn die Produktion zum Beispiel Aufträge vorzieht und zusammenlegt, die erst in vier Wochen gefertigt werden müssen, entspricht dies nicht den Regeln des Constraint-Managements – denn dann werden nicht die kleinstmöglichen Losgrößen produziert. Das wiederum ist ein klares Indiz dafür, dass die Produktion noch dem alten Produktivitätsdenken verhaftet ist.

Prüfpunkt 4

> Die Transportlose richten sich nach der Größe der Fertigungslose – und sind damit ebenfalls so klein wie möglich.

Einmal angenommen, ein Arbeitsgang fertigt in einer Losgröße von 20 Stück, der Transportbehälter zum nächsten Arbeitsgang fasst jedoch 100 Stück. Was geschieht dann? In den meisten Fällen wird ein Behälter, solange er noch nicht voll ist, auch nicht weitertransportiert. Tatsächlich zählen Transport oder die Wartezeit zu den größten Störfaktoren in der Fertigungskette. Es ist immer wieder erstaunlich, wenn man feststellt, dass die Durchlaufzeit vom Einspeisen des Materials bis zum Versand zum Beispiel 15 Tage beträgt, während die tatsächliche Bearbeitungszeit bei vielleicht vier Stunden liegt. Die Differenz sind die Transport- und Wartezeiten.

Viele Unternehmen unterschätzen, welche Bedeutung den internen Transportlosen für die Materialdurchlaufzeit und die Höhe der Bestände zukommt. Stattdessen achten sie auf die Effizienz des internen Transports, das heißt, ein Transportbehälter wird primär nach dem Kriterium gestaltet, möglichst viele Produkte aufzunehmen. Eine hohe Packungsdichte, also die Fähigkeit, möglichst viel in einen Behälter hineinzupacken und zu transportieren, gilt als produktiv. Und es ist ja zunächst auch unbestritten: Wenn der Staplerfahrer mit einem Behälter von A nach B fährt und bislang 50 Stück transportiert, mit einem neu konzipierten Behälter aber 100 Stück, dann erhöht sich seine Produktivität um 100 Prozent.

Die höhere Transporteffizienz wird jedoch durch Begleiterscheinungen erkauft, die diesen Erfolg konterkarieren. Große Behälter führen nicht nur dazu, dass die Materialbestände unverhältnismäßig hoch sind. Aufgrund der hohen Behälteraufnahmekapazität und der dadurch entstehenden Wartezeiten kann sich auch die Materialdurchlaufzeit erheblich verlängern – mit möglicherweise gravierenden Folgen für die Wettbewerbssituation.

Das Bemühen, die Transporteffizienz zu erhöhen, kann somit schnell in Konflikt mit den Prinzipien des Constraint-Managements geraten und dessen Erfolg gefährden. Es gilt hier wieder der gerne zitierte Satz aus der Theory of Constraints: »Eine lokale Optimierung muss nicht zwangsläufig eine globale Optimierung zur Folge haben, das Gegenteil kann der Fall sein.« Das Streben nach optimalen Transportlosen ist ein schönes Beispiel dafür, dass die Optimierung eines Teilbereichs keineswegs immer zur Verbesserung des Ganzen beiträgt.

Wie hingegen eine vorbildliche Lösung in Richtung One-Piece-Flow aussehen kann, beobachtete ich kürzlich bei einem renommierten Automobilzulieferer. Das Unternehmen fertigt lackierte Kunststoffteile in sehr großer Variantenanzahl. Die Teile werden über einfach gestaltete Hängebahnen transportiert und gelagert, die aus relativ kostengünstigen Standardelementen bestehen und von den eigenen Mitarbeitern nach Bedarf aufgebaut werden. Die Teile bewegen sich auf den Bahnen entweder schwerkraftgetrieben oder manuell durch die Mitarbeiter. Die Hängebahnen bilden keine in sich geschlossenen Kreisläufe wie sonst üblich.

An den Stellen, an denen Teile gelagert werden, sind die Bahnen nicht wie üblicherweise über Deckenkonstruktionen abgehängt, sondern über Ständer fixiert, die auf dem Boden angebracht sind. Müssen die Teile transportiert werden, geschieht dies mit Transportwagen, die von kleinen Zugmaschinen gezogen werden und auf denen identische Hängebahnen montiert sind. Diese Bahnen verfügen über Kopplungssysteme, sodass die Teile sehr schnell von den mobilen Bahnen auf die fest fixierten Lagerbahnen bewegt werden können. Dies ist meines Erachtens ein ideales System, um die One-Piece-Flow-Methode anzuwenden. Darüber hinaus ist es kostengünstiger als die bis dahin eingesetzten internen Transportbehälter. Einschränkend gilt natürlich, dass Teile und Baugruppen für ein Hängebahnsystem geeignet sein müssen.

Zurück zum Prüfpunkt 4. Die Fragen, die der Auditor überprüft, lauten hier: Hat sich die Produktion von ihrem Anspruch gelöst, einen Behälter immer nur komplett gefüllt weiterzutransportieren? Wie lange warten Baugruppen nach ihrer Fertigstellung auf den internen Weitertransport? Gibt es Bemühungen, das interne Behälter- und Transportkonzept Richtung One-Piece-Flow zu treiben? Wie lauten die Vorgaben und Ziele zur Entwicklung der internen Behälter?

Prüfpunkt 5

Es gibt keine Vorgaben mehr für Mindestlosgrößen.

Erinnern Sie sich an die Antwort des Produktionsleiters in der feinkeramischen Fabrik, als ich ihm ein Los von 30 Stück vorgeschlagen habe? »Für die paar Teile fange ich nicht an zu produzieren, geschweige denn irgendwo umzurüsten«, beschied er. »Entweder wir machen mindestens 300 Stück – oder wir lassen es ganz.«

Diese Aussage entstammt der Vor-Constraint-Management-Welt. Hier sind Mindestlosgrößen gebräuchlich, weil ein Produktionsleiter sich an der Anlageneffizienz orientiert und deshalb die Leistung der einzelnen Anlagen steigern möchte. Für ihn spielt es keine Rolle, ob es sich um eine Engpassoperation handelt oder nicht. Auch nimmt er in Kauf, dass durch die Vorgabe von Mindestlosgrößen über den eigentlichen Bedarf hinaus gefertigt wird. Wenn diese Überschüsse dann zum Ladenhüter werden, sieht er das nicht als sein Problem, sondern als das des Vertriebs an.

Im Constraint-Management gibt es dagegen keine Vorgaben für Mindestlosgrößen. Es gilt das Prinzip kleinstmöglicher Lose, das eine Zusammenlegung von Aufträgen nur zulässt, wenn die Engpassoperation aufgrund einer guten Auftragslage überlastet ist (siehe Prüfpunkt 3).

Prüfpunkt 6

Die Programmplanung erfolgt mit einer höchstens 95-prozentigen Auslastung der Engpassoperation. Ebenso berücksichtigt die Programmplanung einen Ausschussfaktor, sofern am Engpass regelmäßig ein erwähnenswerter Materialausschuss entsteht.

Wie jede andere Operation muss auch der Engpass mit Ausfallzeiten rechnen. Bezogen auf die Verfügbarkeit einer Anlage liegen die anlagenbedingten Ausfallzeiten in der Regel bei 5 bis 10 Prozent. Um sicherzustellen, dass die letztlich unvermeidlichen Stillstände von Maschinen den geplanten Durchsatz nicht gefährden, sollte der Fertigungsplan niemals mehr als eine 95-prozentige Auslastung der Engpassoperation vorsehen. Je nach Anlagenverfügbarkeit kann der Wert im konkreten Fall deutlich unter 95 Prozent liegen.

Hinter dieser Forderung steht der Anspruch des Constraint-Managements, jederzeit einen Lieferservicegrad von 100 Prozent zu gewährleisten. Das klingt einleuchtend, dennoch wird in der Praxis gerne gegen diese Regel verstoßen. Wenn die Nachfrage hoch ist und das Unternehmen viele zusätzliche Aufträge erhalten könnte, ist die Verlockung groß, doch mit einer hundertprozentigen Auslastung zu planen – verbunden mit der Hoffnung, dass es schon gut gehen und die Maschine nicht ausfallen wird. Prüfpunkt 6 hat daher eine große praktische Relevanz.

Ähnlich wie mit der Anlagenverfügbarkeit verhält es sich mit dem Materialausschuss. Auch dieser reduziert den Durchsatz, wenn er am Engpass anfällt. Um eine hundertprozentige Programmerfüllung sicherzustellen, muss deshalb ein angemessener Ausschussfaktor bei der Programmplanung berücksichtigt werden. Auch diesen Aspekt muss der Auditor hinterfragen.

Prüfpunkt 7

> Die Nicht-Engpassoperationen verfügen über ausreichende Schutzkapazitäten; auf die Wahrung dieser Schutzkapazitäten wird geachtet.

Unausgeglichene Kapazitäten sind quasi das Markenzeichen des Constraint-Managements. Anstatt die Überkapazitäten der Nicht-Engpassoperationen abzubauen, werden sie im Constraint-Management bewusst beibehalten. Sie haben die Funktion von Schutzkapazitäten, die sicherstellen, dass alle Operationen stets die Vorgaben der Engpassoperation erfüllen können. Störungen wie etwa der Ausfall einer Maschine oder eines Mitarbeiters lassen sich dadurch abfangen. Die Schutzkapazitäten sorgen dafür, dass der Fertigungsplan jederzeit eingehalten und somit das Ziel des hundertprozentigen Lieferservices erreicht wird.

In der Praxis gibt es jedoch oft massive Bestrebungen, die Schutzkapazitäten abzubauen. Es gehört zum Geschäft der meisten Organisationsberater, Kostenreduzierungspotenziale auszumachen und möglichst schnell auszuschöpfen. Selbstverständlich ist die Kostenreduzierung auch eine der primären Absichten der jeweiligen Geschäftsleitungen. Da liegt es dann nahe, auch die ungenutzten Kapazitäten der Nicht-Engpassoperationen abzubauen, indem man an der einen oder anderen Stelle einen Mitarbeiter einspart oder eine Maschine verkauft.

Ich möchte die Thematik »Wahrung von Schutzkapazitäten« an dieser Stelle ein wenig relativieren, um dem möglichen Eindruck zu begegnen, bei der Anwendung des Constraint-Managements würden Kostenreduzierungen keine Rolle spielen. Das Gegenteil ist der Fall, wie zum Beispiel der Verbesserungsprozess im Rahmen des Buffermanagements zeigt (Kapitel 9). Die Ansätze, diese Kostensenkungen tatsächlich zu erreichen, weichen jedoch von den traditionellen Bemühungen ab. Ohnehin ist es zweifelhaft, ob ein an einer Nicht-Engpassoperation eingesparter Mitarbeiter tatsächlich die Kosten senkt, wenn er zum Beispiel aufgrund seiner langen Betriebszugehörigkeit nicht entlassen, sondern an anderer Stelle im Unternehmen weiterbeschäftigt wird. Anders sieht es aus, wenn die Einsparvorschläge einen sogenannten Leiharbeiter betreffen. Die Versuchung, diesen einzusparen, ist natürlich groß, da hier die Kosten tatsächlich in vollem Umfang wegfallen.

Bewusst ist in der Formulierung dieses Prüfpunktes von der Wahrung *ausreichender* Schutzkapazitäten die Rede. Was ausreichend ist, kann nur im Einzelfall geklärt und entschieden werden. Denkbar ist, dass die Analyse der Schutzkapazitäten eine so hohe Überkapazität offenlegt, dass selbst nach Einsparung einiger Ressourcen noch ausreichend Schutz für den Engpass gewährleistet ist. Um dies zu beurteilen, bedarf es allerdings fundierter Erfahrungen im Constraint-Management.

Meist jedoch liegt das Problem darin, dass jahrelange Bemühungen zur Kapazitätsharmonisierung ihre Spuren hinterlassen haben und es der Geschäftsleitung deshalb schwerfällt, die notwendigen Schutzkapazitäten zu akzeptieren. In diesem Fall können Einsparmaßnahmen den Erfolg des Constraint-Managements aufs Spiel setzen. Im Punkt 7 muss der Auditor daher prüfen, ob

- die Nicht-Engpassoperationen über ausreichende Schutzkapazitäten verfügen und
- ein Verantwortlicher existiert, der die Schutzkapazitäten im Auge behält und dafür sorgt, dass sie gewahrt bleiben.

Prüfpunkt 8

An der Engpassoperation findet täglich eine kurze Lagebesprechung mit den Verantwortlichen der Produktionskette (Produktionsleiter, Fertigungssteuerer, Meister, Schichtleiter, Vorarbeiter) statt.

Die tägliche Besprechung am Engpass dient dazu, die Einhaltung des Fertigungsplans zu kontrollieren, um im Falle einer Störung schnell reagieren zu können. Es ist ein wichtiges, jedoch bewusst sehr kurz gehaltenes Meeting. Im Kern geht es darum, an Ort und Stelle festzustellen, ob alle Teile wie geplant an der Engpassoperation angekommen sind.

Bei Prüfpunkt 8 geht es ganz einfach um die Frage: Findet diese tägliche Besprechung tatsächlich statt?

Prüfpunkt 9

> Es existiert ein Buffermanagement, das zur kontinuierlichen Verbesserung des Materialflusses genutzt wird.

Gibt es ein funktionierendes Buffermanagement? Gemeint ist damit nicht nur, dass es einen Buffermanager gibt, der die Bufferzeiten im Auge behält, um die Funktionsfähigkeit des Engpasses und gegebenenfalls der kritischen Operationen sicherzustellen. Erwartet wird zudem, dass dieser Buffermanager durch behutsames Absenken des Buffers einen kontinuierlichen Verbesserungsprozess in Gang hält – mit dem klaren Ziel, die Durchlauf- und Lieferzeiten bis an die Grenze des Möglichen zu verkürzen und so die Gewinn- und Wettbewerbssituation des Unternehmens zu stärken. Die Vorgehensweise ist in Kapitel 9 ausführlich beschrieben.

In Prüfpunkt 9 stellt der Auditor fest, ob es einen Buffermanager und ein solches Buffermanagement gibt.

Prüfpunkt 10

> Materialbestände gibt es nur vor der Engpassoperation und – sofern sie definiert wurden – vor den kritischen Operationen (zum Beispiel der erste Schritt der Endmontage).

Wenn das Constraint-Management richtig angewendet wird, dürfen Materialbestände vor unkritischen Operationen höchstens kurzfristig auftreten. Da die Nicht-Engpassoperationen über Schutzkapazitäten verfügen und damit tendenziell unterausgelastet sind, kann jedes auftauchende Los sofort in Angriff genommen werden. Wenn also der Materialfluss korrekt mit den Möglichkeiten der Engpassoperation synchronisiert ist und die Nicht-Engpassoperationen alle über ausreichende Schutzkapazitäten verfügen, kann das zur Weiterverarbeitung anstehende Material nicht lange vor diesen Operationen lagern.

Dies bedeutet im Umkehrschluss: Wenn sich Material in größeren Mengen vor einer Nicht-Engpassoperation staut, läuft das Constraint-Management nicht rund. Möglicherweise ist das dann ein Hinweis darauf, dass die Kapazitätsstruktur relativ ausgeglichen ist, mithin die Schutzkapazitäten nicht ausreichen. Die Lösung wäre in diesem Fall, zusätzliche Schutzkapazitäten aufzubauen.

In sehr komplexen Produktionsstrukturen kann es sinnvoll sein, an kritischen Stellen der Produktionskette den einen oder anderen Kontrollpunkt einzurichten (siehe Kapitel 7). Um eine solche kritische Operation – zum Beispiel der Beginn der Endmontage – vor Materialunterdeckung zu schützen, wird für sie ebenfalls ein Buffer festgelegt. Somit gibt es auch vor den kritischen Operationen planmäßig Materialbestände, die deren jederzeitige Versorgung sichern.

Der Auditor nimmt die Materialbestände in Augenschein und prüft, ob es sie tatsächlich nur vor dem Engpass und den kritischen Operationen gibt. Stellt er fest, dass sich auch an einer anderen Stelle Material staut, ist das ein Hinweis darauf, dass im Constraint-Management etwas schiefläuft – Prüfpunkt 10 ist dann nicht erfüllt. Es gilt also, nach der Ursache des Materialstaus zu forschen.

Prüfpunkt 11

> **Es existiert ein Materialversorgungsplan, der exakt eingehalten wird.**

Vom Konzept her klingt es einfach und einleuchtend: Aus dem Fertigungsplan der Engpassoperation ergibt sich der Materialversorgungsplan – wobei es sich hierbei um exakt den gleichen Plan handelt, der lediglich zeitlich nach vorne verschobenen wird. Tatsächlich erweist sich die korrekte Materialeinspeisung häufig als kritischer Punkt des Constraint-Managements. Abweichungen bei der Freigabe führen dazu, dass alle nachfolgenden Aktionen nicht mehr planmäßig ablaufen. Dennoch kommt es immer wieder vor, dass den hier verantwortlichen Mitarbeitern nicht bewusst ist, wie bedeutsam die korrekte Materialfreigabe für den gesamten Fertigungsprozess ist.

Der Auditor hat daher in Prüfpunkt 11 die Aufgabe, festzustellen, ob die Einspeisung genau nach Plan erfolgt – der Erfüllungsgrad des Plans also 100 Prozent beträgt.

Prüfpunkt 12

> Vorrang haben Maßnahmen und Projekte, die der Verbesserung der Gewinnsituation und damit dem Geschäftserfolg dienen. Hierzu zählen insbesondere die Maßnahmen und Projekte, die den Durchsatz am Engpass erhöhen (sofern die Nachfrage dessen Kapazität übersteigt) und im Rahmen des Buffermanagements die Bestände senken und Durchlaufzeiten erhöhen.

Mit Einführung des Constraint-Managements wird auch das Verbesserungswesen auf neue Beine gestellt. Der Fokus liegt jetzt auf den Maßnahmen, die den Gewinn tatsächlich erhöhen. Dies bedeutet die Abkehr von Verbesserungen nach dem Gießkannenprinzip, bei denen Zeit und Geld auch in Nicht-Engpassoperationen investiert werden. In der neuen Constraint-Welt gilt der Grundsatz: Die Effizienz einer Maschine, die schon jetzt nicht ausgelastet ist, muss nicht weiter verbessert werden.

Das Verbesserungswesen im Constraint-Management hat, wie in Kapitel 9 ausgeführt, zwei Stoßrichtungen: Zum einen zielt es darauf ab, den Durchsatz des Engpasses mithilfe von Optimierungs- und Erweiterungsmaßnahmen zu erhöhen und auf diese Weise den Umsatz zu steigern (was natürlich eine ausreichend hohe Nachfrage voraussetzt). Zum anderen reduziert es mithilfe des Buffermanagements die Bestände und verkürzt die Durchlauf- und Lieferzeiten. Beide Stoßrichtungen sind also höchst effektiv: Im ersten Fall werden die Mittel auf die Engpassoperation konzentriert, anstatt sie an einer anderen Stelle der Fertigungskette zu verschwenden. Im zweiten Fall deckt das Buffermanagement gezielt genau die Störungen auf, die den Materialdurchlauf am stärksten behindern, sodass auch hier die Mittel auf die wirklich effektiven Maßnahmen fokussiert werden können.

In Prüfpunkt 12 kontrolliert der Auditor, ob die aktuellen Projekte und Verbesserungsmaßnahmen im Einklang mit dem Constraint-Management stehen. Ein Verstoß läge zum Beispiel vor, wenn ein Projekt die Kapazität einer Nicht-Engpassoperation erhöht – es sei denn, der Produktionsleiter kann nachvollziehbar darlegen, dass diese Operation eine höhere Schutzkapazität benötigt.

Prüfpunkt 13

> Die Investitionsplanung ist auf das Constraint-Management abgestimmt.

Hinter diesem Prüfpunkt steht derselbe Grundgedanke wie bei Punkt 12 – nur mit dem Unterschied, dass es hier nicht um aktuelle Maßnahmen und Projekte geht, sondern um künftige Vorhaben. Auch die geplanten Investitionen sollen sich auf die Punkte konzentrieren, die den Gewinn des Unternehmens erhöhen, sprich: auf eine Optimierung des Materialflusses und – sofern die Nachfrage es hergibt – eine Erweiterung des Engpasses.

Investitionen, die nicht die Leistung des Systems verbessern oder die Kosten tatsächlich senken, sind dagegen Geldverschwendung und haben im Investitionsprogramm des Unternehmens nichts zu suchen. Ausnahmen von dieser Regel bilden selbstverständlich alle Ersatzbeschaffungen, das heißt Anlagen, die altersbedingt ersetzt werden müssen.

Gegen Prüfpunkt 13 wird zum Beispiel verstoßen, wenn Investitionen in Nicht-Engpassoperationen geplant sind, während gleichzeitig die Notwendigkeit besteht, den Engpass zu erweitern.

Investitionen sind für ein Unternehmen ein großes Thema; oft vergehen Wochen oder Monate, bis das Investitionsprogramm steht. In diesen Prozess muss das Constraint-Management einbezogen sein, letztlich geht es um dessen Einbindung in die langfristige Planung.

Der Auditor prüft daher, ob das Investitionsprogramm mit den Vorgaben des Constraint-Managements in Einklang steht und ein »Vertreter« des Constraint-Managements in die in Investitionsplanung fest einbezogen ist.

Prüfpunkt 14

> Die Unternehmensführung steht hinter dem Constraint-Management und stellt dessen Ausführung sicher.

Es klingt selbstverständlich, spielt aber in der Praxis eine entscheidende Rolle: Das Management muss voll und ganz hinter dem Constraint-Management stehen. Nur so findet die Methode auf den Ausführungsebenen Akzeptanz – und auch nur dann kann sich der erforderliche Kulturwandel vollziehen. Konkret heißt das, dass die Geschäftsleitung der Belegschaft nicht nur zu erkennen gibt, dass sie das Thema kennt und befürwortet. Sie muss vielmehr vermitteln, dass sie am Constraint-Management wirklich interessiert ist und den Prozess aktiv unterstützt.

Für unsere Werkleitungen in den USA haben wir die Anforderungen dieses Prüfpunktes wie folgt präzisiert:

Die Unternehmensführung und besonders der Produktions- und der Logistikverantwortliche haben großes Interesse an der Ausführung des Constraint-Managements. Sie stellen sicher, dass

- der richtige Engpass zu jeder Zeit identifiziert wird,
- jede Möglichkeit zur Engpassausnutzung konsequent verfolgt wird,
- alle Operationen dem Engpass untergeordnet sind und über ausreichende Schutzkapazitäten verfügen,
- die Materialeinspeisung präzise und korrekt nach den Vorgaben des Engpasses erfolgt,
- Investitionen zur Erweiterung des Engpasses erfolgen, wenn der Marktbedarf es erfordert.

Nicht zuletzt ist es Aufgabe der Unternehmensleitung, den Verbesserungsprozess in Gang zu halten. Wenn es Anzeichen gibt, dass sich der Engpass geändert haben könnte, veranlasst sie eine Analyse der Situation, um einen Wechsel des Engpasses rechtzeitig zu erkennen.

Prüfpunkt 15

Der Logistikleiter ist Experte des Constraint-Managements.

Der Logistikleiter nimmt für die Lieferkette eine Schlüsselfunktion ein. Für die Ausführenden des Constraint-Managements, also vor allem für den Fertigungssteuerer und den Buffermanager, ist er in der Regel der Vorgesetzte, an den sie berichten. Damit ist der Logistikleiter unmittelbar für das Constraint-Management verantwortlich – und es ist klar, dass er das System verstehen muss. Wir forderten jedoch noch mehr von ihm: Er sollte *Experte* des Constraint-Managements sein.

Diese Forderung ist ungewöhnlich. Normalerweise erwartet man von einem Vorgesetzten, dass er die Zusammenhänge kennt, einen Überblick über die Dinge hat und es versteht, die für seine Ziele erforderlichen Experten in sein Team einzubinden. Hier forderten wir bewusst eine Ausnahme, in Sachen Constraint-Management sollte der Logistikleiter selbst Experte sein.

Warum ist das so wichtig? Zum einen, um den Kulturwandel sicherzustellen. Aufgabe des Logistikleiters ist, als Verantwortlicher der gesamten Fertigungskette bei allen Gelegenheiten die Constraint-Management-Philosophie zu vertreten und die richtigen, also den Durchsatz fördernden Antworten zu geben. Unser Hauptmotiv, diesen Aspekt als eigenen Audit-

Punkt zu formulieren, war jedoch eine bittere Erfahrung: Immer wieder geschah es, dass in Diskussionen Vorschläge aufkamen, die das Constraint-Management unterhöhlten – etwa dann, wenn der Werkleiter anregte, überschüssige Kapazitäten abzubauen. Aufgabe des Logistikleiters, also des Verantwortlichen für das Constraint-Management, wäre eigentlich, dieses Ansinnen sofort abzuwehren und im Keim zu ersticken. Tatsächlich jedoch erlebten wir immer wieder, dass der Logistikleiter aufgrund seines Unwissens die Gefahr nicht einmal erkannte, geschweige denn das Wissen hatte, argumentativ überzeugend gegenzusteuern.

So kamen wir zu der Erkenntnis: Ohne mindestens einen Experten an führender Stelle bleibt die erfolgreiche Integration des Constraint-Managements eine Illusion. Es bedarf eines Verantwortlichen, der das Constraint-Management hundertprozentig beherrscht – und erfolgreich den Widerständen Paroli bietet, die zum großen Teil noch dem alten Denken in Produktivitätskategorien entspringen. Selbst wenn sich das Constraint-Management schon lange eingespielt hat, besteht die Tendenz, in alte Gewohnheiten zurückzufallen. Auch um hier schnell gegenzusteuern, bedarf es einer Führungskraft, die durch fundiertes Wissen überzeugt.

Prüfpunkt 15 soll also feststellen: Der Logistikleiter ist ein versierter Experte des Constraint-Managements.

Prüfpunkt 16

> Die langfristige Vertriebsplanung ist auf die Möglichkeiten des Engpasses abgestimmt.

Was für den täglichen Fertigungsplan gilt, sollte auch in der längerfristigen Bedarfsplanung selbstverständlich sein: Die Möglichkeiten des Engpasses gehen als begrenzende Größe in die Planung ein. Das Unternehmen sollte also nicht 10.000 Stück in seine Bedarfsprognose für das nächste Jahr einstellen, wenn die Fertigung nur in der Lage ist, maximal 8.000 Stück zu produzieren. Stattdessen gilt es, die Planung an die Gegebenheiten anzupassen, also die Kapazität des Engpasses zu berücksichtigen.

In der Praxis wird hiergegen häufig verstoßen. Viele Unternehmen erstellen ihre Bedarfprognosen unabhängig vom Engpass in der Fertigung. Auftragsbestand und Einspeisung sind Sache der Fertigungssteuerung, die Bedarfsprognosen macht dagegen in der Regel der Vertrieb. Für diesen jedoch liegt die Produktion weit entfernt, eine Abstimmung findet nicht statt. Zudem neigt ein Vertriebsleiter dazu, die künftige Auftragsentwicklung eher konservativ zu schätzen, schließlich möchte er später bei den tatsächlichen Verkaufszahlen möglichst besser als die Prognose abschneiden.

Für den Fertigungssteuerer liegt hier ein Problem. Er benötigt für seine Planung realistische Zahlen, um den Marktbedarf präzise mit der Kapazität des Engpasses abstimmen zu können. Die Synchronisierung des Auftragsbestandes mit den Möglichkeiten der eigenen Fertigung ist die Grundlage des Constraint-Managements – und was für den Auftragsbestand gilt, sollte ebenso für die langfristige Bedarfsprognose gelten. Über den gesamten Planungshorizont darf die Prognose nicht die Möglichkeiten des Engpasses überschreiten.

Ist das dennoch der Fall, zeichnet sich also ab, dass der zukünftige geplante Absatz deutlich und dauerhaft über der Leistungsfähigkeit der Fertigung liegt, muss die Kapazität des Engpasses erhöht werden. Die Anschaffung der neuen Maschine muss dann in das Investitionsprogramm des Unternehmens Eingang finden – was wiederum eine zuverlässige Bedarfsprognose erfordert.

Aufgabe des Auditors in Prüfpunkt 16 ist, die Bedarfsprognose des Unternehmens zu prüfen und festzustellen, ob sie mit den Möglichkeiten des Engpasses in Einklang steht.

Prüfpunkt 17

> Die Leistungskennzahlen unterstützen das Constraint-Management; Kennzahlen der traditionellen Kostenrechnung, die dem Constraint-Management zuwiderlaufen, gibt es nicht mehr.

Das Constraint-Management kann sein Potenzial nicht entfalten, wenn die traditionellen Leistungskennzahlen weiterhin bestehen und falsche Anreize setzen. Das Thema ist ausführlich in Kapitel 12 dargestellt. Entscheidend – und vom Auditor zu überprüfen – ist vor allem, ob die Produktivitätskennzahlen der herkömmlichen Kostenrechnung tatsächlich abgeschafft sind und sich alle Beteiligten der Fertigungskette stattdessen an Durchsatz und Lieferservicegrad orientieren.

Zusammenfassung

Die folgende Übersicht fasst die 17 Audit-Punkte in Form einer Checkliste zusammen. Wenn Ihr Unternehmen Constraint-Management eingeführt hat, können Sie anhand der Tabelle überprüfen, ob das System tatsächlich umgesetzt ist – oder an welcher Stelle noch Handlungsbedarf besteht.

Prüfpunkte für eine Auditierung des Constraint-Managements		trifft zu
Punkt 1	Der Auftragsbestand ist hinsichtlich der Mengen und Lieferzeiten auf die Möglichkeiten der eigenen Fertigung abgestimmt.	❏
Punkt 2	Die in die Modellierung des Constraint-Managements eingehenden Parameter (insbesondere Engpass, Bufferzeit, kritische Operationen) stimmen mit den tatsächlichen Verhältnissen der Fertigungskette überein.	❏
Punkt 3	Es werden immer die kleinstmöglichen Losgrößen gefahren – wobei die jeweils kleinstmögliche Losgröße vom Auftragsbestand und der Kapazität des Engpasses abhängt.	❏
Punkt 4	Die Transportlose richten sich nach der Größe der Fertigungslose – und sind damit ebenfalls so klein wie möglich.	❏
Punkt 5	Es gibt keine Vorgaben mehr für Mindestlosgrößen.	❏
Punkt 6	Die Programmplanung erfolgt mit einer höchstens 95-prozentigen Auslastung der Engpassoperation. Ebenso berücksichtigt die Programmplanung einen Ausschussfaktor, sofern am Engpass regelmäßig ein erwähnenswerter Materialausschuss entsteht.	❏
Punkt 7	Die Nicht-Engpassoperationen verfügen über ausreichende Schutzkapazitäten; auf die Wahrung dieser Schutzkapazitäten wird geachtet.	❏
Punkt 8	An der Engpassoperation findet täglich eine kurze Lagebesprechung mit den Verantwortlichen der Produktionskette (Produktionsleiter, Fertigungssteuerer, Meister, Schichtleiter, Vorarbeiter) statt.	❏
Punkt 9	Es existiert ein Buffermanagement, das zur kontinuierlichen Verbesserung des Materialflusses genutzt wird.	❏
Punkt 10	Materialbestände gibt es nur vor der Engpassoperation und – sofern sie definiert wurden – vor den kritischen Operationen (zum Beispiel erster Schritt der Montage).	❏
Punkt 11	Es existiert ein Materialversorgungsplan, der exakt eingehalten wird.	❏
Punkt 12	Vorrang haben Maßnahmen und Projekte, die der Verbesserung der Gewinnsituation und damit dem Geschäftserfolg dienen. Hierzu zählen insbesondere die Maßnahmen und Projekte, die • den Durchsatz am Engpass erhöhen (sofern die Nachfrage dessen Kapazität übersteigt) und • im Rahmen des Buffermanagements die Bestände senken und Durchlaufzeiten erhöhen.	❏

Punkt 13	Die Investitionsplanung ist auf das Constraint-Management abgestimmt.	❑
Punkt 14	Die Unternehmensführung steht hinter dem Constraint-Management und stellt dessen Ausführung sicher.	❑
Punkt 15	Der Logistikleiter ist Experte des Constraint-Managements.	❑
Punkt 16	Die langfristige Vertriebsplanung ist auf die Möglichkeiten des Engpasses abgestimmt.	❑
Punkt 17	Die Leistungskennzahlen unterstützen das Constraint-Management; Kennzahlen der traditionellen Kostenrechnung, die dem Constraint-Management zuwiderlaufen, gibt es nicht mehr.	❑

Schlusswort

Wenn sich vor einer Talenge ein Fluss staut, sind zwei Möglichkeiten denkbar. Man kann den Felsen wegsprengen, damit das Wasser abfließen und die Stelle künftig ungehindert passieren kann. In diesem Fall besteht jedoch die Gefahr, dass sich das Wasser an einem späteren Engpass erneut staut oder die dahinter liegenden Landstriche überschwemmt.

Die zweite Möglichkeit besteht darin, die Zuflüsse am Oberlauf so weit zu drosseln, dass der Fluss die Talenge gerade noch ohne Stau passiert. So entsteht ein von der Einspeisung bis zur Mündung gleichmäßig fließender Strom. Sollte die Wassermenge, die der Fluss an der Mündung abgibt, nicht ausreichen, kann man die Talenge behutsam erweitern und dementsprechend die Einspeisung am Oberlauf erhöhen.

Die Theory of Constraints plädiert für die zweite Möglichkeit. Sie fordert, den Engpass einer Produktion nicht zu beseitigen, sondern als Orientierungsgröße zu nutzen, an der sich das gesamte System ausrichtet. Wenn sich die Materialeinspeisung an der Kapazität des Engpasses orientiert, so argumentieren die Anhänger der Theory of Constraints, entsteht ein gleichmäßiger und berechenbarer Durchfluss. Das Material durchläuft ohne Staus oder Unterbrechungen die Fertigungskette und gelangt planmäßig zur Endmontage. Der Kunde wird zuverlässig und pünktlich beliefert.

Zu zeigen, dass die Theory of Constraints nicht nur Theorie ist, war ein Anliegen dieses Buches. Die geschilderten Erfahrungen belegen, dass das Konzept in der Realität funktioniert und das Zeug hat, einen echten Wettbewerbsvorteil zu bewirken. Stichworte sind hier: kleinere Lose, kürzere Lieferzeiten, niedrigere Bestände, pünktliche Auslieferung. Ein Kundenservicegrad von 100 Prozent ist das ehrgeizige, aber erreichbare Ziel. Bei allen Schwierigkeiten, die vor allem der notwendige Kulturwandel mit sich bringt, bleibt festzuhalten: Die Methode lässt sich ohne größeren Aufwand einführen und die Erfolge machen sich – gerade auch bei komplexen Produktionsverhältnissen – schnell bemerkbar.

Den Engpass aufspüren und als Orientierung nutzen: Für die Produktion ist das Potenzial dieser Idee inzwischen erwiesen; jedes Industrieunternehmen kann es auf die beschriebene Weise für sich erschließen. Doch gibt es nicht auch in anderen Bereichen, zum Beispiel in der Produktentwicklung, einen Engpass? Und wo liegt der Engpass, wenn man den

Blickwinkel auf das ganze Unternehmen erweitert? Das Faszinierende an der Theory of Constraints ist, dass ihre Möglichkeiten noch längst nicht ausgeschöpft sind.

Register

Autoreninformation

Jürgen Abel, Jahrgang 1956

Jürgen Abel ist Produktionsmann durch und durch. Seit über 25 Jahren arbeitet er am industriellen Supply Chain Management – acht Jahre davon im Ausland. Fünf zentrale Stationen seines Lebens:

In den Jahren 1980 bis 1986 steuerte Jürgen Abel die sehr variantenreiche Produktion der Porzellanfabrik Friesland (damals Tochter des Melitta-Konzerns).

Von 1986 bis 1991 plante und realisierte der Autor zwei Just-in-Sequence-Lieferketten für die Automobilzulieferer Peguform und Rockwell International (später ArvinMeritor) – jeweils im Rahmen von kompletten Werksanläufen – und baute diese systematisch aus.

In den 1990er-Jahren leitete Jürgen Abel die Logistik und Materialwirtschaft zuerst des ArvinMeritor Werkes Gifhorn – danach in werksübergeordneter Funktion mit Büro in Troy (Michigan-USA) die nordamerikanischen Werke von ArvinMeritor. Dort verbesserte er anschließend als Regional Manager Europe Materials & Logistics die entsprechende Leistung der europäischen Werke.

Seit 1996 etablierte er in knapp einem Dutzend großer Werke die Theory of Constraints als Standard. Das bedeutet für den jeweiligen Standort ein Umdenken von der Produktivitätssteigerung jeder einzelnen Ressource hin zur Konzentration auf die Steigerung des Materialdurchsatzes.

Seit 2000 arbeitet Jürgen Abel als selbstständiger Produktionsberater und gilt in Deutschland als Praktiker für die Theory of Constraints mit den umfangreichsten Erfahrungen. Weitere Informationen: www.juergenabel.de